新编21世纪心理学系列教材

犯罪心理学

第3版

马 皑 章恩友 李 婕 著

Criminal Psychology

中国人民大学出版社
· 北京 ·

内容简介

《犯罪心理学》(第3版)以普通心理学和社会心理学为基础，从犯罪心理学所具有的应用性特点及学生的理解方式与学习需求出发，以文理兼容、强调整合的理念建构了犯罪心理学体系。本书涵盖了犯罪心理学的研究对象及学科性质、犯罪心理结构、犯罪心理机制、犯罪心理情境、各种类型的犯罪心理分析、犯罪心理预防、犯罪心理矫治等内容。

在本次修订中，融入了党的二十大法治精神和理念，列举了大量具有现实意义的案例，新增了专家视频解读的二维码，在扩展纸质书阅读空间的同时，提升了学生学以致用的能力。

本书可供高等院校心理学、应用心理学及法学类本科生、研究生使用，也可供相关司法部门的工作者研究和学习使用。

作者简介

马 皑 法学博士，中国心理学家，中国政法大学社会学院教授，心理学专业硕士研究生导师，刑法学专业犯罪心理学方向博士研究生导师。中国政法大学犯罪心理学研究中心主任，青岛认知人工智能研究院理事长。主要讲授法律心理学、犯罪心理学、刑事司法心理学、越轨社会学、应用社会心理学等课程。擅长法律心理学基础理论、犯罪心理学基础理论、犯罪决策、群体犯罪心理、职务犯罪心理、审讯的心理学方法、社会问题、非接触心理评估等研究。出版《犯罪人特征研究》《源于不平等的冲突:当代中国弱势群体犯罪研究》等专著。主持国家、省部、学校等各级科研项目30余项，发表论文60余篇。曾获得北京市教学名师、北京市优秀教师、宝钢奖优秀教师、北京市高校育人标兵、中国心理学会学科建设成就奖等荣誉。

章恩友 中央司法警官学院党委副书记、院长，二级教授，硕士、博士研究生导师，享受国务院政府特殊津贴专家。主要学术兼职有中国心理学会法律心理学专业委员会副主任，中国司法行政戒毒工作协会理事。主要学术领域有犯罪心理学、矫治心理学、监狱学、矫正教育学等。著有《犯罪心理学》《罪犯改造心理学》《罪犯心理矫治》《矫治心理学》《矫正教育学》等，发表学术论文近百篇，主持省部级以上科研项目10项，有12项成果获得国家级和省部级奖励。

作者简介

李　婕　法学博士，燕山大学副教授，硕士生导师，中国心理学会法律心理学专业委员会委员，主要讲授思想道德与法治、犯罪心理学案例剖析、心理学与电影赏析等课程。主要研究领域为公民法律意识、友善价值观与宽恕等。代表专著《报复与宽恕的博弈》《大学生友善观培育研究》，发表论文10余篇。主持省部级项目3项。

第3版前言

本书第2版发行后，我们收到了不少同行、高校和读者的好评和反馈。结合近年的教学和司法实践，我们在学习参考其他国内外教材的基础上，认真面对不足和问题，对教材进行了修订，力求呈现给读者我们能力范围内最好的教材版本。

我们希望在《犯罪心理学》教材呈现的学科框架完整、逻辑清晰的基础上，更多地增强理论与实践的连接，增强学生知识迁移的能力，同时也增强教材的生动活泼性。本次修订主要涉及以下方面：

一是对大部分的案例进行修订，除经典案件，我们新增和修订了近几年发生的各类型案件。

二是在一些广受关注的案件后新增了专家视频解读的二维码，希望以当下学生喜欢的学习方式，生动、拓展地呈现犯罪心理学原理对现实案件的分析。

三是对部分章节内容进行补充和修改，尤其是精神控制、青少年犯罪部分，以及在“学术前沿”专栏更新了最新的研究。

四是将中国特色社会主义法治精神和党的二十大精神融入教材的撰写。

本次修订，马皑教授承担第一、二、四、八、九章的修订，章恩友教授承担第五、六、十章的修订，李婕副教授承担第三、七章的修订。曾钰泽博士负责案例增补、文字校对、全书审读工作。

我们期待在教学和实践中检验本次教材的修订效果，也深知任重道远，止于至善。

马皑

2024年3月31日

第1版前言

从第一次登上讲台讲授犯罪心理学至今正好30年，我对这门学科的认识逐步深入并总有意犹未尽的感慨，原因在于犯罪研究确实是一个宏大的课题，自己的学术能力无法触及它广阔的边界。犯罪与人类社会相伴生，虽有刑法严峻规范，却从未得到有效控制。控制犯罪总是从对犯罪原因的探讨起始，犯罪原因又在历史与现实、天性与教养、心理与环境等层面上纠结。犯罪心理学在整个犯罪科学中的价值是它触摸到了犯罪的核心因素——犯罪人及其行为与心理的脉搏，并以心理科学的理论方法描述、解释、预测犯罪的个体原因。但是，犯罪既是个体行为，也是法律行为，更是社会现象，犯罪心理学研究如果仅仅掌握心理学知识似乎远远不够，它要融入犯罪科学的总体架构中，还应该找到共同的语言，与其相邻学科互动互补。今天，犯罪心理学不单纯是心理学的独唱，探寻整合之路已经是必然选择。

如何写好一本犯罪心理学教材是一个令我们十分焦虑的问题。近30年来，包括各种翻译作品，国内出版的犯罪心理学教材已经有80多本，在学科基础相对扎实的基础上如何继承并创新是我们必须去面对和解决的问题。

现有的各类犯罪心理学教科书大致有两种体系模式。一类以罗大华老师主编的《犯罪心理学》为代表，接近社会科学的研究范式，以心理学为研究工具和理论视角，侧重于建构独立的理论体系，用一条主线串联全书。比如犯罪心理结构理论、犯罪心理原因的主体内与主体外因素归纳等。这类教材关注“是什么”的问题，包括犯罪心理的形态、原因、形成机制、类型特点、对策。另一类教材更关注和解决“有什么”，多见于国外翻译的教材和国内具有心理学专业背景的作者写作的教材。它更符合心理学研究的形式，接近自然科学的研究范式，往往针对某种行为、现象、个体特征等进行多角度的研究成果或观点的介绍，类似于文献整理综述。

两种体例差别的原因，与犯罪心理学在我国的兴起与发展的历史有直接关系。“文化大革命”结束后，突如其来的犯罪高峰令全社会猝不及防，探寻原因并尽快找到有效的应对方法催生了我国的犯罪心理学研究。它的使命历史性地定格在服务于司法实践的范畴上。强调效率和问题解决，重视结论和知识普及，让每一个法学学生和从事政法工作的人员了解犯罪心理学知识是那时的当务之急。犯罪心理学教学在传统上属于文科的政法院校中如雨后春笋般蓬勃兴起，从法学角度探讨犯罪心理学，不仅奠定了中国当代犯罪心理学乃至法律心理学的学科架构，也实现了犯罪心理学服务于社会的目的。由于当时我国的心理学处于恢复阶段，政法类院校缺少心理学专业背景的教师，文科学生也缺少深入理解和运用理科知识的能力，因此，犯罪心理学教材更多地选择描述性介绍，缺少有关结论演算过程的分析。进入 20 世纪 90 年代，心理学的发展极大地推动了我国犯罪心理学的研究。犯罪心理学教材也在原来偏重法学的基础上兼收并蓄，在完善原有体系的同时，更重视将心理学成果用于解释和证明较为成型的犯罪心理学观点，仍然坚持以服务司法实践的理念，探索心理学与法学的整合路径。

90 年代后期，大量心理学专业背景的教师进入传统政法院校以及国外当代犯罪心理学书籍的引入，都为犯罪心理学的发展带来了更符合心理学的理论、方法。强调科学、客观，重视实证、过程的理念，在促进我国犯罪心理学学科发展的同时，也对教材建设产生了重要的影响。从心理学角度探讨犯罪心理学有着深厚的理论、方法和成果基础，特别是国外心理学以罪犯为对象开展的实证研究相当普遍，不仅拓宽了心理学本身的研究领域，也为司法部门和公众提供了认识犯罪的参考性意见。由于心理现象本身的复杂深奥，心理学的不同流派在犯罪问题上几乎都有独到的见解，因此该类教科书在体例上侧重方法和研究过程，注意介绍不同观点。

写作之初，我与章恩友教授在走整合之路的思路上达成共识，希望完成一本既有总体架构又符合心理学原理，既有教学价值又有应用指导的教材。这一设想来源于我们对犯罪、犯罪人、犯罪心理学的认识，来源于 30 年的教学与实践经验。

首先，通过课题、交友、访谈，近 30 年中我与几百个犯罪人有过深度的交流。他们有的正在服刑，有的曾经服刑。此外，我还与更多的从事刑事司法、执法工作的人员进行过交谈，了解他们对犯罪的看法以及工作的经验。我也亲自承担过侦查、审讯、审判、矫治的具体工作，从中最大的感受是，绝大多数犯罪人绝不似公众所认为的那样可怕和丑陋，他们就是我们身边的普通人。犯罪心理学研究应该将不同类型的犯罪与犯罪人进行多层次的区别，不能仅仅根据犯罪标签形成不真实的刻板印象。

其次，通过对中国当代犯罪心理学学科发展的感悟，我认为犯罪心理学研究的目的不仅是帮助公众认识犯罪，帮助社会控制与减少犯罪，还应包括帮助犯罪人实现合法权利、提高适应社会的能力。因此，犯罪心理学教材也就具有了全面客观、历史现实地揭示犯罪的使命。

最后，在教学过程中我发现，心理学专业的学生很少能够进入司法领域，而法律专业的学生又难以精准地掌握心理科学的精髓。犯罪心理学教科书也就有义务更多地让心理学专业的学生了解关于犯罪的法学知识，同时让法学专业的学生能够从中体会心理学作为工具的价值。

鉴于以往的经验和思考，在这本教科书中我们确立了以犯罪决策为中心的体例。从犯罪决策这一与犯罪行为联系最紧密的环节入手，通过分析与介绍如此选择的原因，将犯罪心理的发生、发展规律以及作用过程串联起来。全书共十章，分为五个板块：一是学科基本知识与研究方法；二是表达犯罪心理原因的犯罪人特征，特别是环境适应特征；三是表达犯罪心理过程的犯罪决策与行为；四是具有典型意义的犯罪类型的心理分析；五是犯罪的控制。

在写作分工上，我承担了第一、三、四、八、九章和第二章的第一、二节的编写工作。其中，第四章第二节的内容由我和中国政法大学犯罪心理学 2008 级硕士生薛雄庭同学共同完成。章恩友教授承担了第五、六、七、十章和第二章的第三节的写作。初稿完成后由我对全书进行了统稿。此外，在本教材的写作过程中，中国人民大学心理学博士生林振林同学、中国政法大学犯罪心理学硕士生户雅琦同学帮助我们完成了部分文献整理编辑和修改工作，对他们的付出特表感谢。

本教材我们尚不满意，原因是希望表达的内容未能充分并完美地展现，需要推敲和完善的细节没有时间梳理。好在读者是我们最好的老师，实践者是我们最佳的编辑。你们的批评指正，会是我们将来完善本书的标准。

感谢中国人民大学出版社张宏学老师，她认真负责的工作风格、开放宽容的编辑理念，为我们完成本教材的编写提供了把关上的保障和宽广的写作空间。

最后，真诚感谢我与恩友共同的老师，我们进入学科的领路人罗大华教授、何为民教授。感谢所有在中国犯罪心理学开创阶段为我们铺路搭桥的前辈，是他们的付出成就了我们今天的成果。

马皑

2014 年 2 月 28 日

目录

第一章

犯罪心理学导论

【学习目标】

1. 学习刑法关于犯罪的概念、构成，明确犯罪是一种法律行为的内涵。

2. 建立有关犯罪心理学研究对象、学科定义、学科价值的认识。

3. 了解如何将法律上的犯罪行为转换为犯罪心理学研究中的可操作概念的路径。

4. 通过对犯罪心理学学科的历史发展的了解明确该学科的价值。

【章节导读】

2021 年 8 月 26 日上午，福建省福州市中级人民法院依法对被告人吴谢宇案进行了一审公开宣判。吴谢宇被判犯有故意杀人罪、诈骗罪、买卖身份证件罪，数罪并罚，决定执行死刑，剥夺政治权利终身，并处罚金人民币十万三千元。2016 年 2 月 14 日，谢天琴的尸体在福州市晋安区桂山路 172 号某中学教职工宿舍 5 座 102 单元住处内被发现。经调查，谢天琴被其子吴谢宇杀死。这个人们眼中“别人家的孩子”，天之骄子的北大男生，怎么就会对着自己最亲爱的母亲举起屠刀呢？他是一个什么样的人？是天生遗传有缺陷，还是受后天家庭教养环境的影响？究竟是什么原因让他不顾自己的前途，做出有违伦理的犯罪决策？犯罪的动机真的是“帮妈妈解脱”吗？这一系列公众心中的疑问，可以通过犯罪心理学来解答，因为它是一门研究犯罪行为和支配该行为的心理过程、人格特点的学科，它或许能帮助我们分析吴谢宇行为背后的动机和心理状态。

吴谢宇弑母的复杂犯罪动机

第一节　什么是犯罪

犯罪是一种行为。刑法学中有一句格言：“无行为则无犯罪。”任何犯罪都必然有其具体、客观的行为表现。简言之，犯罪是一种行为。

一、刑法对犯罪的认定

案例分析

2021年12月1日，山东省济南市历城区警方接到报案，某酒店内有人死亡，经调查，死者马小俊系自杀身亡。马小俊父母反映，马小俊曾因高考失利，在2019年因抑郁症休学一年，2020年在山东省精神中心做了体检，医院开具证明后恢复上学，其间父母一直与马小俊保持着较紧密的联系，并未发现其有什么异常。

警方深入调查发现，在自杀前一个月左右，马小俊通过某论坛的帖子与冯强认识，冯强在帖子里留言说自己有自杀办法，想约人“一起走”。在手机社交软件上聊天时，冯强跟马小俊说“自己在世上多待一天都是煎熬”，并适时向马小俊发出邀请“一起走”，冯强以图文并茂的方式将自杀的方法逐个展示给马小俊，并称自己使用过上吊、烧炭、服用安眠药等多种方式尝试自杀，不仅没死成，反而总因被救而徒增痛苦。警方后期调取视频监控发现，2021年11月23日，马小俊曾经到学校附近一小区高层居民楼顶楼，准备跳楼自杀。但可能出于恐惧，马小俊最终放弃。调查显示，之后冯强给马小俊发了同城自杀工具卖家的链接，并多次与马小俊视频通话，确认工具是否正确安装，以保证马小俊自杀能够一次性成功。为进一步坚定马小俊的自杀决心，冯强不断表示自己早已忍受不了煎熬，催促马小俊“尽快走”，不然自己就要“先行一步”。马小俊曾表示想在宿舍自杀，冯强告诉他在宿舍容易被发现和抢救，建议他去酒店开房。2021年11月29日，马小俊将自己的开房信息发给了冯强。冯强当即表示自己也去开房。2022年12月1日，马小俊进入事先订好的房间，冯强依然没有告知马小俊他的开房信息与情况，而是不断跟马小俊确认自杀工具是否安装正确等，最后马小俊按照冯强教授的自杀方法结束了生命。

警方调查发现，在与马小俊“相约自杀”的同时，冯强也在跟另外五六名网友说着同样的话，做着同样的事。通过微信讨论自杀，而且积极地介绍、推销自己的自杀方式。在马小俊自杀身亡后，冯强还在论坛上发布帖子，说“兄弟想自杀吗？无痛的那种，刚送走一个年轻人”。

经过调查，冯强在相关论坛里寻找有关自杀、抑郁症内容的帖子，通过留言的方式结识了许多有轻生想法的人。同时他还加入了许多不同的群聊，在里面寻找有轻生倾向人，用同样的方式，跟他们交流、相约、教授自杀。有证据显示，冯强把这些有轻生念想的人作为自己的“猎物”，除了分享自杀方法之外，冯强还多次向他人展示自己所谓的自杀工具。冯强在网上扮演着“自杀大师”的角色，在网友面前把自己虚构成一个多次自杀未果且有经验的知心人，让有同样烦恼的网友都认为他非常可信。

警方在冯强的家里找到了与马小俊用于自杀的一模一样的工具，但冯强并没有自杀的准备，他虽然表示自己吃过安眠药自杀，但没有证据证明这一点。后经精神卫生中心鉴定，冯强属于抑郁发作，即不完全确认为抑郁症，但有抑郁的可能。

虽然犯罪是一种行为，但在社会生活中，一个具体的行为（包括结果）是否属于犯罪不是行为者本人的意志所决定的，也不是公众的判断所决定的，而是由一个国家的刑法说了算。法无明文不为罪，《中华人民共和国刑法》（以下简称《刑法》）中有一条罪刑法定的基本原则，它明确了被贴上犯罪标签的行为只能是法定的，一个行为的性质是否属于犯罪的标准是由刑法规定的。

《刑法》明确指出：“一切危害国家主权、领土完整和安全，分裂国家、颠覆人民民主专政的政权和推翻社会主义制度，破坏社会秩序和经济秩序，侵犯国有财产或者劳动群众集体所有的财产，侵犯公民私人所有的财产，侵犯公民的人身权利、民主权利和其他权利，以及其他危害社会的行为，依照法律应当受刑罚处罚的，都是犯罪，但是情节显著轻微危害不大的，不认为是犯罪。”这个定义体现了犯罪行为所具有的基本特征：社会危害性、刑事违法性、应受惩罚性。

社会危害性是犯罪行为最本质的特征和属性，同时也是各国刑法将某一行为认定为犯罪的首要原因。社会危害性既包括已经产生了损失的实害，也包括可以预测的可能产生损失的危险性。比如醉酒驾车可能并没有导致交通事故，但这一行为已经具有了产生危险的可能性。根据《刑法》的犯罪定义，其所指的社会包括国家主权、社会制度、社会秩序、财产所有权和公民权利等。综合起来看，它们都属于大到国家、小到个人的利益范畴。但这里所说的利益不是一个简单的日常概念，它专指《刑法》所保护的利益，在刑法学当中被称为“法益”，包括国家法益、社会法益和个人法益三个范畴。

刑事违法性的核心在于“法无明文不为罪”，它体现了罪刑法定的《刑法》原则，也是法律具有预测性的表现。据此，我们可以认为，一个具体的行为是否属于犯罪，不仅仅看其有无社会危害性，还要看现行的《刑法》是否具有将该行为认定为犯罪的预置。如果《刑法》尚未规定该行为的违法性质，那么即便其存在社会危害性，也不能以犯罪论处。比如，在2011年《刑法》第八次修正案实施之前，醉酒驾车行为并不被认定为犯罪。

应受惩罚性与刑事违法性相关联，它是犯罪的法律后果，也是社会公平、正义的体现。而某一种行为具体应当受到何种惩罚，既要依据罪刑相适应的《刑法》原则，也要以《刑法》已经设立的标准为判断。

二、犯罪是法律行为

在现实生活中，只有法律行为属于法律规范所调整和约束的对象。法律行为是人们所实施的、能够发生法律效力、产生一定法律效果的行为。不受法律调整、不发生法律效力、不产生法律效果的行为因不具有法律意义，是非法律行为。按照我国法律适用的状况，可以将法律行为主要分为民事法律行为、刑事法律行为、行政法律行为等，而犯罪属于刑事法律行为。

众所周知，犯罪是要受到法律惩罚的，因此在认定某一种行为是否属于犯罪时必须有严格、公正的评判标准，法律没有明确规定的行为也不可因执政者的好恶而随意以犯罪论处。德国刑法学家冯·费尔巴哈（von Feuerbach）在1801年著的《刑法教科书》中曾经典地指出：“无法律则无刑罚，无犯罪则无刑罚，无法律规定的刑罚则无犯罪。”这一倡导罪刑法定的思想是我们认识犯罪这一特殊社会现象的出发点。

显而易见，犯罪行为由于具有法律行为的基本性质，其概念、构成以及司法实践中的定性与量刑都只能在法律规定的范畴内完成。法学中的法律行为概念具有抽象意义，从心理学角度看，它缺少开展定量研究的基础。从心理学角度开展对法律行为的研究应该首先领会法律行为的基本结构，从中寻求心理学的切入点。

在法学理论中，法律行为的结构有两个层面。一是法律行为的客观要件，它包括三个内容：（1）外在的行为（行动），指人们通过身体或言语或意思而表现于外在的举动，分别为身体行为和语言行为等；（2）行为方式（手段），指行为人达到预设的目的而在实施行为过程中所采取的各种方式和方法；（3）具有法律意义的结果，法律不涉及没有结果的行为。二是法律行为的主观要件，包括：（1）行为意思（意志），指人们基于需要、受动机支配、为达到目的而实施行为的心理状态；（2）行为认知，指行为人对自己行为的法律意义和后果的认识。

刑法学理论一直以哲学思想为认识论基础，因此对法律行为结构的解析也使用哲学的主观、客观等术语。从心理学的角度看，法律行为是自然人或法人所实施的产生了法律结果的行为，它具有法学上的客观性和心理学上的可见性。这个行为是行为人真实的思想表达，无论在当时的情境中他是被动还是主动，也无论他对其行为、行为的法律后果抱着何种认识。

法学探讨社会的规范与秩序，法律行为包括犯罪行为，在法学研究中侧重标准问题和执法、司法的程序问题，重点在于应该是什么。心理学以研究人的心理现象及其规律为己任，重点在于客观上是什么，从法律行为结构中我们已经能够看到心理学在犯罪研究中的用武之地。

三、犯罪构成

刑法要求建立标准，包括什么行为属于犯罪的标准和对某一行为处以何种刑罚的标准。犯罪构成理论通过将犯罪概念具体化和标准化，从主观和客观两个方面确立了行为属于犯罪的具体标准。它不仅是追究行为人刑事责任的依据，也是区分罪与非罪、此罪与彼罪界限的标准。在刑法中，犯罪构成分为四个维度（要件）和众多的具体因子（特征）。

（一）犯罪客体

犯罪客体是指刑法所保护的被犯罪行为侵害的社会利益。关于社会利益要有广泛性认识，它既可以是国家利益，也可以是群体利益和个人利益，但前提必须是受到刑法保护的利益。将二者统一起来也可以用法益的概念去认识。法律的目的在于建立某种秩序，任何犯罪事实上都是对社会秩序的破坏，这种统治者所希望建构的秩序是犯罪客体的核心内容。吴谢宇弑母案中，其侵害的客体表现为受法律保护的人的生命权利。

（二）犯罪主体

犯罪主体是指达到刑事责任年龄、具有刑事责任能力并且实施了危害社会行为的人。

关于犯罪主体，刑法的规定是具有科学性与指导性的。

首先要明确的是关于“人”的概念。犯罪主体中所说的人包括两类：一是自然人，即心理学中的个体。二是单位，即心理学中的群体。它是具有独立承担刑事责任能力的企业、事业单位、机关、团体等。某个以从事合法活动为宗旨的单位，依照其组织决策、程序实施了被刑法认定为犯罪的行为，并表现为为单位谋取非法利益或者非法所得大部分归单位所有时才构成犯罪的单位主体。

其次要注意的是自然人所实施的危害社会的行为未必都构成犯罪，要视行为人是否达到刑事责任年龄而论。刑事责任年龄是刑法规定的行为人应对自己的犯罪行为负刑事责任的年龄。在此，刑法以保护未成年人利益为原则，在注意发展心理学中个体发展阶段性规律的同时，结合我国的具体情况，充分考虑了个体的生理与心理状况，将刑事责任年龄划分为三个阶段：（1）已满 16 周岁的人实施犯罪，应当负刑事责任，属于完全刑事责任年龄。（2）已满 14 周岁不满 16 周岁的人，犯故意杀人、故意伤害致人重伤或者死亡、强奸、抢劫、贩卖毒品、纵火、爆炸、投放危险物质罪的，应当负刑事责任，属于相对刑事责任年龄。即处于这一年龄段的人只对部分严重犯罪负刑事责任。（3）已满 12 周岁不满 14 周岁的人，犯故意杀人、故意伤害罪，致人死亡或者以特别残忍手段致人重伤造成严重残疾，情节恶劣，经最高人民检察院核准追诉的，应当负刑事责任，属于相对刑事责任年龄。即处于这一年龄段的人只对部分特别严重的犯罪负刑事责任。同时，对不满 18 周岁的人追究刑事责任的，应当从轻或者减轻处罚。因不满 16 周岁不予刑事处罚的，责令其父母或者其他监护人加以管教；在必要的时候，依法进行专门矫治教育。

最后要领会关于刑事责任能力的法律内容和认定标准。刑事责任能力是指行为人对自己行为的识别能力与控制能力，刑法学谓之为辨认能力与控制能力。前者并不是一种对行为法律性质的认识能力，如是否知道自己所实施的具体行为属于犯罪，而是对行为是否可能给行为对象造成危害的认识。后者是指行为人可以支配自己实施或者不实施特定行为的能力。显然，吴谢宇作为一个智力、精神都健康并且年满 20 岁的大学生，清晰地知道自己杀害母亲谢天琴的行为会导致什么危害结果，他属于具有完全刑事责任能力的犯罪主体。

我国《刑法》规定，精神病人在不能辨认或者不能控制自己行为的时候造成危害结果，经法定程序鉴定确认的，不负刑事责任，但是应当责令他的家属或者监护人严加看管和医疗，在必要的时候，由政府强制医疗。间歇性的精神病人在精神正常的时候犯罪，应当负刑事责任。尚未完全丧失辨认或者控制自己行为能力的精神病人犯罪的，应当负刑事责任，但是可以从轻或者减轻处罚。由此可见，无刑事责任能力的认定与行为人是否属于精神病人直接关联。而对于此规定中的三个关键点，即精神病人，间歇性精神病人，在精神正常时、尚未完全丧失辨认或者控制自己行为能力的精神病人的认定有两个标准。一是医学标准，二是心理标准。前者由具有司法精神病鉴定资格的医院等机构或专家认定，也就是司法心理学中的专家证人。后者由司法工作人员决策，结合案情、生活史和司法精神病鉴定结论对行为人是否应负刑事责任做出判断。二者是一种递进关系，简言之，有无精神病由医学专家决定，是否具有刑事责任能力由司法人员决定。

（三）犯罪客观方面

犯罪客观方面是指刑法规定的，能够表现行为的社会危害性，而为成立犯罪所必须具备的客观事实特征。

犯罪客观条件分为两类：一类是必要条件，即任何犯罪都必须具备的条件，如危害行为、广义的危害结果（指法益受到侵害）。另一类是选择条件，即某些犯罪所要求的构成条件，如行为对象、狭义的危害结果（指刑法特别规定作为犯罪构成的结果）以及犯罪的时间、地点、方法等要素。同时，刑法强调危害行为与危害结果二者之间的因果关系，这是让行为人对该结果负刑事责任的客观基础。

（四）犯罪主观方面

犯罪主观方面是指行为人对自己的危害社会的行为及其结果所持的心理态度。其中表达了刑法学中的一个关键词——罪过的内涵。根据罪过责任原则，之所以惩罚犯罪，原因在于行为人主观上存在罪过。如果从心理学角度解读，它可以说明行为人对自己的行为及危害性在认知、情感、意向上的协调统一。刑法中的罪过包括两类，分别是故意犯罪和过失犯罪。

有意识地置人于死地，是吴谢宇弑母案件中的罪过形态。故意犯罪是行为人明知自己的行为会产生危害社会的结果，并且希望或者放任这种结果的发生。过失犯罪是行为人应当预见自己的行为可能产生危害社会的结果，因为疏忽大意没有预见，或者已经预见而轻信能够避免，以致发生这种结果的情况。此外，犯罪动机、犯罪目的、犯罪人的人身危险性与主观恶性等内容也都属于主观方面的范畴。在犯罪心理学研究中，犯罪构成中的主观方面最具有解释和分析的价值，能够将心理学原理与刑法中的规定相整合。

第二节　犯罪心理学概述

在明确了刑法有关犯罪的知识后，我们可以将心理学知识与犯罪建立联系，并从中感受犯罪心理学的特点。

一、犯罪心理学研究什么

根据心理学的学科特点，它在介入犯罪研究时可以关注三个基本问题，即犯罪行为、犯罪心理、犯罪人。其研究也可表述为以下三个核心问题：是什么？为什么？谁所为？

在总结犯罪心理学的研究对象时，我们可以将犯罪心理学五个字做这样的拆分：一是“犯罪 心理学”，它属于宏观和中观的研究，是运用心理学的理论方法对犯罪包括犯罪根源、犯罪现象开展的研究。在此，社会心理学、进化心理学、文化心理学、法律心理学等都具有特别的认识论与方法论价值。二是“犯罪心理 学”，它属于微观研究，是运用心理学的理论方法对犯罪行为、犯罪主体开展的研究，侧重描述与解释导致犯罪的个体心理因素形成与作用的过程、特点与规律。因其涉及行为过程和精神过程这两大心理学研究的范畴，几乎所有的心理学理论和方法都可以提出见解。

（一）犯罪现象

犯罪心理学
到底研究什么？

犯罪现象是犯罪学的研究对象，它指某一国家在不同历史时期的犯罪数量、类型、特点、原因和趋势。在狭义犯罪学以犯罪生物学、犯罪社会学为主体结构的学科框架中，犯罪心理学归属于犯罪生物学范畴（康树华，2003）。犯罪现象应该成为犯罪心理学的研究对象，因为犯罪心理学的使命并非在于简单地解释个体犯罪而是终究要服务于全社会控制与减少犯罪的目的。正如曾任国际心理科学联合会主席的丹尼斯（M. Denis）教授的观点："心理学研究的目标是可以应用于广泛的领域的知识。也就是说这些知识可以广泛地应用于人的行为。"（丹尼斯，2006，54 页）犯罪现象既是法律现象，也是人类长期面对和期望控制的社会问题，仅凭法学家、犯罪学家、心理学家的努力是无法实现控制犯罪之目标的。由此，也就催生了交叉学科等以多学科整合为途径的研究模式。

犯罪是复杂的社会现象，其原因与规律永远不是单一学科能够独立描述、解释与预测的。"当一个课题明显地需要多个学科的参与并相互配合完成时，就需要采取更为深入的举措，也就是说在这种情况下多个学科拥有一个共同的目标，要解决同一个问题，这时就需要更为协调一致的全面合作。"（丹尼斯，2006，58 页）

（二）犯罪行为

犯罪行为是行为人所实施的具有刑事违法性、社会危害性，依据法律应受刑罚处罚的行为。犯罪是犯罪心理学的切入点，法律对犯罪的规定都以是否存在具体行为为前提，并且具有严格的规范性要求。"犯罪行为是英美法系犯罪构成的客观要件。犯罪行为有广义与狭义之分：广义上的犯罪行为，指犯罪心理以外的一切犯罪要件，包括犯罪行为、犯罪结果、犯罪情节等。狭义上的犯罪行为指有意识的行为，它由行为和意识构成。"（陈兴良，周光权，2006，85 页）犯罪心理学在探讨犯罪行为时，不以说明何种行为构成犯罪为目的，而是侧重于该行为的状态。在以往的犯罪心理学研究中，由于脱离刑法对犯罪的规定性认识，未能运用心理学语言对犯罪行为进行解构，笼统地使用犯罪行为这一宽泛的概念，使犯罪心理学缺少对犯罪行为的定量研究。

犯罪心理学对犯罪行为的认识首先要把握这个行为必定具有社会危害性这一前提，并结合刑法的罪名，根据社会生活的经验性判断和心理学的实证判断去发现和总结哪些行为可能具有危害性或者产生危害性结果，由此建立开展定量研究的平台。犯罪是可以观察的，任何犯罪都表现为可以观察的具体行为。既然犯罪总是以行为的方式表现出来，那么到底是行为本身属于犯罪还是法律对该行为的判断才可能产生犯罪？我们知道，犯罪是法律概念，行为是客观事实，某一行为的法律性质如何只能由法院的判决决定。虽然我们可以笼统而抽象地将所有经法院认定为犯罪的事实都称为犯罪行为，但实际上犯罪行为又是由不同的个体行为去实现的，具有广泛的个别性。

此外，要把握实施犯罪行为将受到法律惩罚这一主题。从趋利避害的本能角度，儿乎没有人追求或者希望受到法律的惩罚，犯罪并不是行为人的目的。简言之，那些已经被判刑的犯罪人都不是为坐牢才去犯罪的。那么，他们产生了何种具有心理学意义上的行为才导致被定性为犯罪也就成为心理学研究犯罪行为的关键点。

如果去掉犯罪的标签，那么那些可观察的具体行为都有什么形态？截至 2024 年 4 月 12 日，我国《刑法》所规定的罪名已达到 483 个（包括骗购外汇罪），这其中还不包括修改了罪名或罪状的条款，而且随着《刑法》的修订还具有增减的可能性（陈光中，李作，2024）。当我们将这些罪名进行归纳，并还原为适合心理学研究操作的行为形态时，可以发现它们基本上包括攻击、侵占、破坏、控制这四类能够导致危害性的行为。我们将具有危害性并经常导致危害性结果的行为称为犯罪行为的基本形态。因此，与其研究个体为什么犯罪，不如利用心理学特长研究某一个人为什么要使用攻击（破坏）、侵占（控制）的方式去实现个人目的。从这个视角出发，心理学的理论与方法就具有了用武之地。它的研究告诉我们，什么类型的个体在何种情境下更可能选择使用攻击（破坏）、侵占（控制）的手段实现目的。

杀人、伤害、纵火等犯罪是最典型的攻击性行为；盗窃、贪污、诈骗等犯罪属于侵占性行为；分裂国家、擅自设立金融机构、伪证等犯罪可归为破坏性行为；行贿、强迫卖淫、伪证等犯罪可称为控制性行为。在司法实践中，很多犯罪行为都具有多重性质，如抢劫、强奸具有攻击、控制的多重性质。归纳犯罪行为基本形态的目的在于为心理学开展对犯罪心理的定量研究创造条件。长期以来，犯罪行为、犯罪心理由于难以进行操作性定义，仅是抽象的、整体的概念而无法定量。而在心理学上，对以上四类基本形态都具有从操作性定义角度开展定量研究进而揭示其规律的可能，进而发掘心理学介入司法的价值。

当然，无论是攻击、侵占还是破坏、控制都是社会生活中常见的行为，可能是合法、利他的，也可能是非法、越轨的，并非都会导致犯罪的结果。但作为导致犯罪的主要行为形态，它们具有普遍性意义，尤其是利于我们采用心理学方法开展研究。

犯罪是一个十分严格的法律概念，包括犯罪心理学在内的任何学科都不应对犯罪进行随意性解释，如使用精神病犯罪人等容易产生歧义的用法。

犯罪心理学研究中的犯罪概念是否与刑法规定的犯罪概念相统一，曾经是学界争论的焦点。刑法学对犯罪行为的研究截取行为当时的横断面，是对行为人人生发展中某一节点进行的研究。而犯罪心理学采用纵向研究的方法，回溯性地关注行为人以往的生物、社会、心理因素对其实施犯罪行为的影响。在犯罪概念的使用上则具有统一性。

（三）犯罪心理

虽然犯罪行为是我们最容易观察到的客观事实，但如果不明了行为背后的精神过程，也就永远无法理解从个别到一般的种种犯罪原因。犯罪心理是犯罪心理学最核心的研究对象，它是行为人实施犯罪行为的精神过程。精神过程比较宽泛，在犯罪行为的发生过程中，它包括两个层面的内容：一是导致犯罪行为的心理过程，尤其是决策过程，它可以从认知加工的过程去理解。二是影响该决策的原有行为人个性本身。如果将前者视为特定情境中个体的反应，那么后者更多地表现为个体从小到大对环境的反应。在此的犯罪行为应该以刑法所规定的犯罪概念、犯罪构成为依据。

由此，又必须面对一个到底是先有犯罪心理还是先有犯罪行为的循环因果问题。很显然，既然犯罪行为有法律规定性，那么一个磨刀霍霍、每天扬言要杀人的人，确实有动机、意图、准备，如果他没有实施具体的行为，我们是否可以认为他存在犯罪心理？解决这一问题的方法是划分不同学科的研究内容与路径。犯罪心理学中所说的犯罪行为，永远以刑法规定为标准，在此心理与行为具有高度的统一性。犯罪心理依存于对犯罪与否的认定，有犯罪就有犯罪心理，它是从结果出发的已然状态；而从心理支配行为的心理学规律出发，犯罪心理仅指可能引发犯罪行为的心理。支配犯罪行为的犯罪心理可以有准备、正在、已经三种形态，它是从过程出发的或然状态。

在理解犯罪心理概念时，可以有两条基本的路径：一是从刑法学的角度理解，专指犯罪当时的心理态度，包括罪过、动机、目的、情绪情感和认知加工等。“犯罪意图（mens rea），又称犯罪心态（guilty mind），是英美法系犯罪构成的主观要件。在美国刑法中，犯罪意图分为以下四种：蓄意、明知、轻率、疏忽。从犯罪意图的内容看，主要是行为人对于其犯罪行为的一种心理状态。”（陈兴良，周光权，2006，85 页）二是从心理学的角度理解，主要指行为人实施社会危害性行为时的决策过程和已经具有的认知、人格、需要特点。前者可以表达犯罪当时的心理过程，后者反映影响这一心理过程的行为人的人格和社会适应性特点。

在吴谢宇案中，由于犯罪主体是一个自幼成绩优异并就读于北京大学经济学院的大学生，公众很难将其角色身份与残忍的杀人行为联系起来，无法理解其动机与目的，并由此引发了社会的广泛关注。对于杀死母亲谢天琴，吴谢宇显然是事先预谋的，其案发前主动网购多种作案工具（包括刀具、防水布、塑料布、隔离服、医生护士服等），故其犯罪决策并非对突发事件的应激反应，而是积极创造与寻找机会以实现弑母目的。在多种可供选择的决策选项中，选择风险与成本最大、最不理性的杀人方式，与吴谢宇极度自卑、角色冲突、自私自利的个性高度相关，而该个性特性的形成又与其个人的生物、心理、环境状态相呼应。由此，犯罪心理学对犯罪心理的研究重点在于揭示不同历史背景、社会环境中，不同类型的个体实施犯罪行为的心理过程，以及影响其犯罪决策的个性，并采用纵向研究的方式归纳与总结犯罪心理形成、作用、发展变化的规律，为预测犯罪、矫治犯罪心理、社会控制提供科学的心理学依据。

（四）犯罪人

犯罪永远是人的行为，而这里所说的“人”在刑事诉讼的不同阶段可以有不同的法律身份。在发案阶段，只有行为事实而无法确定行为人时，可以使用作案人的标签。作案人未必就是刑法意义上的犯罪人，比如未满 12 周岁的未成年人作案。在侦查环节，可以有怀疑对象、犯罪嫌疑人的称谓，属于法律上的可能性犯罪人。在公诉和审判阶段具有刑事被告人的身份，但仍然不能确定属于法律意义上的犯罪人，比如经法院审理，认定其为不具有刑事责任能力、完全不负刑事责任的精神病人。在判决生效进入执行阶段时，又可以使用服刑人员、在押犯等称谓。由此可见，在刑法的层面，犯罪人仅指实施了危害社会行为被法院判定为应负刑法责任的个人或单位。

而在犯罪心理学层面，犯罪人的概念可以因研究的需要，因心理形成与发展的一般性规律而具更多意义。虽然也可以表述为实施了危害社会行为被法院判定为应负刑法责任的个人或单位，但在具体理解中必须顾及行为发生的可能性与现实性，并且适合采用作案人的概念。

传统上，犯罪心理学主要遵循人口学特征、动机特征、参与人数量特征对犯罪人进行分类，如青少年犯罪人、财产性犯罪人、共同犯罪人等。如果从在刑事诉讼不同阶段，心理学所可以发挥作用的角度出发，犯罪心理学所研究的犯罪人可以包括以下类型。

一是可能性作案人和已然性作案人。前者指以往犯罪统计数据说明存在较高犯罪风险的个人，在犯罪预防中应予特别关注，例如：曾经有违法、犯罪经历的人；存在认知、人格、情绪障碍的人；对毒品等药物高度依赖的人；在青少年阶段经常出现违反《预防未成年人犯罪法》、经常出现严重不良行为的人；等等。在此应说明的是，该类个人并非必然地具有实施犯罪的可能性，而是在与守法公民等参照群体的对比中他们更加缺乏社会适应能力，应该得到全社会在社会救济、心理疏导、行为矫治等方面的关心与帮助，减少其犯罪的可能性。他们虽然是犯罪防控的重点人群，但防控并非以简单的施加压力、人身控制为手段。后者指已经实施完成具有危害行为并足以构成犯罪的作案人，包括已被锁定的确定性作案人（犯罪嫌疑人）和案件尚未侦破的未知性作案人。虽然其行为及结果足以构成刑法意义上的犯罪，但由于尚未归案特别是未经法院判决，我们还无法确定其是否具有刑事责任能力，达到刑事责任年龄，例如：已经立案并且抓获但尚未进入审判程序的作案人、已经立案但尚未抓获的作案人、案件事实已经发生但并未立案的实质性作案人。对该类人群心理的研究，是侦查心理学、审讯心理学的重点。

二是法律性犯罪人和实质性犯罪人。前者指经审判被法院确定为有罪的被告人。后者是未经审判的作案人。法律的、形式意义上的犯罪人，未必就是真实的、实质意义上的犯罪人（作案人）。

案例分析

2016 年 12 月 2 日，最高人民法院第二巡回法庭对原审被告人聂树斌故意杀人、强奸妇女再审案公开宣判，宣告撤销原审判决，改判聂树斌无罪，这起冤假错案的昭雪引发全国的关注。1995 年 4 月 25 日，河北省石家庄市鹿泉县人聂树斌因故意杀人、强奸妇女被判处死刑，剥夺政治权利终身，同年 4 月 27 日被执行死刑。

日本刑法学家大塚仁教授将犯罪划分为实质意义的犯罪和形式意义的犯罪，认为实质意义的犯罪，是指广泛的反社会的行为，即指侵害社会生活利益（法益）的人的行为。在此意义上的犯罪，不论是精神病人所实行的杀人，还是幼童实行的纵火，都可以被理解为广泛地包含在侵害社会共同生活秩序的人的行为中。形式意义上的犯罪，是指在实质意义的犯罪中具有可罚性的，即在法律中可以被刑罚的行为。他的划分对在犯罪心理学中理解犯罪人概念具有指导意义。

拓展阅读

千万不要认为精神病型犯罪人就是患有精神病的犯罪人！因为精神病型犯罪人是龙

勃罗梭（C. Lombroso）对一类特定的犯罪人的概括。这个意大利医生原本以为所有的罪犯都是天生反社会的，但在与大量罪犯接触之后，他不得不放弃这种想法，转而认为罪犯可以分为不同的类型，分别是：职业型、司法型、激情型、倾向型、精神病型和歇斯底里型。其中精神病型与现在常常提到的精神病态者相似，突出的特点是无罪责感和责任感、情感肤浅、极度自我中心、冲动、冷酷，以及对疼痛高度耐受。

二、学科定义

在明确了犯罪定义、确定了犯罪行为基本形态的基础上，我们可以对犯罪心理学的学科框架进行建构。

犯罪心理学是运用心理学的理论与方法，研究犯罪人所实施的犯罪行为及其精神过程发生、发展、变化与组合规律的知识体系，属于心理学在犯罪科学领域的应用性、交叉性学科。

就研究犯罪而言，心理学具有认识论与方法论的价值。它不仅为我们提供了对人类心理活动发生、发展及一般性规律的认识，而且提供了研究人特别是心理的心理学方法。犯罪心理学的研究对象犯罪行为、犯罪心理、犯罪人属于传统上社会科学的范畴，而研究方法属于自然科学范畴的心理学领域，具有交叉学科的性质。但无论怎样，犯罪心理学对犯罪这一特殊社会现象的认识总是建立在心理学对人类行为的规律性认识的基础之上，并着重于心理学在犯罪研究中的应用。

以往通说中，犯罪心理学有广义与狭义之分。“狭义说认为，犯罪心理学是运用心理学的基本原理研究犯罪主体的心理和行为的一门学科；广义说认为，犯罪心理学是运用心理学的基本原理，研究犯罪主体的心理和行为以及犯罪对策中的心理学问题的一门学科。”（罗大华，马皑主编，2012，2 页）有无犯罪心理学应用和对策内容是二者的主要区别。

我国台湾学者马传镇认为：“所谓犯罪心理学，乃是应用心理学之一个学门，旨在运用心理学与精神医学之原理原则，探讨犯罪行为之相关因素与防治对策。”（马传镇 2008，2 页）他提出：“狭义之犯罪心理学，其主要内涵包括 10 项：（1）犯罪行为之性质与心理历程；（2）犯罪行为之相关因素；（3）个人特质、环境因素、情境互动对犯罪行为之影响；（4）动机、情绪、潜意识历程与犯罪；（5）性格、智能与犯罪；（6）各类精神疾病与犯罪；（7）犯罪心理学理论、公式与理论模型；（8）各类型犯罪行为与心理特质；（9）犯罪预测与犯罪预防对策；（10）罪犯之处遇与感化。”（马传镇，2008，4 页）在方法论层面，不仅有心理学，也列入了精神医学的指导。

在此，可以参照心理学中基础心理学与应用心理学的分类方法，将犯罪心理学视为心理学研究犯罪的基础心理学，着重于总结犯罪行为发生、发展的规律，建构模型，提出有科学依据的解释理论；而将刑事司法心理学作为犯罪心理学中的应用学科，着重于根据犯罪心理学对犯罪行为的解释，实现刑事诉讼中的问题解决。

拓展阅读

刑事司法心理学是以心理学、犯罪心理学为主要理论与方法，研究刑事诉讼过程中各种法律行为及其精神过程发生、发展及规律，以提高司法公正与效率，实现问题解决的应用性学科。在法律心理学范畴内，犯罪心理学具有基础性学科的性质，着重于揭示犯罪心理形成的规律；而刑事司法心理学具有应用学科性质，着重于利用规律解决问题。

如何深入学习犯罪心理学专业？

犯罪学学科与心理学学科都将犯罪心理学置于其总体学科框架之中。在心理学体系中，它类属于心理学中的应用学科法律心理学的范畴（马皑，2010）。在犯罪学体系中，它是犯罪原因学中的子学科。在法律心理学领域，犯罪心理学与刑事司法心理学（也称法庭心理学）的融汇是最为紧密的。因此，犯罪心理学的发展历史也是刑事司法心理学的历史。

拓展阅读

法律心理学（legal psychology）是以心理学为主要理论和方法，研究法律运行过程中产生的各种法律行为中的心理现象及其相互关系发生、发展及其规律的心理学分支学科，是研究法律行为中心理现象的各门学科的统称。人所实施的、受法律调整的、能够产生法律效力和法律后果的法律行为是法律心理学的研究对象。法学中的“人”不仅指自然人，还包括以立法、执法、司法、法人等组织形态出现的群体，而法律行为也涵盖了合法行为、非法行为、违法行为等各个层面。基础心理学研究人类一般性行为，法律心理学关注法律行为，这使法律心理学具有区别于其他心理学分支如社会心理学的鲜明特征。作为一门整合性学科，法律心理学体系的建构围绕由法的创制、法的实施、法的监督组成的法律运行这一中心展开。由此，法律心理学整合体系的分支学科得以构成，包括立法心理学、守法心理学、司法与执法心理学（通称司法心理学）、违法犯罪心理学（通称犯罪心理学）四个板块。研究最为集中并且成果最为丰富的领域始终局限在司法心理学与犯罪心理学两大分支的范围内，在司法心理学领域占据绝对份额的研究又以刑事司法心理学为主，由此出现将法律心理学狭义为司法心理学或两个概念互用的情况。而立法心理学、守法心理学领域的研究很少。

三、学科价值

任何一门学科的价值总是在其目的中体现出来，心理学作为犯罪心理学的母体学科，其研究目的适用于犯罪心理学。

（一）描述犯罪行为

描述涉及观察，“心理学家通常把这种观察称为他们的数据”（格里格，津巴多，2009/2016，3页），客观、定量是心理学描述行为的基本要求。由于伦理要求，我们永远无法对犯罪行为进行直接的观察，这也导致在这个学科中的经验性描述具有相当价值的特殊性。但是，犯罪行为并非无法观察，在犯罪心理学研究中对犯罪行为的描述可以在三个分析水平上实现。其一是宏观水平，我们可以对犯罪现象进行观察，通过对犯罪率、犯罪类型的描述，掌握犯罪行为在不同历史阶段和社会环境中的数据。其二是中观水平，采用量表、问卷等手段，对已经实施犯罪的个体进行描述，重点在于观察他们的秉性变量在社会适应中的内容与特点。其三是微观水平，可以使用实验等方法，对犯罪行为的基本形态，如攻击、侵占等进行观察，获得相关数据。

用科学的方法描述犯罪行为是要解决“是什么”的问题。由于犯罪行为难以被直接观察的特点，经验性描述虽然不符合科学主义的要求，但仍然可以帮助我们从经验当中了解犯罪行为发生、发展的部分规律。

（二）解释犯罪行为

了解真相、探究“为什么”，总是某一案件发生后公众最感兴趣的问题。2013 年 6 月 7 日 18 时 22 分，福建省厦门市闽 DY7396 快速公交车在途经金山站往南 500 米处起火，造成 47 人死亡、34 人受伤。事件的性质是什么是公众首先关心的：是意外事故还是刑事案件？当事件被定性为刑事案件时，我们又会想知道是谁干的，为什么。以上两个疑问由公安机关通过对现场痕迹的描述，综合各类证据材料进行解释。犯罪嫌疑人锁定陈水总后，我们关心的主要问题是他为什么犯罪。而在这个问题背后，公众想得到三种解释，即在综合层面想发现其犯罪的动机和目的是什么，在秉性层面想了解他是一个什么样的人，在情境层面想知道他遭遇了什么样的经历或挫折等。正如刑法学研究重视犯罪行为中的因果关系，心理学的解释也在于发现行为与心理的规律性模式，用以回应事出有因的经验性判断。

经典回顾

双生子研究的结果时刻提醒着我们遗传对犯罪行为的重要性。早期研究发现，遗传因素可能会对以下几个方面产生决定性的影响：智力、精神分裂、抑郁、神经症、酒瘾和犯罪行为。第一项考察遗传与犯罪的研究出现在慕尼黑内科医生朗格（Lange）1929 年的著作《犯罪宿命》中，他发现犯罪行为的一致率（一致率是遗传学术语，指双生子的特定行为或生理状况的相似程度）在 13 对成年同卵双生子中是 77%，在 17 对异卵双生子中是 12%。虽然这种小样本研究可能会高估遗传的作用，但之后的诸多研究尽管添加了复杂的实验设计和方法，仍不断发现同卵双生子在犯罪行为上不容忽视的一致性。

（三）预测犯罪行为

心理学的研究既在一般意义上研究人类的行为和经验，以发现其中的模式并进行可能性概括，又在个别意义上理解人类个体，探讨是什么使我们每个人显得与众不同。在对犯罪行为的研究中，从行为过程、决策过程入手，可以发现与总结个别意义上与某一个体犯罪相关的秉性变量、情境变量，并在此基础上抽象出一般意义上的特点与规律。

“心理学中的预测表述的是一个特定的行为将要发生的可能性和一种特定的关系将被发现的可能性。”（格里格，津巴多，2009/2016，5 页）具体到犯罪心理学中，对犯罪行为的预测主要在五个层面展开。一是对社会犯罪率的预测，即根据我们对社会变迁、社会动荡的观察，根据基尼系数等反映社会阶层差距的数据，对犯罪现象的波动进行预测。

二是对某类犯罪行为阶段性波动状况的预测。在20世纪80年代之前，强奸犯罪的重要机体变量是个体的性欲求不满，在道德压力下婚姻成为唯一被社会价值观认可的性满足渠道。情境变量表现为具有性内容的色情书刊的诱因影响。进入20世纪90年代之后，随着道德、法律标准的宽容，互联网的兴起，强奸犯罪率的下降也就成为必然。三是对具有某些社会身份特征的假设群体实施犯罪可能性的预测。长期以来，刑满释放人员由于缺少适应出监后社会环境的能力，其再次犯罪的可能性高于一般社会公众，该类人员也就成为需要更多社会帮助的群体。对弱势群体犯罪可能性的预测，也是建立在相对剥夺感等因素与犯罪相关性的分析基础之上。四是对某一具体个人犯罪可能性的预测。加拿大监狱和司法部门自20世纪80年代开展的风险评估研究在当今国际上具有较高的声誉。五是在刑事诉讼过程中，根据犯罪行为发生过程中的一般性规律，对犯罪人、犯罪心理的回溯性预测。犯罪心理痕迹分析、犯罪心理画像技术等都可以归为此类。

经典回顾

风险评估亦称危险评估（risk assessment），是源于西方国家的司法辅助措施，就是利用科学方法得到数据，为罪犯是否释放、如何矫治等问题提供参考依据。较为成熟的风险评估的方法已经从第一代仅仅依靠专家主观意见发展到了现在的第四代综合评估手段，不但包含静态因子的测量，也重视动态因子的考察。第五代再犯（重新犯罪）风险评估（加拿大）主要是加入了生理水平的检测，更加全面与科学，但是具体的操作方法仍在发展之中。

（四）控制犯罪行为

描述、解释、预测、控制具有递进关系，后者总以前者的成果为基础。在每一个环节，科学、客观、有据是开展研究的前提。在描述的基础上，通过考察两个或多个变量（即现象）的相互关系，揭示一个变量是否会受到其他变量影响，影响程度和性质如何，进而用一个变量预测另一个变量，也可通过控制一个变量影响另一个变量。

控制犯罪行为与预测犯罪行为的五个主要方面紧密联系，但事实上还可以更加广泛，涉及大到全社会小到个人等方方面面。通过调整现行制度，如立法①活动，可以调整全社会对社会危害行为的认识。酒驾就已经通过增加犯罪成本从而影响行为决策，得到了减少。政府通过顶层制度设计，缩小贫富差距、倡导社会公平，能够消除相对剥夺感，提高弱势群体社会适应能力，控制仇富情绪和过激行为。各级政府建立多元的诉求表达途径，可以减少因负性情绪积累而产生的反社会冲动。

（五）提升社会和谐

对产生犯罪行为的变量进行控制虽然可能改变结果，但总是局部与个别的。从宏观角度看，犯罪心理学研究不仅能够提高司法、执法的公正与效率，还可以通过揭示犯罪

---

① 立法是由特定的主体，依据一定职权和程序，运用一定技术，制定、认可和变动法这种特定规范的活动。

心理形成与作用规律，解析犯罪行为发生机制，进而通过预测、矫治犯罪心理，控制犯罪现象，减少犯罪对社会的负面影响，提升社会和谐。

第三节 认识犯罪的视角

对人类社会而言，犯罪总是被人们议论的话题。不同学科对犯罪的源流、原因都抱有浓厚的探究兴趣。在广阔的犯罪研究海洋中，犯罪心理学有自己独特的位置。

一、历史与社会层面的研究

想一想，如果让你回答这样一个问题，即如何从根本上消灭犯罪，那么你的答案会是什么？你是否想过，假如我们取消刑法，没有了关于什么是犯罪的法律规定，所谓犯罪也就不存在了？当然，这里所说的犯罪是法律意义上的犯罪。这让我们懂得，犯罪一词的出现与国家的产生、法律的出现直接相关。但我们又必须看到，在国家产生之前，或者取消刑法之后，那些能够导致社会危害性的行为，也就是攻击、侵犯、破坏、控制等行为不会因刑法是否废存而消失。

（一）进化的视角

达尔文进化论的中心思想是自然选择假说，在他看来，作为生物物种的人类的进化过程也可以表述为通过适应环境被环境接受的过程。在人类进化的过程中，“过度繁殖、生存斗争、遗传变异、适者生存——生物通过斗争和大自然的选择而进化”（刘鹤玲，2008，1页）。

不可否认，生存与发展是包括人类在内的所有物种都具有的本能，也是其生物学使命。生存可以理解为活着，也就是个体生命的存在，类似生理需要得到满足。发展则有两个意义：一是社会学意义的发展，表述为在社会关系中的上行流动，获得更高的群体身份或社会赞许，类似精神需要的满足。二是生物学意义的发展，称为基因的延续，以繁衍后代为表现。应该强调的是，人类有一个质的规定性特点，就是我们无法仅凭个人之力而生存与发展，任何一个新生儿离开他人的照顾是无法存活的，以家庭为单位的群居也就成为人类适应自然的生活方式之一。

通过两性交配，人类形成了家庭、族群等社会关系，他们需要大量的生活资料、生产资料以保证生存与发展。在利益面前，暴力常常是原始人类获取与保障资源的手段，其结果是因自相残杀而走向毁灭。自然选择的美妙在于人类通过确定权利义务关系建立起使大多数人虽然无法实现利益最大化但可以相对最大化的分配秩序。权利义务关系的确立就是人类早期社会规范包括国家出现后的法律雏形。

德国哲学家奥伊肯（Rudorf Eucken）认为：“在最初，是外部的例如接触和生存斗争的压力使人们结成或大或小的群体。但是这种外在的联系渐渐地演变成一种内在的伙伴关系。共同的经验（共同的斗争、成就与不幸）造成了一种共同的善恶标准、一种共同的目的、一个共同的利益范围，在控制个体的自私自利的同时，给了他稳定性。于是，在这里我们也同样清楚地看到了走向更高尚、更崇高的进步。”（奥伊肯，1913/1997，79页）在利益面前，攻击、侵犯、破坏、控制等能够给他人或群体造成危害的行为是经常性的，为了共同利益，人类用建立秩序的方法寻求人际共处，刑法产生的原因正在于有人会破坏秩序。从进化的角度研究犯罪行为，实际上是从法律的产生看那些被标签为犯罪的行为是如何具有法律意义的。

在前法律时代，侵犯行为的存在具有普遍性。在后法律时代，这种行为达到某种危害程度时就可能会被以犯罪论处。“进化心理学认为，侵犯是演化形成的对适应问题的解决方法。侵犯行为之所以存在，是因为它在人类进化过程中解决了人类面临的适应性问题。”（朱新秤，2012，152页）而所有的适应性问题实际上都围绕生存与发展这两大主题展开，包括对生产资料和生活资料的获取与保护，在交配竞争中的攻击、控制，对权威地位的挑战与维护，等等。

拓展阅读

日本已故法学家穗积陈重（1931/2013）在《刑法进化论》演讲中认为，刑法是报复进化的产物。在刑法初创时期，随处可见报复、同态复仇的烙印，如《汉谟拉比法典》规定，对那些实施了打断他人骨头、伤害他人眼睛、打掉他人牙齿行为的人，处以折断其骨、伤害其眼、损害其齿的刑罚。直到今天，虽然同态复仇和同害复仇的思想已被鄙弃，但刑法中仍能寻觅到报复动机的痕迹，死刑制度就是最突出的表现，“由国家代表被害人对犯罪人处以死刑仍然是以复仇为内在冲动、以公正报应为价值追求的”（引自梁根林，2004）。虽然报复与刑法有着千丝万缕的关系，但是二者决不能混为一谈，它们甚至直接相互排斥。刑法禁止报复，因为报复实际是一种新的侵害，刑法是对报复的否定和取代。从报复到刑法经历了四个时期：复仇时期、复仇限制时期、赔偿时期和刑罚时期。

（二）社会生物学的类比

社会生物学理论的出发点是将人归类于动物，进而通过对动物的观察解释人类行为。威尔逊（Edward O. Wilson）在比较脊椎动物与昆虫时认为：“这两个动物类群进化出来的社会行为在程度上和复杂性方面都具有一定的相似性，并且在很多重要的细节方面也存在趋同现象。”（威尔逊，2000/2008，1页）威尔逊虽然并未直接研究犯罪，但其对犯罪的基本形态——攻击的论述是较为全面的。

威尔逊将物种同类间的攻击视为服务于竞争技术的一套行为。在他的观点中，仍然可以看到达尔文生存斗争概念的影子。将竞争与攻击相联系，并视为物种变异过程中适应自然选择的印刻，与进化心理学中模块等适应装置概念异曲同工。适应是进化理论、社会生物学理论的基石。在社会生物学看来，竞争可以划分为性竞争和资源竞争两大类，它又涉及发展和生存两个基本问题。威尔逊在其著作《社会生物学：新的综合》中，认为当两种刺激出现时可以预测攻击行为。“第一套是动物加以反应的一系列外部环境的突发因子，这其中包括与来自社会类群外部的陌生者发生遭遇战、与其自己类群其他成员为争夺资源的竞争以及应付物理环境中的每日变化和季节变化。所有这些外部因子都对动物产生了刺激，而动物必须调整其攻击尺度，对这些刺激做出反应。第二套刺激系统是通过学习和内分泌的变化的内部调节，通过这些调节，动物对外部环境的攻击反应可以更精准。”（威尔逊，2000/2008，235 页）从动物认识人类，威尔逊（2000/2008，242 页）提出：“攻击反应是根据遗传程序化模式所规定的情况而变化的。正是这一总的反应模式才使攻击是适应的，并且在进化过程中受到选择。”

社会生物学较早关注了社会心理学中拥挤、人际空间等刺激变量对攻击的影响作用。如果从另一个角度看，这也正是达尔文资源有限、竞争无限的翻版。而他们从物种进化角度对适应的认识，有助于我们在犯罪心理学研究中从心理与环境层面进行拓展。我们都知道，如果抛开法律不谈，就人的社会性而言，犯罪也是一种对环境尤其是人文环境适应不良的表现。

拓展阅读

心理学研究者认为人与人之间是有安全距离的。通常来说就是一只手臂伸直的距离，也有研究者提出 1.2 米。如果不是特别亲密的人逾越了这个安全距离，就会让人处于警惕、压力等种种不舒服的状态。安全距离与人际亲密关系呈反比：3.6～7.5 米是公共距离，适用于公共场合或非正式的聚会；1.2～3.6 米是社会距离，也称礼貌距离，适用于一般社交活动；0.45～1.2 米是私人距离，适用于家人、亲密朋友间的距离；0～0.45 米为亲密距离，主要适用于特别亲密的人，如夫妻、情侣。

（三）犯罪学的价值

在犯罪科学中，犯罪学具有举足轻重的地位。对法律意义上犯罪的研究始于刑法学，犯罪学在对犯罪的认识上具有整合性的特点。犯罪学运用事实分析的方法研究犯罪，“将犯罪作为一种社会与人的现象，采用各种分析方法阐明犯罪存在的性质、功能和原因”（陈兴良，2003a，53 页）。

对犯罪本质、犯罪现象、犯罪原因、犯罪类型、犯罪对策的研究构成了犯罪学十分庞杂的体系。犯罪学对犯罪的描述以刑法学有关犯罪的认识为基础，以数学统计和经验性观察为手段，在解释理论的运用上，各种分析方法涉及哲学、人类学、生物学、社会学、法学、经济学、心理学等与社会和人相关的各种学科。由于犯罪学所借助的解释工具基本上源于其他学科，具体的学科演绎又建构了犯罪社会学、犯罪人类学、犯罪心理学等分支。如果说犯罪心理学关注社会中的个人，那么犯罪学则重视由人构成的社会。犯罪学的价值在于探讨犯罪作为一种社会现象的存在、发生与发展的规律，揭示不同历史阶段、不同文化、不同社会形态中的犯罪特点，为我们提供对犯罪原因的宏观与中观解释。

二、个体层面的研究

由于犯罪所具有的危害性特征，它极大地损害了社会利益和公众利益，从古至今哲学家与思想家们往往将探寻的视角置于为什么和怎么办两个中心环节，也就是关注犯罪的原因和刑罚的力度与方法。在科学心理学诞生之前，先贤们对心理的解释与探讨更多地采用现象观察、归纳与抽象思辨的经验式方法。从个体层面对犯罪开展的研究，实际上涉及犯罪学项下的各个分支学科。

（一）人性的善恶

“一切科学对于人性总是或多或少地有些关系，任何学科不论似乎与人性离得多远，它们总是会通过这样或那样的途径回到人性。”（休谟，1739/1980，6页）

犯罪研究中对人性的探讨是在刑法学领域开始的。日本刑法学家大塚仁（1982/1993，2页）认为：“（刑事）古典学派与（刑事）近代（实证）学派的对立源于其各自对作为犯罪主体的犯人的人性的不同认识。犯罪是人实施的，刑罚是科于人的。因此，作为刑法的对象，常常必须考虑到人性问题。可以说对人性的理解决定了刑法学的性质。”

从人性角度认识犯罪，与社会科学领域的千年论争——天性与教养哪个对人更具影响力相关。它影响到迄今为止仍然可以看到的许多命题的讨论，如恶与善、兽性与人性、自然属性与社会属性、情感与理性、本我与超我、冲动与控制、自由与约束等。其背后反映了唯物主义和唯心主义、先天决定论和后天决定论等认识论上的差别。

虽然关于人性之善恶的问题已经争辩了几千年，但综述起来大体有四种观点：一是从善说；二是从恶说；三是善恶参半说；四是非恶非善说。但这四种观点都将人性视为人的最本质的属性，是我们生而有之的作为人的属性。

性恶说将包括犯罪在内的人的恶行视为先天的内在本质。我国古代性恶说的代表人物是荀子。① 在荀子的价值判断中，人性更多地受本能欲望的驱使，正是生而有之的利己、需要，才使社会的规范控制具有存在的意义，而规范的产生不仅可以约束人本能的恶，而且是建立秩序的根本。在心理学流派中，弗洛伊德是性恶说的主要倡导者②，在弗洛伊德的理论中，攻击与侵占等在大家看来的恶行，源于人类以自我为表征的本能，人生来即恶，社会化所建构的超我的功效正在于以良心的善抑制本我的恶。

孟子是性善说的倡导者。③ 在孟子的理解中，善是与人的身体同在的事物，它更多的是一种源自本能的利他驱力，并构成社会概念上的“人”。应该说，在孟子的认知中，人与非人的区分在于道德和世界观层面的行为判断，同情心、羞耻感、利他精神和是非观，

---

① “人之性恶，其善者伪也。今人之性，生而有好利焉，顺是，故争夺生而辞让亡焉；生而有疾恶焉，顺是，故残贼生而忠信亡焉；生而有耳目之欲，有好声色焉，顺是，故淫乱生而礼义文理亡焉。然则从人之性，顺人之情，必出于争夺，合于犯分乱理而归于暴。故必将有师法之化，礼义之道，然后出于辞让，合于文理，而归于治。用此观之，然则人之性恶明矣，其善者伪也。”（《荀子·性恶》）

② “人类并不是想要得到爱的和善的动物，也不是在遭受攻击时最善于保护自己的和善的动物；相反他们属于那种被认为在本能天赋中攻击性最强的动物。”（引自黄希庭，2002，528页）

③ “人皆有不忍人之心……所以谓人皆有不忍人之心者，今人乍见孺子将入于井，皆有怵惕恻隐之心，非所以内交于孺子之父母也，非所以要誉于乡党朋友也，非恶其声而然也。由是观之，无恻隐之心，非人也；无羞恶之心，非人也；无辞让之心，非人也；无是非之心，非人也。恻隐之心，仁之端也；羞恶之心，义之端也；辞让之心，礼之端也；是非之心，智之端也。人之有是四端也，犹其有四体也。”（《孟子·公孙丑上》）

成为人性之善恶与否的主要标准。人本主义心理学的代表人物马斯洛（A. Maslow）与罗杰斯（K. Rogers）都主张人性善。马斯洛（1957/1987，139 页）指出："如果说人有来自动物方面的遗传因素的话，那多半都是来自类人猿的，而类人猿与其说是富于进攻的，还不如说是富于合作精神的。"罗杰斯也曾说："虽然我深深地觉察到今日世界中有多到令人难以置信的、破坏的、残暴的、恶毒的行为——从战争的威胁到户外无意义的暴行——但我并未发现这种恶是人性所固有的。在有利于成长和选择的心理氛围中，我从未听说有任何人选择残暴的或破坏的道路。选择似乎总是趋向于社会化，改善与他人的关系。"（引自林方主编，1987，442 页）

康德认为理性对于人而言是天生的要求①，康德对人性的认识有社会学功能主义的内涵，他让我们看到了群体意志与个体意志的博弈。善是群体的追求，这种群体意识是在权利义务即规范的整合下产生的，恶则往往是个体意志与群体意志相冲突的表现。

我国台湾心理学家张春兴（2000，10 页）指出："人性的同质性较低，即使属于同一族群的人，不但在身体生理方面有高低、胖瘦、壮弱、美丑之别，在行为上与心理表现上，更具有智力、性向、兴趣、态度、价值观等多方面的个别差异。"从人性角度研究善恶与犯罪都不能视其为简单的对立关系，而更应从辩证关系的层面，寻求更多的方法论上的支持。

（二）从生物与遗传角度认识犯罪

龙勃罗梭是犯罪研究中永远无法绕过的灯塔。他被包括犯罪学在内的许多学科如犯罪生物学、犯罪人类学视为学科始祖。在龙勃罗梭对犯罪人的研究中我们可以看到早期颅相学的影子。

拓展阅读

一看到那个头盖骨，我立刻便知道……这个罪犯的本性。

——龙勃罗梭

发明颅相学的是一个充满想象力的医生——18 世纪末维也纳的加尔（F. J. Gall）。他认为大脑由 33 个"器官"构成，包括谋杀、偷盗和诈骗等，并可以通过感觉头盖骨外部的"凸块"找到它们的位置及尺寸。加尔还曾公开解剖人脑，指出各种"器官"的位置。加尔的这些想法与当时奥地利的医学界不合，因此他不得不背井离乡，但他的学说却在英、法、美等国受到追捧，于整个 19 世纪甚至 20 世纪初都非常流行。在美国，"颅相学家"曾经穿梭于大小市集，到处宣称可以治愈心理和生理疾病，就算是现在，我们仍可以在国外的很多古董店里买到颅相学头部模型。相信所有见到这些模型的人应该都会十分认真地摸摸自己的脑壳吧。

---

① "它要求人类不是表现为恶，而是表现为一个从恶不断地进步到善，在阻力之下奋力向上的理性生物的类。于是人类的普遍意志是善的，但其实现却困难重重，因为目的的达到不是由单个人的自由协调，而只有通过存在于世界主义地结合起来的类的系统之中并走向这个系统的地球公民的进步组织，才能够有希望。"（康德，1798/1987，246 页）

在今天，虽然龙勃罗梭提出的诸如“天生犯罪人”等假说已经不具有现实意义，但龙勃罗梭在犯罪研究中的功绩是不可抹去的。

在18世纪之前，西方国家对犯罪的探讨集中于神学、哲学等上层建筑领域，研究的方法往往是逻辑思维与思辨，其形成的结论往往由于无法检验而停留在经验性描述甚至臆测的假说层面。自然科学领域在力学、进化论等方面的突破性发展，为社会科学研究提供了创新性工具。“将自然科学的研究成果引入社会科学的研究领域，这是启蒙运动洗礼后的18和19世纪欧洲学术界流行的一种风尚。人们力图用自然科学的最新发现去解释与说明社会现象，使社会科学深深地打上了自然科学的烙印。”（陈兴良，2003b，163页）龙勃罗梭的功绩，正在于运用自然科学的认识论与方法论探讨社会中的犯罪现象，进而开创了实证犯罪学的先河，这与心理学界冯特（W. Wundt）开创实验法研究人的心理有同等的价值，标志着实证犯罪学派的建立。

龙勃罗梭较早地使用观察、测量、类比、统计、跟踪等方法，研究了意大利各种监狱中的囚犯，并且采用大样本调查检验“返祖”“退化”等强调基因与遗传的天生犯罪人假说。他认为：“无论从统计学的角度看，还是人类学的角度看，犯罪都是一种必然现象；用哲学家的话来说，同出生、死亡、妊娠一样，是一种必然现象。”（龙勃罗梭，1878/2000，319页）他汇集了他在伦巴第科学和文学院的研究报告，后来出版了名著《犯罪人论》。

在龙勃罗梭之后，从基因、遗传等人类学、生物学、医学角度所开展的犯罪研究丰富多彩，但在理论建构上却相当杂乱，基本上无法通过建立令人信服的模型立足于犯罪研究领域。在回顾该类研究成果时，特别是将其作为论据引证时，要注意几个核心问题。一是研究者的认识论是属于唯心主义还是唯物主义范畴。二是所采用的研究方法是否具有科学性。三是其结论倾向于单一决定论还是交互决定论。四是该理论或观点在后人研究中的发展状况。五是要充分认识当时的历史条件和科学发展的阶段性特点，不因今天的研究水平而否认当时的创新性。

“天生犯罪人”真的存在吗?

20世纪中叶，德国精神病学家克雷奇默（E. Kretschmer）、美国心理学家威廉·谢尔登（W. Sheldon）采用个案法、测量法、统计法对犯罪青少年进行观察，从决定论的角度提出体型与犯罪相关的假说。在犯罪学领域享有盛名的美国学者格卢克（Glueck）夫妇认为中胚层体型可以作为认识青少年犯罪原因的因素之一。直到20世纪80年代，美国犯罪学家威尔逊（J. Q. Wilson）、赫恩斯坦（R. Herrnstein）在著作《犯罪与人性》中，再次肯定了体质特征与犯罪存在相关，但与最早的单一决定论观点已非同日而语。

行为遗传学的研究取向又一次将遗传因素对犯罪的影响作用推进科学结论行列。采用跟踪与观察法对双生子、养子女开展的犯罪原因研究在理论上有一定的说服力。比较著名的有丹麦克里斯琴森（Christiansen）对丹麦6 000多对双生子样本开展的研究，德国医生朗格1929年的研究，丹麦哈钦斯（Hutehings）、梅德尼克（Mednick）的养子女研究，等等。该类研究的结论在研究者看来能够证明遗传因素对个体犯罪具有较高的影响作用。

在相关犯罪学著作中，我们还可以看到其他大量的关于生物与遗传的研究成果。如通过对暴力犯罪人染色体偏离正常检验遗传因素与犯罪相关性假说的研究，通过对犯罪人大脑结构、脑损伤、内分泌及激素水平等进行实验分析得出的研究成果。

在我们对犯罪绝非单一因素所致的假设达成共识的今天，虽然任何单一因素决定论没有市场，但就某些个案而言，它们仍然具有相对的解释价值，研究者利用自己的知识结构勇于摸索的精神与行动也同样具有创新精神。只是各种单一实验，虽然能够对假设加以检验，却很难促成总体上的解释理论。

就某一具体的犯罪人而言，最终引发其犯罪的原因可能有主次之分，用路径分析的方法还可以发现不同因素所发挥的作用大小。但当我们寻求具有普遍意义的个体犯罪原因，并寄希望其结论可以说明整体时，生物、文化、心理交互因素决定论实际上表达了形式上的组合。

你听说过“犯罪家族”吗?

学术前沿

美国加利福尼亚大学詹姆斯·法隆教授研究精神病学和人类行为学35年，被《华尔街日报》评为成就最大的神经科学家之一。2005年，他对正常人群和异常人群的大脑进行扫描，结果意外发现自己的大脑扫描图与心理变态者的大脑扫描图在某些指标上吻合，由此开启家族史、基因与大脑扫描图的探索与研究。他发现，自己家族父系分支有多个杀妻、弑母案例，每隔一两代就有心理变态者，他进一步提出Mao基因在其中的作用。与此同时，他也从个人成长史的角度尝试解释，为何他有着变态杀人狂的大脑，却成为家庭幸福、婚姻美满的大学教授。2008年，詹姆斯·法隆应TED邀请进行演讲而声名大振。他著有《天生变态狂——TED心理学家的脑犯罪之旅》一书。

三、犯罪心理学的发展

心理学从哲学母体中分离，使我们对人的认识从思辨上升为实证。

（一）缘起于经验

与众多以人为研究对象的学科一样，对犯罪行为的研究也经历了由哲学思辨到科学探讨的历程。犯罪心理学作为一门独立学科走上历史舞台具有一定的时代背景，它建立在心理科学逐步发展，学科分工精细化，传统哲学领域被社会学、心理学、精神病学、伦理学等分割的基础之上。

对犯罪的探讨包括犯罪人心理的探讨古已有之，犯罪心理学作为一门独立学科的出现绝非某一个人能够独立促成的。因此，将个别研究者冠以“鼻祖”称号的做法难以取得共识。

犯罪心理学的缘起既有历史必然性，也有标志性事件。据中国学者吴宗宪（1997）考证，“犯罪心理学”一词最早出现在德国人明希（Münch）1790年的著作《犯罪心理学在刑法制度中的影响》一书中。较早涉及犯罪心理学视角的专著是德国精神病学家埃宾（Ebing）1872年出版的《基于德国和奥地利刑事立法的犯罪心理学的基本特征：供法学家使用》。而较为系统地将犯罪心理学作为一门独立学科进行构架与介绍的是奥地利法哲学家汉斯·格罗斯（H. Gross），他于1897年出版的专著《犯罪心理学》对后来学科的发展具有历史意义。

（二）发展于实证

早期的犯罪心理学研究者往往从事哲学、法学、司法和精神病学研究，他们的成果侧重于今天我们谓为刑事司法心理学的问题解决，将心理学知识引入对犯罪人、司法公正的研究中，在方法上以经验描述和思辨为主。直到20世纪倡导科学主义，采用实证方法对犯罪心理学的研究才初现端倪。

1912年，美国心理学家戈达德（H. H. Goddard）使用修订的比内-西蒙智力量表，对监狱中的累犯进行测量，得出大部分累犯智力偏低的观点。1922年，英国心理学家戈林（C. Goring）出版了《犯罪心理学》。他曾采用事后回溯研究法对龙勃罗梭的研究结论进行验证，并且得出了不同的结论。同时，他也运用比内-西蒙智力量表对罪犯群体进行了大样本施测，在与常模进行比较后提出罪犯人群中智力水平偏低者的比例高于非罪犯群体的观点。瑞士精神分析学家艾赫洪（Aichorn）于1925年对少年犯罪人人格特征的研究，美国精神病学家、少年犯罪研究的著名先驱者希利（Healy）和布朗纳（Bronner）在1936年对青少年罪犯人格与情绪障碍的研究，都具有历史价值。

西方国家的犯罪心理学更侧重于从司法心理学的角度进行拓展。在谈到司法心理学的方法、理论和实践发展的起源时，多数权威学者认为是源自当代19世纪晚期和20世纪初期的欧洲。人们通常认为冯特的莱比锡实验室是该研究的起点。受此研究方法影响的学生包括最早在美国开始证人证言实验研究的卡特尔（Cattell）、法国的比内（Binet）、德国的斯特恩（Stern）以及西班牙的桑塔马尼亚（Santamaria）。芒斯特伯格（Munsterberg）是冯特的学生，他曾受到威廉·詹姆斯（William James）的邀请于1892年在哈佛大学建立实验室。有趣的是，他曾试图将实验的原理应用到诸多领域中，包括工作、教育、艺术以及法律。欧洲的心理学家是通过出庭并提供回忆中的受暗示性和错误等详细的观察数据来运用该知识的（美国的心理学家第一次出庭是在1921年）。早期的一些其他著作也有对青少年犯罪的干预，比如，弗纳尔德（Grace Fernald）与精神病医生希利携手在美国芝加哥建立了第一家诊所来专门诊断“问题儿童”。与此同时，希利还于1915年出版了著作《诚实——儿童不诚实行为的原因和治疗研究》。

在美国，贝尔特（Burtt）在1931年撰写了一篇法律心理学的文章，1961年托奇（Toch）编辑出版的有关犯罪心理学的系列研究问世。在英国，霍华德（Haward）于1961撰写了第一篇有关法律心理学的文献综述，并且与他的专著《司法心理学》一起于1981年出版问世（布朗，坎贝尔主编，2010/2013）。

第二次世界大战以后，心理学对犯罪的研究更加广泛，各国学者根据本国的犯罪特点有针对性地开展了研究，并逐步将早期的犯罪心理学扩展为刑事司法心理学、法律心理学。犯罪现象的千变万化、法学理论的领域扩张、心理学的进步都为学科价值的提升贡献了力量。

（三）犯罪心理学在中国

犯罪心理学作为一门学科在我国的出现是在20世纪70年代末期。而相关的知识介绍与课程在1949年前就已经出现。20世纪初，随着心理学和犯罪学从西方的传入，在我国犯罪心理学作为一门独立的学科才开始得到研究。在20世纪20—40年代，研究的方向以翻译西方学者的著作为主，其中较有影响的有1932年吴景鸿译的《犯罪心理学》（[日]寺田精一）。光晟所著的《犯罪心理学》一书则是当时的司法行政部门为培训法官的实际需要而编印的。世界书局1939年出版的由孙雄编著的《变态行为》也是一本犯罪心理学专著。书中指出，变态行为不一定是犯罪行为，但犯罪行为必包括在变态行为的范围内。他探讨了变态行为与精神病者的犯罪行为、犯罪心理学的意义（含义）、犯罪心理和环境的关系；在分论部分，更详细研究了一般的犯罪心理和各种变态犯罪心理。可以说，孙雄的《变态行为》是新中国成立前我国犯罪心理学研究领域非常出色的一本专著。

除了上述书籍外，我国早期创办的一些心理学杂志上，也发表了不少有关犯罪心理学的文章。第一类是介绍国外的犯罪和犯罪心理研究情况的，如1928年《心理》杂志上所载的《青年犯罪之心理》，其内容涉及英、美、法、德、意等国的青少年犯罪研究状况，作者是著名心理学家曾作忠和张耀翔；第二类是理论探讨的文章，多属对西方犯罪学或犯罪心理学中某些理论或观点的评介；第三类是关于研究方法的介绍；第四类是对实际问题的研究，如萧孝嵘等的《罪犯情绪态度和个性倾向的实验研究》。这一时期的研究，总的看来似乎更多地注意儿童和青少年的违法、犯罪和不良行为。

20世纪50年代以来，我国台湾地区学者对犯罪心理学的研究取得了重大的进展，其中台湾大学教授蔡墩铭的著述尤其引人注目。他撰写的大学用书《审判心理学》（1971）、《犯罪心理学》（1979）、《矫治心理学》（1988）及在《法学丛刊》上发表的《论人犯之拘禁心理》《论监所管理人员心理》《论监所行政人员心理》（1981—1982）等论文，不仅在理论上造诣颇深，而且在指导刑事司法与罪犯矫治实践方面也有重要价值。台湾文化大学教授周震欧对犯罪心理学、青少年犯罪心理及其防治的研究亦取得了颇有价值的成就，他所著的大学用书《犯罪心理学》（1973，1996）被誉为“影响深远的学术巨著”。

1949—1976年期间，由于种种原因，我国的犯罪心理学研究基本上处于停滞状态。1977年，我国结束了长达十年之久的“文化大革命”。彼时，社会问题层出不穷，犯罪现象特别是青少年犯罪问题日益突出，这为我国当代犯罪心理学学科的初创提供了契机。

1978年，结合当时社会实际，司法部、公安部相继前瞻性地做出在政法、公安类院校中开设犯罪心理学课程、编写犯罪心理学教材的决定，为我国法律心理学学科的诞生提供了政策性条件。来自国内政法、公安类院校及中国社会科学院、北京师范大学等单位的罗大华、何为民、方强、邵道生、林崇德、赤光等20多位研究者，通过到少年犯罪管教所、工读学校进行广泛的犯罪原因调查积累了初步的经验，并在各类青少年犯罪和司法问题讲习班上传授科研成果。

1979年11月8日的《光明日报》刊登了心理学家王树茂的文章《建议开展犯罪心理学的研究》。西北政法学院教师方强在《法学杂志》1981年第6期上发表了论文《关于开展犯罪心理学研究的刍议》。天津市科学学与科学技术管理杂志社1981年内部出版了天津商学院教师林秉贤所著的《犯罪心理学纲要》。第一本适用于政法、公安类院校的犯罪心理学教材是由北京政法学院教师罗大华主持编著、群众出版社1983年出版的《犯罪心理学》，该书的撰稿人汇聚了当时全国多位犯罪心理学领域的研究者，其在此后不断再版的事实证明了它对中国法律心理学科的巨大影响。正如中国现代心理学的奠基人之一，时任中国心理学会理事长、中国科学院心理研究所所长潘菽先生在该书的序言中所指出的那样："总的来说，有了这部教材，政法学院和其他院校的犯罪心理学课就开始有了基本上可用的教材，解决了一个颇大的困难，也开始填补了一个学科的空白。从事于努力编写的集体达到了可以认为圆满的成功。应该为此向他们庆贺！"

1983年6月，中国心理学会法制心理专业委员会在无锡成立，正式拉开了中国犯罪心理学、法律心理学的序幕。

当前，全国政法、公安类院校均开设了犯罪心理学课程，中国政法大学还设有犯罪心理学硕士学位点。犯罪心理学在司法实践中以专门性技术的形态被广泛认可和应用。法律社会化问题研究、犯罪心理与不同类型犯罪人研究、变态心理及异常行为的心理学研究、群体性事件的对策研究、犯罪心理画像技术、犯罪心理测试技术、谈判专家培训、审讯的心理学方法、法官决策模型、证言的可靠性审查、罪犯心理矫治技术、再犯可能性预测，以及司法人员的心理健康调节等已经走出实验室，转化为在司法系统具有操作性的日常工作方法。

近40年来，中国法律心理学作为一门新兴学科从无到有、从小到大，取得今天的成就，历经了几代人的努力与探索。

经典回顾

罗大华（1936—2015），新中国犯罪与司法心理学的主要开拓者与奠基人。1936年8月15日出生于福建武平，2015年11月11日于北京逝世。

1955年7月毕业于福建省长汀师范学校，1956年9月—1960年7月就读于华东师范大学教育系，1960年8月到北京政法学院（现中国政法大学）任教，1983—1999年担任中国政法大学犯罪心理学教研室主任，2000—2015年任中国政法大学犯罪心理学研究中心主任；历任讲师、副教授和教授，先后担任硕士、博士研究生导师。

罗大华老师的学术思想包括三方面：第一，倡导广义犯罪心理学学科结构，认为犯罪心理学不仅研究犯罪的个体心理原因，更有必要解释和解决司法实践中的具体问题。第二，提出了犯罪综合动因论，这是罗大华以哲学、心理学、社会学理论为认识论基础，吸收20世纪80年代较有影响的系统论、控制论思想，以兼顾法学、心理学两大学科为前提所提出的认识犯罪心理原因的主要理论。第三，认为犯罪心理学作为一门独立的分支学科，应当有自己的范畴、概念和理论体系，而犯罪心理结构对犯罪行为心理原因具有的强大解释力，决定了其应成为这个理论体系的核心。

罗大华老师自1979年开始，成为新中国第一批专职从事犯罪心理学研究的教学科研人员，他以在监狱、少管所开展实地调研为手段，开创了中国犯罪心理学研究始终结合社会需要、司法实践的研究路径。他是中国犯罪心理学学科最早的学术组织者，是担任中国法律心理学、犯罪心理学领域唯一全国性学术团体——中国心理学会法制心理专业委员会主任时间最长的学科带头人，是推动新中国犯罪心理学学科普及与发展的主要领导者，是新中国犯罪心理学学术交流工作的主要主持者，也是实现法学与心理学交叉融合的最早尝试者。

应用篇

欧美国家的法律心理学人才培养

根据中国政法大学社会学院刘兆敏的研究（2011），法律心理学研究和教育的主力军是以美国和英国为代表的欧美国家。两次世界大战使许多从事法律心理学方面的欧洲专家移居北美，这促进了美国的法律心理学的长足发展并使其在当前仍处于最优势的地位。虽然法律心理学早在1908年就正式诞生了，但直到1969年，美国才成立了法律心理学协会（American Psychology-Law Society），并在1984年被吸纳为美国心理学会第41分会。另外，1977年创办的心理学与法学协会主刊《法律与人类行为》（*Law and Human Behavior*）等通过施行和推进一系列措施才使法律心理学运动逐渐走向组织化与制度化。为特定社会需求和问题服务的法律心理学专业及其大学本科课程教育的开展也得到了迅速推进。1974年美国内布拉斯加大学设立了第一个心理学和法学双修学位，目前美国大约有20门法学与心理学的本科课程，且至少有7种心理学与法学的双修学位。同时，一些法学院也会吸纳心理学研究者进行课程教学和相关研究。例如，美国国家研究委员会（National Research Council）1995年对全美排名前25位的大学的调查发现，开设一门法律心理学相关课程的大学就占60%，而且有15%的心理系开设了两门以上的课程。另外，几乎所有的心理系虽然没有开设心理学和法律的专题课程，但大多会开设应用社会心理学课程，其中都会涉及犯罪、法律、法律政策、公平等内容（Fulero et al.，1999）。在德国，也有将近20%的大学心理系开设正规的法律心理学课程，海尔穆特·库利（Helmut Kury）在1988—1991年的调查表明，心理系平均有26%的学生参加法律心理学方面的课程训练，平均有3.5%的大学生其论文和博士论文是法律心理学方面的，法律心理学方面的实践训练大体也占学生们所有实践训练的3.5%（引自吴宗宪，1996）。从以上列出的数据来看，欧美国家的大学中开设与法律心理学相关的课程还是相当乐观的。对美国心理学会法律心理学分会的网页中的本科生培养方案进行的分析发现，开设法律心理学本科生主干课程的学校就有19所（包括同一学校的不同校区），若加上研究生阶段的课程则更多。而我们国内传统心理学专业院校中，开设法律心理学类必修课程的很少。这事实上阻碍了法律心理学在心理学传统院校的普及，并且导致这一领域中掌握心理学方法的优秀学子的匮乏。

由此可见，中国的法律心理学、犯罪心理学在基础教育层面与发达国家仍有较大差距。

基本概念

犯罪　法律行为　罪过　犯罪构成　犯罪心理　犯罪心理学　犯罪学

本章要点

1. 犯罪是一种行为，并且只能是由法律认定的行为。对于什么是犯罪，不应有任意性解读。犯罪具有社会危害性、刑事违法性、依据刑法应受惩罚性。

2. 构成犯罪的基本要件在法律上被称为犯罪构成。犯罪心理学所研究的内容在犯罪主观方面体现得最为全面。

3. 将刑法中的罪名进行归纳，并将其还原为适合心理学研究操作的行为形态时，可以发现它们基本上包括攻击、侵占、破坏、控制这四类能够导致危害性的行为。我们将具有危害性并经常导致危害性结果的行为称为犯罪行为的基本形态。

4. 犯罪行为、犯罪心理、犯罪人是犯罪心理学的研究对象。犯罪心理学是运用心理学的理论与方法，研究犯罪人所实施的犯罪行为及其精神过程发生、发展、变化与组合规律的知识体系。它属于心理学在犯罪科学领域的应用性、交叉性学科。

5. 对犯罪原因的研究经历了由哲学思辨到科学实证的过程。研究犯罪的学科根据不同视角可以划分为许多种，犯罪心理学的产生是心理学理论方法介入社会科学领域的必然结果。

复习思考题

1. 你能用心理学的概念解释什么是罪过吗？
2. 有什么方法能对犯罪心理进行操作性定义？
3. 解释犯罪的学科林林总总，你怎么看待心理学在其中的价值？

推荐阅读

1. 罗大华，马皑．犯罪心理学．3版．北京：中国人民大学出版社，2022.
2. 马皑，章恩友，李婕．犯罪心理学．2版．北京：中国人民大学出版社，2018.
3. 沃特利．犯罪心理学：犯罪为何会发生．马皑，宋业臻，译．北京：中国法制出版社，2019.
4. 巴特尔 C R，巴特尔 A M. 法律心理学：研究与应用．乐国安，等，译．杭州：浙江教育出版社，2019.
5. 格罗斯．犯罪心理学．刘静坤，张蔚，译．北京：北京理工大学出版社，2021.
6. 乐国安，李安，杨群．法律心理学．上海：华东师范大学出版社，2016.
7. 陈兴良．刑法的人性基础．4版．北京：中国人民大学出版社，2017.
8. 陈兴良．刑法的启蒙．3版．北京：北京大学出版社，2018.
9. 马皑．法律实践中的心理学．北京：中国政法大学出版社，2013.

第二章

犯罪心理学的研究路径与方法

【学习目标】

1. 了解导致犯罪行为的相关变量，掌握犯罪心理学揭示犯罪原因的基本路径。

2. 了解犯罪心理学在研究方法上的特点，学习认识犯罪行为与心理的主要视角。

3. 通过对犯罪心理学研究方法的理解为开展该领域研究奠定基础。

【章节导读】

2020年11月2日下午3点30分许，重庆市南岸区锦江华府小区一男一女两名小孩从高楼坠下，女童当场死亡，男童经抢救无效死亡。孩子的父亲张波坐在地上号啕大哭，邻居、路人纷纷劝慰。然而警方调查此案，却发现张波和女友叶诚尘具有重大嫌疑。2020年11月10日，重庆市公安局南岸区分局将二人抓获归案。2021年3月18日，重庆市人民检察院第五分院以张波、叶诚尘共同故意杀人，致二人死亡，以故意杀人罪追究刑事责任，向重庆市第五中级人民法院提起公诉。经重庆市人民检察院第五分院查明，张波在与陈美霖婚姻关系存续期间与女子叶诚尘私下确立恋爱关系，后张波与陈美霖协议离婚，约定女儿由陈美霖抚养，儿子6岁前由张波抚养。叶诚尘多次向张波表示无法接受其有小孩的事实，两人遂共谋用意外高坠的方式杀害张波子女。当日，张波趁家人外出，将正在次卧室玩耍的两名幼童双腿抱住，一起从飘窗窗户扔到楼下，致两名幼童死亡。2021年12月28日，重庆市第五中级人民法院依法对被告人张波、叶诚尘故意杀人及刑事附带民事诉讼一案进行一审公开宣判，以故意杀人罪判处张波、叶诚尘死刑，剥夺政治权利终身。宣判后，两名被告人均不服，提出上诉。2023年5月11日上午，重庆市高级人民法院对张波、叶诚尘犯故意杀人罪上诉一案（姐弟坠亡案）进行二审宣判。重庆市高级人民法院裁定驳回上诉，维持原判。对张波、叶诚尘的死刑裁定依法报请最高人民法院核准。

张波为什么能对自己的亲生子女下手，犯下如此丧尽天良、有违人伦的罪行？他的犯罪决策是如何做出的？张波和叶诚尘的犯罪心理过程如何？他们究竟是什么样的人？

第一节　犯罪心理学的研究路径

从上一章的内容中我们可以体会到，在犯罪研究领域，并不存在学科间清晰的边际，更普遍的是学科和观点之间的交叉。当前，即使被认为属于犯罪心理学领域的理论、观点，也常常是运用某一影响较大的心理学流派理论或方法对犯罪行为发生、发展进行的解释。也许是因为犯罪问题本身的涉及面过大，也许是各种解释工具的局限，建构完整的犯罪解释宏观理论仍然是有待实现的愿景。

要想在犯罪研究中体现心理学的作用，使犯罪心理学成为一门具有自身特点的独立学科，不仅要明确研究的对象，还须对其研究的内容框架有一个基本的设计。

一、犯罪行为的基本条件

犯罪行为是犯罪心理学研究的起点。在犯罪心理学看来，犯罪行为的产生在形式上离不开以下三个基本条件——犯罪标定、犯罪情境、犯罪决策。

（1）犯罪标定又称为对具体行为是否构成犯罪的法律定性，是刑法对某种行为及结果是否属于犯罪的规定性认识。任何一个具体行为是否属于犯罪必须以刑法为标准，它决定了已经发生的行为的法律性质。

（2）犯罪情境是犯罪当时的时间、空间、对象、气氛等与犯罪行为相伴随并且具有相互影响作用的客观环境。在刑法学中，犯罪心理学中的犯罪情境概念常常被表述为犯罪当时。对于犯罪情境可以从两个方面加以认识。首先，就犯罪行为的客观性而言，犯罪情境属于一种现实存在。犯罪总是以行为及结果的方式表现出来，具有客观的时、空位置，具有明确的行为对象和危害性结果。其次，就犯罪行为的个体性而言，犯罪情境又包含个体对现实的感知，也可以被视为一种主观情境，具有社会心理学中社会情境概念的特点。

（3）犯罪决策涉及刑法学中犯罪决意的概念，指行为人实施行为的决心或意向。在犯罪心理学中，它是行为人选择可能产生社会危害性的行为方式以实现目的的判断与决定过程，包含刑法学中犯罪主观方面的诸因素。如果说犯罪动机与目的反映犯罪心理的内容，犯罪决策则是犯罪心理发生作用的精神过程，它在动机与行为之间起到连接作用，犯罪决策与犯罪情境具有相互影响的特点。

在探寻和解释某类行为或者某个具体行为时，代表刺激因素的情境与反映认知与人格特点的犯罪决策过程相互影响。“当我们尝试去理解一个人在复杂情境中的行为时，如果缺乏重要的情境信息，大多数人会直接从个人的人格因素中去寻找行为原因。情境因

素对于人们如何与他人发生联系有着相当深远的影响。”（阿伦森，威尔森，埃克特，2009/2012，12 页）

仅就行为本身而言，情境与决策已经足以导致具体的行为。但就与我们日常行为区别很大的犯罪行为而言，如果没有法律对该行为是否属于犯罪的规定，所谓的犯罪行为就无法产生。由此，我们将上述三个因素视为犯罪行为发生的最基本的条件。

据此，我们可以将犯罪行为作为反应变量，将犯罪情境作为刺激变量，将犯罪决策作为机体变量，进而开展适合心理学的研究。张波案中，张波因新女友叶诚尘无法接受其有小孩的事实，为取悦叶诚尘并与其组建新家庭，与叶诚尘共谋，通过伪造意外高坠的方式，将自己与前妻所生的一双儿女从飘窗窗户扔下楼，导致了两个小孩死亡结果的发生，其行为与结果属于反应变量。讨好并留住新女友叶诚尘、不愿意承担抚养义务的态度构成本案中的刺激变量。而其逃避父亲责任的决策过程与想要尽快组建新家庭的欲求发挥了机体变量的效应。

我们知道，既然是变量，它就具有千变万化的动态特征，而且变量本身也存在许多差异。在心理学研究中，各种变量应该具备可以定量的性质，它可以是具体的因素、条件甚至特征。由于犯罪心理学研究的特殊性，在实验条件下模拟或还原犯罪是无法实现的。况且在目前的心理学研究中，犯罪心理仍然是一个难以定量的抽象概念，存在如何转化为可操作性概念的难题。因此，如果要揭示犯罪活动的心理过程，就有必要将反应变量回归为可操作的行为本身，这也是我们认为所谓犯罪行为的基本形态可以是具体的攻击、侵占、破坏、控制等行为的初衷。

经典回顾

学习犯罪心理学的人都知道斯坦福监狱实验的过程和结果，有关这个实验的伦理问题至今还吸引着诸多关注。当年所有对该实验进行的报道都会特别介绍一个“酷吏”——赫尔曼，他因为在实验中发明了许多“有创意的邪恶游戏”而留下了“一辈子的臭名”。津巴多（P. G. Zimbardo）曾要求赫尔曼谈谈斯坦福监狱实验在他人生中留下的正面影响，他说：“数十年来，我背负的重担已经软化了当年那个傲慢而不经世事的年轻人。今天我回忆当时是如何走火入魔伤害他人而完全不自知时，这则经验已变成一则警示传奇，提醒我必须注意对他人的态度。事实上，有些人认为我太过小心翼翼了，就像有时候我想要开除表现不好的员工，却总担心这对他们来说太残酷了。”

二、犯罪心理学研究的路径

犯罪心理学研究的核心可以被狭义地理解为个体犯罪原因研究。所谓犯罪心理学研究的路径，并非指统计学上的路径分析方法，而是我们在对犯罪行为开展研究的过程中经常采取的认识论层面的步骤。

从个体犯罪行为的发生过程中，我们可以采用回溯的视角归纳出下列脉络。

第一，只要是犯罪必定具有客观的结果。结果有两种情况：一是行为结果，是行为人所实施的行为造成的客观损害，包括对犯罪对象身体、精神的伤害，对物的损害，对关系或秩序的破坏，等等。在刑法学中，这种结果还表现为已经造成的和可能发生的。二是法律结果，也就是该行为与结果的法律定性。以伤害他人为例，视伤害的程度和情节其法律结果可以是多方面的。造成重伤害的往往可能构成犯罪，适用刑事法律定性；造成一般性伤害，社会危害性不大的，可能适用《治安管理处罚法》，给予行政处罚；如果伤害十分轻微，双方均有责任，可能产生治疗与赔偿，则适用民事法律解决纠纷。在法律上，各类犯罪结果都是可以计量的。比如盗窃罪、抢劫罪、贪污罪中的数额对量刑有着直接的影响。交通肇事罪中，犯罪嫌疑人是积极救助还是肇事后逃逸，对刑期的幅度影响很大。

第二，无论客观结果还是法律结果，它总是由具体的行为导致的。刑法上的社会危害结果，往往出自攻击、侵占、破坏、控制等具体手段。它们起到中介变量的作用，同时又与结果共同构成犯罪行为的反应变量。在概念上，这些行为方式虽然可以是中性的，但已经具有贬义的性质，原因在于我们必须将其与结果统一起来认识。同样是以攻击为手段的杀人，士兵在战场上杀人与具有刑事责任能力的人在生活中杀人具有完全不同的法律评判乃至道德评判。在实验条件下，这些行为都具备计量化、操作化的可能，适合开展心理学研究。攻击的程度如何，视结果如给他人造成的是轻微伤害还是重伤害而论；侵占的程度如何，视实际数额而定；等等。

第三，在实施行为前，任何作案人都有一个认知加工的判断过程。实际上，决策的核心就在于选择什么方法去实现目的、满足动机。在此层面产生作用的因素就比较复杂多样了，它们可以解释为什么在同样的刺激面前采取犯罪方式永远是少数人之选择的现象。影响决策的因素既包括行为人的需要、情感、偏好、个性倾向性等内在因素，也包括内情境与外情境的诱因作用。从心理学的角度，同样可以采用定量的方式对它们开展研究。

第四，行为决策的背后必须有支配行为的动机、目的、情绪等心理因素的作用。在此，心理因素可以作狭义认识，仅指导致行为的心理动因等直接因素。

第五，在同样的刺激下，犯罪永远不是多数人的选择。在同样条件和情境下，曾经犯过罪的人也未必采取与过去相同的行为。这就涉及个体心理的多样性、变化性和发展性问题。于是，犯罪心理学在回答为什么如此决策这一核心问题时就自然回归到心理学研究人的出发点，即从生物、社会、心理三个方面及其交互关系去认识个体犯罪的原因及其发生作用的过程。具体可见图2-1。回到张波案，我们能够真切地看到其成长史与生活史中学习成绩不好、家庭条件不好、四处欠债打工、父亲患癌去世等情况对他的人格和社会化水平的影响，也就可以理解为什么他选择了与其他父亲截然不同的方式去对待亲生的孩子。

由此，在进行犯罪心理学研究时，无论是归纳式的个案研究，还是演绎式的实验研究，都关注结果，即：什么样的行为导致了结果？谁发动了行为（实施者或行为人）？什么样的人在什么情境下会如此决策？其目的也正在于揭示和总结犯罪行为产生的规律，进而为预测、减少某类人犯罪、某种类型犯罪创造条件。

从以上层次中我们可以发现，虽然心理学研究中将机体变量、刺激变量、反应变量视为最基础的行为构成条件，但在现实的案件中，它们往往相互交织，甚至你中有我，我中

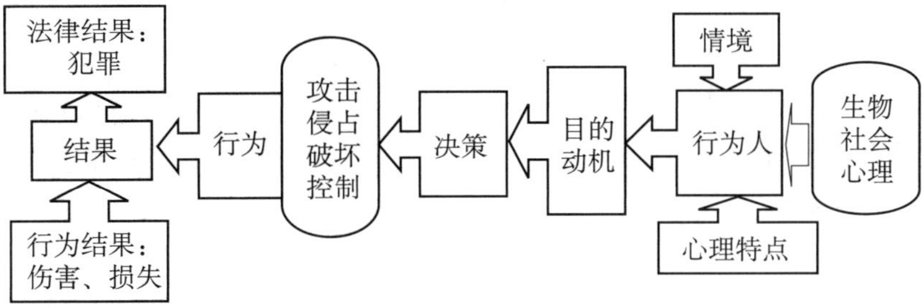

图 2-1　犯罪心理学研究的路径

有你，很难用物理学的方式简单地予以区分，这是人和环境的复杂多变性必然导致的。

三、犯罪心理学研究的重点

对犯罪行为的解释在犯罪心理学中主要有两种取向。

一是用一般原理解释犯罪行为。这里说的一般原理往往是以往心理学研究对个体、群体心理发生发展的规律性认识，它可以来源于某个理论流派，如行为主义心理学中对强化的概括能够解释许多个体犯罪行为习得的问题。许多通过经典实验形成的有关行为原因的结论具有原理与公式的作用，可以用以说明犯罪行为背后为什么的问题。比如，在第一章介绍的陈水总案中，如果我们认真分析陈水总的生活史、以往决策偏好、个性心理特征，就能够清晰地看到陈水总属于社会环境适应不良的人，存在与其他守法公民不同的个性特点。

经典回顾

所有罪犯都是懦夫！

——阿德勒（A. Adler）

自卑与超越是阿德勒的代表性理论，他同样也用这一理论来解释犯罪行为。他主张人类有补偿自身身体缺陷的欲望，因此不断追求权力欲与优越感，而犯罪成功则会强化罪犯的优越感。犯罪是懦夫对英雄气概的模仿，因为他们无法以社会能接受的方式应对自己的遭遇。阿德勒还认为，罪犯都是自以为是的，他们总把罪行的败露归结于干得不够聪明或者仅仅是运气不好。因此，死刑没有威吓作用，罪犯始终坚信自己不会被抓到。当然，你可以认为阿德勒之所以会这样说完全是因为他自己是一个跛子，但你却不得不承认，相当一部分罪犯果真如阿德勒所说的一般。

二是用犯罪心理学观点解释具体犯罪。我们相信，任何犯罪人实施犯罪等反社会行为总是受到诸多因素的共同影响。犯罪心理学研究中对各类犯罪行为因素的归纳与总结有助于我们解释任何一起刑事犯罪的具体原因。例如，运用挫折-攻击理论我们可以部分地解答陈水总犯罪的原因，运用人格理论、社会化理论我们可以分析张波犯罪的原因。

经典回顾

挫折指当一个人为实现某种目标而努力时遭受干扰或破坏，致使需求不能得到满足时的情绪状态。

多拉德等（Dollard，Miller，Doob，Mowrer，& Sears，1939）提出：攻击行为是因为个体遭受挫折而引起的，是挫折的一种后果，攻击行为的发生总是以挫折的存在为先决条件；反之，挫折的存在也必然会导致某种形式的攻击。这就是所谓的挫折-攻击理论。（1）攻击行为的强度与目的受阻的强度呈正比例关系。（2）抑制攻击行为的力量与该攻击行为可能受到的预期惩罚的强度呈正比例的关系。（3）挫折强度一定的情况下，预期惩罚越大，攻击行为发生的可能性越小；如果预期惩罚一定，则挫折越大，攻击行为越可能发生。

米勒（Neal Miller，1941）修正并扩充了挫折-攻击理论的内容。挫折作为一种刺激，可以引起一系列的不同反应，攻击反应只是其中一种形式而已。挫折的存在，不一定会导致攻击行为；但是，攻击行为肯定是挫折的一种结果。

伯克威茨（L. Berkowitz）认为挫折的存在并不一定会导致个体产生实际的攻击行为，只能使个体处于一种攻击行为的唤起状态。攻击行为最终是否会产生，取决于个体所处的环境是否给他提供了一定的攻击线索。如果个体所处的环境并没有提供这样的线索，那么个体未必会表现出攻击行为。伯克威茨把原来的挫折-攻击理论中挫折与攻击之间一一对应关系引申为多对一关系，即一种攻击行为最终是否产生，除了受到挫折的影响之外，还要受到诸多其他因素的影响。从受到挫折到产生攻击，存在着复杂的作用机制，这种机制中各种因素的共同作用决定了挫折是否会导致攻击行为的产生。

挫折是引起人类攻击行为的一个条件，但不是唯一的条件，挫折的一个可能作用是加强个人对暴力的关联事件的攻击性反应。

心理学试图同时达到两个显然无法相容的目标：一个是在一般意义上研究人类的行为和经验，以发现其中的模式并进行可能性概括；另一个是理解人类个体，探讨是什么使我们每个人显得与众不同。前者注重一般性与普遍性，后者强调特殊性与典型性。犯罪心理学也是如此：一方面，我们希望将犯罪人作为一个假设群体进行研究，探讨他们实施犯罪的原因、特点、规律，总结犯罪心理学对于犯罪行为发生的一般性规律；另一方面，希望寻求具体个人的心理特点尤其是人格因素对他做出犯罪决策的影响过程。

在心理学领域，犯罪心理学归属于应用心理学范畴。而在整个法律心理学领域，犯罪心理学属于刑事司法心理学中的理论学科，类似于普通心理学在心理学中的地位（马皑，2010）。它的重点在于总结犯罪行为发生的规律，依据对各种变量关系的研究建立某些犯罪类型的模型。同时，当运用这些规律性认识去指导具体工作时，它又具备了应用犯罪心理学的性质。据此，犯罪心理学研究的重点可以归纳为以下方面。

（1）什么类型的人容易犯罪——原因与风险研究。

（2）什么环境容易诱发犯罪——诱因研究。

（3）明知犯罪会受惩罚为什么还要去实施——决策过程研究。

（4）如何预测、控制与减少犯罪——对策研究。

第二节　犯罪心理学研究的整合性趋势

犯罪既是社会现象、法律现象，又是个人行为。对犯罪的研究历来存在多学科的视角。虽然犯罪心理学的使命主要在于描述与解释犯罪心理的状况及其形成与作用过程，但我们必须看到，达到这一目的仅凭心理学单一学科的理论与方法确实是一件困难的事情。目前，包括犯罪心理学在内的犯罪科学越来越具有多学科知识整合的趋势。

一、以多学科知识为工具

犯罪心理学的目的不在于对单一个案进行解释，作为一门独立的学科，它有必要从心理学角度提供对犯罪的解释。在此，需要注意两个基本的问题。一是运用心理学理论方法解释犯罪的过程与机制，这属于社会现象研究。我们知道，心理学的研究对象是人类行为及其心理过程，具有社会科学的性质。而在方法上，倡导科学主义的心理学又提倡自然科学的方法。在我们承认人的属性具有自然与社会两重性的前提下，任何对人的研究都势必涉及多学科的知识体系。二是采用心理学的理论方法解释有关犯罪人、犯罪行为、犯罪心理等的核心问题，这属于个人心理研究。犯罪的特殊性、人的复杂多样性，特别是个人发展要受多种因素影响的事实，决定了犯罪心理学研究中必须关注生物、社会、心理等多个角度，整合多学科知识研究犯罪也就成为不可或缺的路径。

虽然犯罪行为是个人的意志表现，但研究犯罪心理、研究犯罪心理学永远不应忽略人与社会的互动。环境影响人，人造就环境。“大多数人的心理活动以及行为造就了社会的发展趋势，同时不同社会环境也会影响人们的心理发展。社会发展趋势和人类心理变化趋势是相互影响的。”（崔恒源，2013，13页）这特别要求犯罪心理学研究必须有开放的视野，吸收并应用法学、社会学、经济学等学科的认识论与方法论，将犯罪心理学建构成一门以整合性为表征的知识体系，而非仅仅使用心理学探讨犯罪的单一学科。

在坚持多学科知识整合的同时，要知道科学研究的认识论会决定方法论。因此，我们需要有基本的研究价值观，而辩证唯物主义是我们在研究和形成理论观点时应遵循的认识论。有了这一出发点，对于各种不同的理论观点才有进行选择并保持认识论上统一的可能。

二、定量研究与定性研究互补

在方法论上，犯罪心理学不仅强调定量研究的重要性，同时也重视经验性的定性研究所具有的价值。

首先，心理科学源于以思辨为主的哲学范畴。心理学之父冯特建立心理学实验室的历史意义在于内省实验法的创新，在原有哲学式单纯内省的领地和实验生理学的领地开辟出了独立于二者的心理学领地，使心理学转变成为一门以实验为基础的独立学科。但迄今为止，包括思辨在内的定性研究也在不断提升方法的科学性，寻找合适的研究对象。由于犯罪过程难以进行实验的特殊性，犯罪心理学中利用访谈等方法所得到的结果常常属于第一手资料，具有无法替代的作用。

拓展阅读

"定性"一词意味着对实体的性质和过程的强调，同时，其含义不能通过实验来考察，也不能以数字、强度、频率来测量。与此相反，定量研究强调变量间因果关系的测量和分析，而不是过程。另外，定性研究者强调现实的社会建构性，强调研究的价值承载性质；而最让定量研究者引以为豪的是，他们的工作可以在一种价值无涉的框架内完成。

其次，不同方法殊途同归。由于定性和定量研究的根本目的是一致的，都希望更加客观地描述行为，在现实中实现问题解决，因此能够达到目的的方法都具备价值。

中西医是具有不同方法论与具体方法的治疗手段，但它们都能够达到医治病患的根本目的。中医强调治人祛病，将人作为一个运动、变化、联系的整体看待，更重视宏观的治本；西医则将人作为多个部分组合的整体，强调治病救人，习惯于微观切入，病症在哪里手术刀就指向哪里，往往起到治标的作用。中医的望、闻、问、切凭借经验总结规律，类同于定性研究的归纳法。西医通过实验建立标准，以标准（常模）为依据发现问题，类似于演绎法。与之相类似，在犯罪心理学研究中，将定性研究与定量研究相结合的做法事实上更优异于单纯依赖某一种方法。其中，为防止定性方法的主观性，用定量方法检验经验的客观性往往是切实可行的。

再次，犯罪心理学研究中的具体方法与心理学中的各种方法并无区别。以往犯罪心理学教科书在介绍研究方法时习惯将心理学的研究方法进行罗列。与其他心理学分支相比较，犯罪心理学研究方法的特殊性是由研究对象的独特性决定的。因此，犯罪心理学研究方法更强调设计方面的生态效度，以期达到应用方面的科学性与准确性。

最后，如果犯罪心理学研究的成果不具备推广与普及的价值，则学科的发展就难以具有可持续性，犹如产品没有市场。从我们国家犯罪心理学发展的历程上看，司法实践部门更需要能够帮助工作、提高司法公平与效率的犯罪心理学知识体系，它们在实践中也因为体会到犯罪心理学的价值而热衷于开展个案访谈等定性研究。从事理论研究的犯罪心理学者应该注重发现规律和原理，通过对理论、原理的探讨，揭示犯罪机制，发现犯罪心理规律，特别是变量间的关系。而从事应用的犯罪心理学工作者应该注重利用规律和原理，将基础研究所形成的原理应用于特定的目标研究，通过演绎的方式解决与犯罪有关的实际问题。基础研究与应用研究只有相互呼应、相互融合，才能共同构建犯罪心理学学科的科学性与实用性。

拓展阅读

扎根理论方法是一种建构理论的方法，是格拉斯和斯特劳斯在1967年提出的，这是一种自下而上建立理论的方法，即在系统收集资料的基础上，寻找反映社会现象的核心概念，然后通过在这些概念之间建立起联系来形成理论。

扎根理论方法的主要操作程序包括以下五步："1. 对资料进行逐级登录，从资料中产生概念；2. 不断地对资料和概念进行比较，系统地询问与概念有关的生成性理论问题；3. 发展理论性概念，建立概念与概念之间的联系；4. 理论性抽样，系统地对资料进行编码；5. 建构理论，力求获得理论概念的密度、变异度和高度的整合性。"扎根理论方法对资料进行逐级编码主要包括三个级别：一级编码——开放式登录；二级编码——关联式登录；三级编码——核心式登录。开放式登录是以开放的心态对资料进行逐字逐句的登录，目的是从资料中发现概念类属，对类属加以命名。尽量以当事人的原话命名码号。将码号标在逐字稿的右边空白处，以每一个受访者为单位，誊抄出现的所有码号，便于下一个阶段的编码。关联式登录是建立类属之间的各种联系。一次分析一个类属，以此类属为轴心，分析其他类属与之的关系。区分出主要类属和次要类属。建立图表或示意图，对资料进行重新编排登录。核心式登录是找到能够关联大部分类属的核心类属，将大部分研究结果囊括在一个较宽泛的理论范围之内。

资料来源：陈向明，2000，332 页。

三、多层次研究并重

与其他学科类同，在犯罪心理学研究中也有多种研究模式并重的趋势，包括犯罪现象揭示研究、犯罪关系解释研究、因果联系证实研究等。

（一）犯罪现象揭示研究

犯罪现象揭示研究是对与犯罪有关的个体、群体心理现象或行为进行科学、客观、精确的描述，解决是什么和怎么样等问题。

犯罪人是不同质的，这种区别体现为其所实施的犯罪行为在罪名、罪种上的差别，个人社会阶层、社会化环境与水平、生物与心理因素的差别，与犯罪行为相关的具有随机性的情境刺激差别，社会制度与文化对具体行为的评价差别等方面。因此，希望通过对个案的总结建构达到对犯罪现象原因及规律的总体认识不仅困难，而且绝非某个单一学科可以独立完成的任务。

在整个犯罪科学中，犯罪心理学是不可或缺的参与者。其使命在于将本学科对于犯罪现象的整体与部分、类型与个别的认识纳入犯罪科学的大范畴当中，提供关于犯罪的心理学理论解释与方法方面的范式。心理学研究由于属于中观或微观层面的研究，难以承担建构宏观性理论的任务，尚没有某一心理学、犯罪心理学理论能够提出具有权威性的犯罪现象成因理论，但犯罪心理学界在以下方面基本上能够达成共识。

一是在导致犯罪行为的原因方面，接受生物、社会、心理交互作用的观点，天性与教养、人性之善恶等单一因素决定论不再有市场。我国犯罪心理学家罗大华教授将致罪的可能性因素宏观地归纳为主体内与主体外因素。现有的国内外各种犯罪心理学教科书也基本上从生物、社会、心理三个角度进行犯罪行为原因总结。"我们现在知道，某一犯罪行为的发生受一系列因素的影响。其中一些是内部原因（如性格方面、社交能力、认知模式），一些是外部原因（如父母或同伴的影响、行为发生时的情境特征）。而且，这些因素并不是孤立的，在这些具有因果影响的因素之间存在复杂的交互作用。再者，这些因素的动态性也是复杂的。例如，与冲动性与攻击性有关的个体倾向，可能是遗传、生物和环境影响之间复杂的交互作用的产物。”（布朗，坎贝尔主编，2010/2013，22页）

二是在犯罪行为的习得过程的认识上，普遍接受新行为主义心理学关于强化、奖励、惩罚的解释，以及社会学习理论关于亲历学习、观察学习的观点。

三是肯定犯罪行为人存在差异的观点，这种理念的核心在于承认不同个体具有完全不同的犯罪风险。这种风险不单纯从犯罪行为本身的法律性质上体现出来，还更多地表现为人格、信念、需要、情绪、自我控制能力上的差异。无论是对犯罪的定罪量刑，还是对服刑人员的个别化矫治，都能够反映出差别化理念。

犯罪人是一个属概念，其下可以有许多以不同分类为表征的种概念，例如：以攻击为手段的犯罪人、以侵占为手段的犯罪人；以满足情感为动机的犯罪人、以满足物欲为动机的犯罪人；预谋性犯罪人与激情性犯罪人；习惯性犯罪人与偶然性犯罪人；常态犯罪人与精神病态犯罪人；等等。犯罪心理学分析不同类型犯罪人心理特点及其成因的目的往往在于解释不同个体在犯罪问题上的不同风险系数，与刑法学当中对犯罪人主观恶性、人身危险性的研究类同。

在解释工具方面，社会心理学中关于不同个体社会化水平和社会认知的差异性认识，科尔伯格（L. Kohlberg）关于道德发展阶段与水平影响个体社会环境适应状况的观点，皮亚杰（J. Piaget）关于人类运用图式开展自动化思维及图式与刺激的关系影响个体行为的解释，艾森克（H. J. Eysenck）关于罪犯在人格测量中的外向性（extraversion，E）、神经质（neuroticism，N）、精神质（psychoticism，P）三个维度得分较高的假设，赫希（T. Hirsch）对于自我控制在犯罪行为中作用的研究等，都为我们描述了犯罪人特征上的差异。

（二）犯罪关系解释研究

犯罪关系解释研究是通过考察两个或多个与犯罪行为发生、犯罪心理形成有关的变量间的相互关系，揭示一个变量是否会受到其他变量影响、影响程度和性质如何，进而用一个变量预测另一个变量的方法。在犯罪关系解释研究方面，犯罪心理学的研究成果最为丰富。不同心理学流派在解释与犯罪有关的关系时各有侧重，大多采用问卷法、调查法、数据统计法开展跟踪研究等。

以青少年犯罪为例，人们早就证明儿童和青少年的家庭环境与反社会及违法行为之间存在相关。研究者们使用群体追踪的方法，调查违法与犯罪行为的结果与过程。英国关于违法与犯罪行为发展的一项大型群体追踪发现，犯罪行为更有可能发生在缺少父母关爱的家庭中。这种家庭的特征主要有：严厉或不一致的父母管教、父母的疏忽、父母冲突以及在儿童时期的监督松懈。另外，犯罪者的父母或兄弟姐妹更可能已犯罪。在个体水平上，被判有罪的个体更可能表现出低智商、注意力不集中、多动症及低教育程度。纽卡斯尔的一项早期研究也发现，犯罪者更可能是体质较差、缺少家庭关怀、父母教育缺失的一类人。那些在15岁之前第一次犯罪的人更有可能在其学龄前父母婚姻不稳定或父母有疾病。芬兰的一项研究也发现，生活在非双亲家庭、父母教育程度低、父母报告其有品行问题、教师报告其 8 岁的时候有多动症的个体，在 16～20 岁之间犯罪率更高（比其他类型的犯罪人高出 5 倍以上）。

英国的一项调查显示，在 10～25 岁之间与犯罪相关性最高的因素有：反社会行为、易感性被害人、每月至少一次醉酒、朋友或兄弟姐妹与警察存在纠纷以及吸毒。

调查还发现，那些与亲生双亲共同生活的人其终生违法率更低。而那些在帮会中有朋友或家庭成员的人故意破坏公物、盗窃、严重故意伤害、携带枪支、贩卖并吸食毒品以及离家出走的概率比一般人要高 3 倍。美国关于青少年为何加入帮会犯罪的报告显示了相似的结果。超过 54％的罗切斯特帮会成员认为，他们受已经加入帮会的朋友或家庭成员的诱导，只有 19％的人是为了受到保护而加入的，15％的人加入是为了好玩或寻找刺激。此外，那些既没有上学也没有工作的人实施问题行为（吸食大麻与麻醉品、离家出走、参加帮会、盗窃或严重故意伤害、贩卖毒品与携带枪支）的风险更大。受访者更可能报告使用酒精，而不是吸食大麻或贩卖毒品（引自布朗，坎贝尔主编，2010/2013）。

我国学者屈智勇、邹泓和张秋凌（2006）对青少年自我控制、价值观与青少年犯罪关系的研究表明：少管所青少年、违法犯罪行为得分高的青少年在冲动冒险性和自我情绪性上的得分也高，自我控制对青少年自我报告的违法犯罪行为有显著的正向预测作用，解释率达 17％。这表明，与普通青少年相比，少管所青少年或者违法犯罪行为严重的青少年的自我控制能力较弱。而且，亦有研究发现，犯罪行为、偏差行为和危险行为与自我控制的冲动性有显著相关，系数在 0.26～0.38 之间，与情绪性维度显著相关，系数在 0.13～0.23 之间，与简单化倾向之间没有显著的相关。

表 2－1 按发展等级总结了主要风险因素类别。

表 2－1　主要风险因素类别（按发展等级）

时期	风险因素
婴儿期/学前	神经性受损
	认知功能受损
	不良性情
	不良的家庭环境
	不良的抚养方式
儿童早期	认知障碍
	行为/人格缺陷
	学业成绩不佳
	社交能力差
	存在反社会同伴
	不良的家庭环境
	不良的抚养方式

续表

青少年时期	认知障碍
	不良性情
	学业成绩不佳
	辍学
	社交能力差
	存在反社会同伴
	滥用药物
	不良的家庭环境
	不良的抚养方式
	不良的邻里关系
成年以后	较差的工作经历
	不良的邻里关系
	不满意的婚姻状况
	滥用药物

资料来源：布朗，坎贝尔主编，2010/2013，26 页。

在这一归因性总结中，英国司法心理学家的观点具有代表性。虽然未能进行跨文化领域的比较，但对我们有借鉴意义。此外，安德鲁（Andrew）与博塔（Bonta）在对反社会行为的有效矫治上提出了“风险-需求-反应模型”（Risk-Need-Responsivity model），这一模型强调识别出以下因素的重要性：将个体置于犯罪活动风险中的因素（风险因素）、可以通过干预改变的风险因素（需求因素）、其他可能影响个体对干预的反应的个体特征或情境特征（反应因素）。

（三）因果联系证实研究

因果联系证实研究是通过确定不同变量之间的因果联系来验证设想的因果联系的假说，进而对犯罪心理学研究中的各种假设进行科学方法的验证。在犯罪心理学中，运用某个理论开展的微观层面的实验研究基本上属于对假设进行检验的证实研究。该类研究涵盖面很广，但比较零散，可以从文献中了解与学习。

验证假设的目的在于揭示事物发展的一般性规律。比如从图 2-2 中，我们能够了解到类似于路径分析的因果联系证实研究的价值。它也特别适合用于解释张波故意杀人案件，解释张波不同于其他父亲和同龄人的生活态度、人格特点、对待暴力的看法以及对待生命的淡漠狠厉。一个从小家庭条件不好、学业失败（仅小学毕业就辍学）、在同龄人中没有社会地位且低自尊的青少年，更容易从网络、少年帮伙当中去寻求情感满足，养成自私自利的人格特点，并会经常性地出现越轨行为、偏差行为。如果家庭、社会没有尽到管教与约束的责任，我们很难使青少年懂得什么是责任、什么是担当，从而养成对家庭负责、对生活认真、对生命敬畏的态度。

在以往犯罪心理学研究中，还经常可以看到希望借助简单的公式，对因果关系进行描述的方法。这些犯罪行为公式属于用数学公式的方式解释犯罪行为产生原因的假说模型。其中一个较有影响的模型由梅兹格（Edmund Mezger）、亚伯拉罕逊（Abraham-

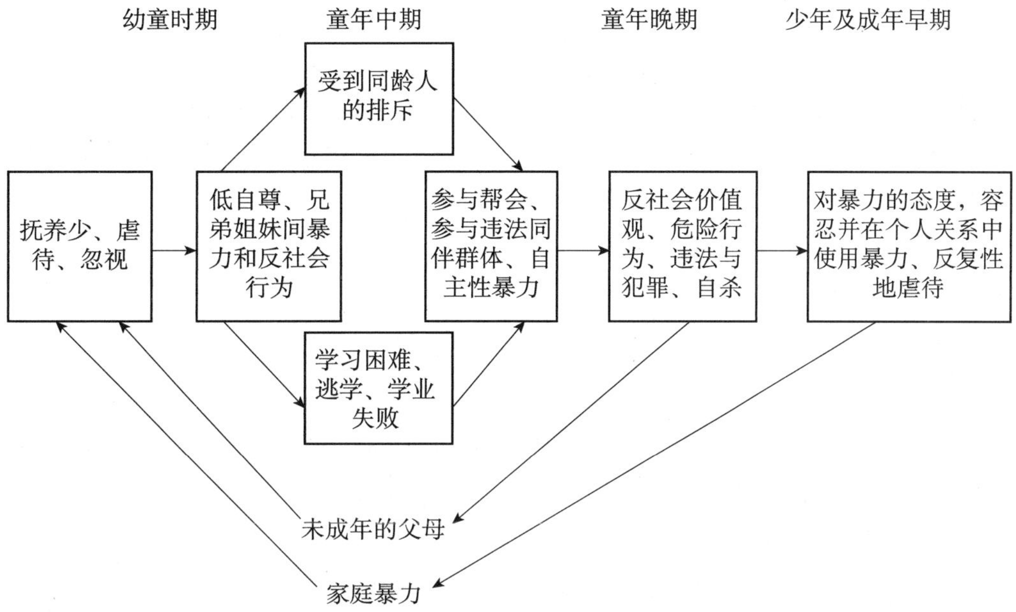

图 2-2　从儿童时期的虐待到反社会行为与暴力行为的发展过程

资料来源：布朗，坎贝尔主编，2010/2013，18 页。

sen)、杰弗利（Clarence Ray Jeffery）提出。这些公式虽然未必具有广泛的适用性，但可以作为认识犯罪行为规律的参考。我国台湾犯罪心理学者马传镇（2008）所著的《犯罪心理学新论》介绍了 8 个公式，并对其机制给予了说明。

第三节　犯罪心理学的研究方法

犯罪心理和犯罪行为的隐蔽性、难以试验或不可试验性，以及犯罪人心理的抵触性等，使犯罪心理学的研究较其他心理学分支学科具有更多的困难。与心理学相似，犯罪心理学的研究方法一直存在实证主义和人文主义两种取向。研究方法的选择往往要根据研究目的来确定。在犯罪心理学研究中，针对不同问题，研究目的可以划分不同层次，一般分为四个层次：描述、解释、预测和控制。本节就是从研究目的出发，来讨论犯罪心理学的研究方法问题。

一、实证主义与人文主义

实证主义是强调感觉经验、排斥形而上学传统的西方哲学派别，又称实证哲学。它产生于 19 世纪三四十年代的法国和英国，创始人为法国哲学家、社会学始祖孔德（A. Comte）。其形成标志为 1830 年开始陆续出版的孔德的六卷本《实证哲学教程》。孔德等提出的实证主义被称为老实证主义，20 世纪盛极一时的逻辑实证主义被称为新实证主义。

经典回顾

孔德是实证主义的创始人，也是“社会学之父”。他创立的实证主义学说是西方哲学由近代转入现代的重要标志之一。孔德提出了获得实证知识的四种方法，即观察法、实验法、比较法和历史法，并认为社会与自然并无本质的不同，因此没有必要划分自然科学和社会科学。这一思想为后来的实证主义社会学奠定了方法论基础，但也受到长久的争议。另外，孔德因为建立了人道教和具有宗教色彩的“实证主义学会”，经常被评价为“沦落到宗教的境地”。但事实上，人道教并不“拜神”，不是严格意义上的宗教，充其量只是一个对孔德进行个人崇拜的团体。也许孔德只是想通过宗教这种高度一致的组织形式来实现“社会有机体的统一”吧。

实证主义的基本特征是：将哲学的任务归结为现象研究，以现象论观点为出发点，拒绝通过理性把握感觉材料，认为通过对现象的归纳就可以得到科学定律。它把处理哲学与科学的关系作为其理论的中心问题，并力图将哲学融于科学之中。实证主义思想的产生，不仅对哲学而且对整个社会科学均产生了深刻影响。

在犯罪学领域，实证派犯罪学的起源可以追溯到龙勃罗梭 1876 年出版的著作《犯罪人论》。这名意大利医生深信，身体特征、易感疾病特性与暴力或其他犯罪倾向之间有着某种联系。他在意大利军队做军医时，测量了超过 3 000 名士兵样本，涉及体型、前额的倾斜度、耳朵的形状、是否有刺青以及其他身体特征。有鉴于此，他被视为犯罪学“人类学派”的创始人，其研究被一致认为是实证主义的典范。他形容自己是“事实的奴隶”。有学者认为，龙勃罗梭在过去 150 年间引领了犯罪学思想中两大研究范式之一，即以其名字命名的“龙勃罗梭式研究”，这是一种“试图发展病因解释性科学的研究形式，其所依据的前提是犯罪人与非犯罪人之间能够进行科学的区分”（Garland，2002，p. 8）。

与实证主义相对应的是人文主义，二者在认识论上存在以下几点不同：第一，实证主义认为，科学只涉及事实，与价值问题无关，价值判断必须从研究中摒除或还原为事实问题，研究应持客观中立立场；而人文主义则认为，社会现实并不是客观存在的，而是因不同的人在不同的时空被赋予各自不同的意义。第二，实证主义极力推崇经验的作用，认为主体对客体的认识必须建立在经验的基础上，一切可靠知识只能来源于经验，理论和假设的可靠性必须由经验来验证；人文主义则强调理性的思维，认为人类可以依靠理性的翅膀翱翔在知识的天空，同时注重客体的差异性和多样性。第三，实证主义倾向于夸大科学方法的作用，认为自然科学的方法应该被用于一切研究领域，包括哲学、人文科学和社会科学，同时强调研究应精确、量化；人文主义则认为人是万物的尺度，因此应关注人的价值、意义、态度与理解，关注价值世界，注重情感、创造性的智慧和对生命的感受，而这一切是无法用数字的语言、数据的形式来表现的，只能通过描述性、解释性的语言来实现。

事实上，在整个人文社会科学领域（当然包括犯罪学领域），一个多世纪以来，实证主义与人文主义两种研究取向始终处于相互对立与冲突的状态，主要表现为客观性研究与主观性研究、元素分析性研究与整体性研究、表层研究与深层研究、自下而上研究与自上而下研究，以及实证和思辨的对立与斗争。近年来，这两种对立的取向开始呈现出折中、融合的趋势。

对犯罪问题和犯罪人的研究更为复杂，犯罪人心理的隐蔽性、犯罪行为的破坏性、实施犯罪与研究犯罪的延时性等特点，决定了以犯罪人为研究对象的犯罪心理学在研究方法上应该多样化——除了运用实验、测验、调查、统计分析等方法之外，非量化的定性研究、非实验室研究或准实验研究，以及访谈、自省、经验总结、案例分析和犯罪事实判断等方法都应占有一定的地位，而不应加以排斥。

二、描述性研究

描述（description），就是将研究问题时所获知的表面事实，客观地用口头或文字陈述出来，解答“是什么”的问题。一般只追求事实的真实性，不涉及问题发生的原因。在犯罪心理学研究中，当涉及对犯罪人（或被害人及其他当事人）心理行为特征、人格状况等问题的分析时，往往需要进行描述性研究。具体可采用观察法、调查法、测验法等。

观察法包括客观观察法（或称自然观察法）和主观观察法（或称自我观察法）。客观观察法是指在自然情境中对被观察者的行为做系统的观察记录，以了解其心理的一种方法；主观观察法是观察者对自己的心理活动进行观察和分析的方法。在犯罪心理学研究中，只是在适当的时候采用主观观察法，更多的是采用客观观察法。客观观察法一般在下列情况下使用：第一，对所研究的犯罪人的某些活动无法加以控制；第二，在控制的条件下，可能会影响犯罪人某种行为的出现；第三，由于伦理性原则的要求，不能对某种现象进行控制。客观观察法的实施要遵循一定的操作步骤。比如，我们要检验这样一个命题——“暴力犯比一般人更具有攻击性”，应把握好以下几个环节：第一，要给“攻击性”下一个操作性定义，即什么行为属于攻击行为，什么现象能够反映人的攻击性。第二，选择观察的时间和地点，并对观察作详细记录。由于人工记录容易受记录者主观因素的影响，所以最好使用自动观察设施，如摄像机等，力求对被观察者及观察情境作详细、全面、客观的记录。第三，对观察所获得的材料进行编码，即观察材料数据化。这是非常重要的一步，因为如果不进行编码，就不能对材料进行统计分析，也就不可能得出科学的结论。编码的方式不同，结论就可能不一样。第四，数据的统计分析，即在编码的基础上对数据进行科学的处理，从而得出适当的、可信的结论。

调查法分为问卷调查和访问调查。可以用来了解被调查者的自然状态变量，如了解某一犯罪人的身体状况、教育程度、过去的职业、家庭情况等，也可以用来了解被调查者的反应变量，如他对问题的理解、态度、期望、信念、行为等，还可以用来了解两种变量之间的关系。根据研究的需要，可以对被调查者本人进行调查，也可以对熟悉被调查者的人进行调查。

拓展阅读

美国联邦调查局的《统一犯罪报告》始于1930年，是美国犯罪率统计中引用率最高的资料。此报告每年发布一次，包括警察机构掌握的犯罪数据和州执法机构提供的逮捕信息。现在《统一犯罪报告》的数据可在联邦调查局的官网上看到，代表了大约全美

95%的犯罪人口资料，可从年龄、性别、人种和犯罪类型等方面对全美数据做比较，成为最重要的犯罪数据原始资料。值得一提的是，该报告系统附属的《补充杀人报告》还包含被害者的人口统计学数据、被害者与罪犯的关系、所使用的凶器、杀人现场周边的情况等信息。

测验法就是用标准化的量表来测量被研究者的某种心理品质的方法。目前在犯罪心理学研究中，测验法已成为一种十分重要的研究方法。在实际研究中，编制量表要特别注意抽样环节。抽样的科学性、代表性直接决定所编制量表的常模的科学性。在使用量表进行测验的过程中，一是注意测验的样本群体与常模群体是不是同一类属，包括文化差异、时代差异等，如所编制量表的常模群体是西方20世纪的犯罪人，而测验人群是当前中国犯罪人，此时在比较和解释中就要格外小心。二是在收集测验数据后，要采用合适的统计方法进行分析。因此，运用测验法，抽样—测验—定量分析三个环节密不可分。

三、解释性研究

解释（explanation），就是以描述的事实为根据，进一步分析问题形成的原因，解答“为什么”的问题。问题形成的原因往往并不只是由单纯的因果关系构成，可能是多种因素形成同一结果，也可能是相关因素互为因果。例如，某研究者经过调查统计得出，许多监狱在每年七八月间发生罪犯违反监规纪律的次数会上升。研究者在分析原因时，将它解释为与季节和罪犯的情绪波动两大因素有关：七八月是夏天，天气炎热，罪犯由于难以承受炎热天气下的繁重劳动，而出现装病、脱逃等行为；罪犯在炎热天气下情绪波动大，容易烦躁、焦虑，导致打架斗殴、抗拒管教等行为的发生。

在犯罪心理学研究中，在涉及犯罪心理形成原因、犯罪行为发生机制以及侦查、审讯中的心理学问题时，往往需要进行解释性研究。比如，不同心理学派对犯罪心理形成原因有不同的解释，往往是源于它们采取了不同的研究取向，精神分析学派和人本主义心理学派更多地采取人文取向，而行为主义心理学派、认知心理学派、神经心理学派更多地采取实证取向。具体研究中，可以采取个案法、实验法等。

个案法，就是对单个案例或有限数目的案例进行全面、深入、细致的研究，以便发现影响被研究者某种行为和心理现象原因的方法。例如，通过对个案的研究，可以了解个体的生活环境对产生犯罪心理和犯罪行为的影响。个案法常常需要和其他方法（如观察法、测验法等）结合在一起使用，以便收集更为丰富的个人资料。由于个案法限于研究少数案例，研究的结果可能只适合个别情况，因此在推广运用这些结果或做出更具概括性的结论时，必须特别慎重。一般来说，个案法常用于提出理论或假设，要进一步检验理论或假设，则有赖于其他方法的帮助（彭聃龄主编，2018）。

实验法，就是在控制条件下对某种心理现象进行观察的方法。在犯罪心理学研究中运用实验法，研究者可以积极干预犯罪人的活动，创造一定条件使某种心理现象得以产生并重复出现。这是实验法与一般观察法的不同之处。实验法分为实验室实验法和自然实验法两种。由于研究对象的特殊性和研究环境的特殊性，犯罪心理学研究不容易完全脱离实际情境进行严格的实验室实验。在这种情况下，可以充分发挥自然实验法的优势，在正常的工作和生活环境中，人为地创设和控制一定的条件进行研究，同样可以大大提高犯罪心理学研究的科学性。自然实验法虽然不像实验室实验法那样能严格地控制各种条件，但也要基本满足被试的随机选择、随机分组以及各种处理的随机化的要求。例如，要研究评价（表扬或批评）对罪犯改造态度的影响问题，就可以采用自然实验法：选择一批罪犯作为被试，随机地把他们分到三种不同评价性质的组别中。对于A组罪犯，不管他们实际工作结果如何，总是予以表扬，即表扬组；对于B组罪犯，也不考虑他们工作的实际效果，总是进行批评，即批评组；C组为控制组，对于该组罪犯既不表扬也不批评，采取一种忽视的态度。这样经过一段时间后就可以对三组罪犯的改造态度、改造积极性进行比较。如果三组罪犯之间存在显著差异，就可以得出“不同评价对罪犯的改造有影响”的结论。当然，自然实验法也存在一定的缺点。在自然条件下，条件控制得不够严格，有时会对实验结果产生影响，或者可能导致得不到精确的实验结果。在不能很好地运用自然实验法进行研究的情况下，可以充分发挥准实验设计的作用。在准实验设计中，无须运用随机化程序，也不需要采用人为的严格控制方法，所以它的适用范围更广，可以选取现成的犯罪人群体进行研究。

与其他研究方法相比，实验法旨在探究自变量与因变量之间的因果关系，所以运用实验法不仅能够探究“是什么”的问题，更能够探究“为什么”的问题，同时也能达到预测性研究和控制性研究的目的。

需要注意的是，研究者在进行实验时要注意实验的伦理性，符合伦理性要求在犯罪心理学领域格外重要。在实验室情境下，为了尽可能地提高生态效度，有时主试不可避免地要向被试隐瞒实验的真实目的。这种情况下，实验结束后要向被试做出解释。如果实验过程可能对被试心理产生一定压力或不适，如观看血腥的图片或视频，需要在实验结束后给予被试一定的心理辅导。

经典回顾

1971年，著名心理学家津巴多在斯坦福大学地下室里进行了著名的斯坦福监狱实验。24名心智健康的大学生，一半扮演狱警，一半扮演囚犯。“狱警”很快开始盛气凌人，他们命令、辱骂、攻击、威胁“囚犯”；“囚犯”则出现被动抵抗，随着实验时间的持续，敌意升级，原本心理稳定的“囚犯”开始出现应激性症状，有的甚至出现心因性皮疹和某些怪异行为，有的要求退出实验。最后，原本计划为期两周的实验，被迫在6天后终止。如果从实验的内部效度和外部效度来说，斯坦福监狱实验无疑是成功的，这也是它著名的原因。但是从实验的伦理来说，它给被试带来了持续的身心痛苦。从某种角度说，这也是心理学家津巴多后期转向研究人类的亲社会行为，即“什么情境会促使英雄出现”的重要原因。

四、预测性研究

预测（prediction），就是根据现有的资料，去推测将来发生问题的可能性。一般而言，对于某些因果关系明确的问题，根据以往多次问题发生后所得的因果关系资料，去预测未来同类问题发生的可能性，是比较可靠的。如上述例子，如果连续累积10年的资料，将10年中每个月份发生罪犯违反监规纪律的次数相加，然后取平均值，就可预测次年每个月份发生罪犯违反监规纪律的可能次数。

在犯罪心理学研究中，进行预测性研究的情况很多而且十分重要。比如，进行犯罪预防需要开展犯罪预测研究，为了加强监狱管理和罪犯矫治需要进行罪犯暴力危险性、自杀危险性、脱逃危险性、再犯危险性预测研究，等等。

犯罪心理学中的预测性研究往往需要综合运用多种方法。比如犯罪预测，就是运用科学的方法，对可能发生的犯罪现象与犯罪行为所做的预先测定与推断。犯罪预测同其他社会预测一样，其准确性的关键在于掌握与预测对象有关的多因素的变量，在此基础上，通过定量、定性和其他科学方法进行分析，建立预见其未来变化的体系，据此进行科学的测定。目前，对犯罪预测所建立的多数体系，经过事态发展和实践的检验，被认为有一定的准确性和参考价值。犯罪预测可分为犯罪社会预测和犯罪个体预测两大类。前者是对社会犯罪现象发展趋势与变化的宏观预测，属犯罪社会学的研究；后者是一种对某个人是否存在犯罪心理与犯罪行为倾向的微观预测，属犯罪心理学与罪犯心理学的研究。犯罪个体预测又可分为早期违法行为预测和再犯预测。以再犯预测为例，从国内外的现状来看，迄今为止，主要研究方法有两类：第一类是定性分析法，又称直观预测法、经验预测法，即通过收集资料、观察征兆，运用已有的经验进行分析预测的方法。其优点是可以调动包括广大基层警察在内的各方面力量开展预测，具有广泛的群众性。缺点是因何种征兆与犯罪倾向有关，并无统一规定，在此基础上所做的分析认识也往往因人而异，缺乏规范化的评判鉴定标准。因此，预测的准确性可能受到一定影响。第二类是定量分析法。运用犯罪预测表进行再犯罪预测，是当今个体犯罪预测的主流。它实际上是一种运用数学模型的定量分析法，又可分为计分法、失分加权计算法、多元线性回归分析法等多种方法。我国学者也提出了若干定量分析预测的理论和方法，它们都是对再犯预测定量分析所做出的有益探索（罗大华主编，1994）。

拓展阅读

假释决策（decision-making on parole）研究是犯罪心理学领域典型的预测性研究。假释决策是假释决定机关根据罪犯个人申请和执行机关的建议，对已取得假释资格的罪犯是否能够获得假释进行实质条件和形式条件的审查，并做出是否允许假释的审议与决定过程。早期的研究以自我报告法为主，其目的在于了解假释决策人员在假释决策过程中看重的因素有哪些，并据此编制相关量表，从而对某一个案的假释决策结果进行有效预测。之后的假释决策研究开始逐渐放弃自我报告法，转而通过查阅假释罪犯的卷宗，对假释决策所需考虑的因素进行编码以进行研究，从而有效避免了自我报告法中个体的态度与行为之间可能存在不一致性的问题。研究者将假释卷宗中涉及的考虑因素分为四类，分别为人口学变量、犯罪史与罪行相关变量、狱中变量、假释相关变量，每一变量包含3～5个具体因素。研究者通过统计分析探讨哪些因素会对假释决策的结果产生重要影响。目前，常采用动态的方法来对假释决策的具体过程进行研究。第一种动态的研究方法是模拟案例法，即以虚拟的假释案例为实验材料，要求假释委员会成员进行决策，并在决策过程中引导他们叙述自己是如何思考这个案例的，哪些因素对他们产生了显著的影响，以及自己是如何一步步做出最后的决定的。第二种动态研究方法通过观察和参与大量的假释听证会来进行研究。研究发现，有11个因素会对最终的假释决策结果产生显著影响，这11个因素分别为：假释后的工作、假释后的培训、假释后的住所、假释后的教育、家庭的稳定性、先前的假释撤销、对吸毒的治疗、对酗酒的治疗、家庭犯罪史、犯罪时的暴力行为和暴力行为史。

资料来源：Cole，G & Talarico，S M（1977）. Second thoughts on parole. American Bar Association Journal，63：972－976.

五、控制性研究

控制（control），就是设法控制问题发生的原因，使可能发生的问题不至于发生，或者将可能发生问题的严重性降到最低限度。在犯罪心理学中，进行控制性研究重要而又困难。能够将犯罪行为发生的概率控制到最低限度，或者将犯罪行为的危害控制到最低程度，一直是人们努力的方向。但是，由于目前能够掌握的手段和方法、技术的限制，控制性研究和控制性实践遇到诸多困难。

例如，在刑满释放的罪犯中，发生重新犯罪现象是无法完全避免的（事实上任何国家都无法做到）。但心理学、社会学、犯罪学、监狱学、精神医学等学科的研究以及实务工作者的努力，由于掌握了导致罪犯重新犯罪的各方面原因，确实能够在一定程度上控制重新犯罪发生的可能。

从国际上看，在犯罪和矫治领域，学者们探讨预防和控制再犯到底“是什么在起作用”（what works）时，往往采取实验法（主要是自然实验或准实验）、调查法、统计分析法等实证方法，目的主要是对研究结果进行比较，进而发现有什么方式可以帮助犯罪人“改造”或者降低犯罪人再犯的可能。在具体研究中，通过元分析方法去发现“是什么在起作用”，越来越受到研究者的重视。他们将研究结果综合起来，并且对原始资料进行解释，从而详细阐述那些通过大量研究得到的变量之间的关系。“元分析”作为一种研究方法，最早由格拉斯（Glass）在1976年提出。他对元分析的定义是：用来整合以及描述大量独立研究的定量研究方法。比如在心理学研究中，个体心理现象的复杂性使得通过一个实验设计来获得关于某个问题的完整的解释是不可能的。同时，每个研究的被试样本量、实验程序、实验环境的控制程序等是不一样的。这就意味着为了获得更完整、更深入的研究结果，必须对许多独立的研究进行整合。对于元分析来说，科学有效的原始资料至关重要。目前，元分析已经成为一种被广泛用来对社会科学的研究结果进行整合的方法。在对矫治项目进行元分析研究中，“效应量”是主要的关注点。在对犯罪人进行干预的实验研究中，经常见到的报告结果是实验组和控制组的累犯率差异。如果实验最后显示两组之间的累犯率没有差异，就意味着效应量是零，即实验干预没有效果。当实验组的结果优于控制组时，效应量用正数来表示。反之，如果实验组的结果比控制组还要差（在这种干预下，累犯率反而提高了），效应量就用负数表示。可见，效应量的大小取决于两组累犯率的差异（或相关性）。实际研究中，一般用相关系数、平均数的标准差、似然比来表示这种差异。①

近年来，国际上关于预防和控制犯罪所进行的实证研究与实践探索越来越多，尽管研究质量常常遭到质疑，但它在推进刑事政策优化和矫治实践发展方面所发挥的积极作用，总体上还是得到肯定的。

综上所述，在犯罪心理学研究中，对所要研究的问题，根据需要既可确定以上面讨论的描述、解释、预测和控制四个层次中的一个为研究目的，也可以确定以多个为研究目的。但无论怎样确定，都需要进行科学设计，使研究过程朝着实现目的的方向发展。

应用篇

层面理论在犯罪心理学研究中的推广

层面理论由美国心理测量学家路易斯·格特曼（Louis Guttman）提出。他借鉴数学当中的集合理论和映射概念，在相关系数并不总是呈等级排列，而是呈现出一种单项顺序性这一发现的基础上，创立了层面理论及其分析技术——最小空间分析法（smallest space analysis，SSA），后来通过计算机编程，形成多维尺度法（multidimensional scaling，MDS）。层面理论最大的特点与贡献是将建构、研究设计、变量选择、数据分析及解释系统地整合起来，因此具有诸多其他研究方法不具备的优势。

国际上，尤其是在欧洲，层面理论和多维尺度法在犯罪心理学中的应用已较广泛，它不仅用于描述犯罪人的人格，而且可以用来理解犯罪行为的作用。它可以解释犯罪心理学领域中的各种问题，从确认大规模屠杀目击者的应对策略到构建犯罪网络结构再到研究监狱、社区矫治中的积极与消极行为模式。

层面属于概念范畴，这些概念构成实证调查中的观察范围。层面由三部分构成：(1) 背景资料层面（background），也称目标人群层面（population），指人口学的参数，如性别、年龄、职业等（简称P层面），其所确立的是研究中的被试。(2) 领域层面（domain），也称意义层面（sense），指与研究内容有关的核心概念，可以分解为多个内容层面（content），是层面中的核心（简称N层面）。例如研究犯罪的动机和作案手段，动机和作案手段即为内容层面。(3) 反应层面（range），是对内容层面所有可能的应答，一般为连续的单向反应（简称R层面）。例如从完全不符合到完全符合、完全不同意到完全同意等反应。若以实验心理学的术语类比，目标人群层面可以理解为研究中的被试，目标人群层面和意义层面共同构成研究中的自变量，而反应层面则是研究中的因变量。

将层面理论引入犯罪心理学，为犯罪心理学的发展提供了一种新的理论与技术。首先，在收集数据方面，层面理论允许通过多种渠道收集数据，如问卷、访谈、司法人员评定、判案汇编等。欧洲犯罪心理学的研究者们在运用层面设计时使用的典型的数据就

① 相关系数有很多形式，应用最广泛的是皮尔逊相关，它可用来计算两个连续变量的相关性，如干预前后的累犯率。平均数的标准差可能是对元分析所得结果最简单的解释指标。通过前测与后测的方式比较实验组和控制组各自平均数的变化，这样就会得出一个结论，如实验组的再犯率是15%，低于控制组。似然比表示两种结果在两个研究组（实验组和控制组）中的相对概率。它也可以直观地传达一种信息，即一个组的表现优于另一个组的程度，以及对该组成员的干预获得成功的概率的提高程度。

来源于警方，如目击者陈述、报案系统、判案汇编等。其次，在处理数据时，多维尺度法不需要变量呈正态分布状态，不要求变量之间呈线性关系，并且没有对样本数量的限制，这些特性特别适合用来分析犯罪心理学的数据。再次，在探索犯罪心理学中"一个相对新的领域或新话题时，研究者可能并没有明显的理论根据，进而对变量间的关系作指导，此时可以使用层面设计对该领域划分，进行探索分析"。最后，犯罪心理学强调实践性，通过对犯罪行为的"事后分析"得出某些结论进而指导实践是最终的目的。以犯罪心理画像为例，大卫·坎特（David V. Canter）运用层面理论通过对强奸犯的行为特征、动机进行数据分析，概括出不同的人格特征，指导对强奸犯罪人的心理画像（见图 2-3）。将理论建构、研究设计、变量选择、数据分析及解释系统整合起来的层面理论为解决犯罪心理学目前的困境提供了一种新思路。

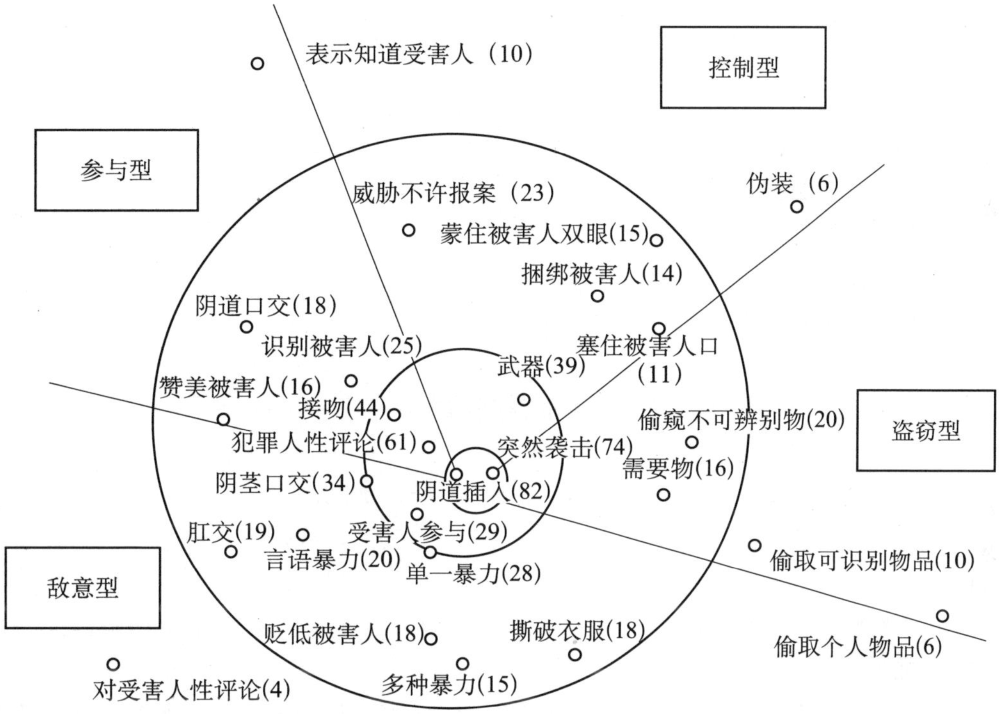

图 2-3　大卫·坎特利用层面理论和 SSA 分析 27 种犯罪行为预测强奸的互动模式

基本概念

犯罪标定　犯罪情境　犯罪决策　实证主义　人文主义

本章要点

1. 与个体日常其他行为相比，犯罪行为由犯罪标定、犯罪情境、犯罪决策三个条件构成，分别对应于社会反应变量、刺激变量和机体变量。

2. 个案分析可归纳出不同类型犯罪人、不同类型犯罪行为的犯罪心理特点，揭示其形成与发展的规律，目的在于在实践中预测与控制犯罪。

3. 犯罪心理学对于犯罪的解释纷繁复杂，但仍然有一般性的路径与框架。在犯罪行为原因分析方面，强调生物、社会、心理因素交互作用的观点具有通说性质。根据不同心理学流派的理论假设，对于犯罪可以有多种解释，将各种观点进行整合有助于我们客观地描述与解释犯罪。

4. 犯罪心理学的研究方法与一般心理学研究方法并无差别。因犯罪行为更具有社会性，犯罪心理学倡导整合性研究。

5. 描述、解释、预测与控制同样属于犯罪心理学研究的主要路径。

复习思考题

1. 犯罪心理的内容和过程有何区别？又是如何联系起来的？
2. 犯罪活动可以被还原为哪些可操作的行为本身？
3. 犯罪心理学的研究重点是什么？
4. 请简述实证主义与人文主义在认识论上的不同。
5. 请思考犯罪心理学研究面临的困难与挑战。

推荐阅读

1. 姚峰．犯罪心理学．2版．北京：法律出版社，2020.

2. 格里格，津巴多．心理学与生活：第19版．王垒，等，译．北京：人民邮电出版社，2016.

3. 费尔德曼，黄希庭．心理学与我们：第2版．黄希庭，著，译．北京：人民邮电出版社，2020.

4. 莫林．心理学研究方法：评估信息世界之法．张明，等，译．北京：中国轻工业出版社，2020.

5. 萨尔金德．心理学研究方法：第9版．童辉杰，译．北京：中国人民大学出版社，2019.

6. 王轶楠．心理学研究方法：从选题到论文发表．北京：中国人民大学出版社，2020.

7. 布朗，坎贝尔．剑桥司法心理学手册．马皑，刘建波，等，译．北京：中国政法大学出版社，2013.

8. 辛自强．心理学研究方法．2版．北京：北京师范大学出版社，2017.

9. 张蔚．犯罪心理分析：恶的群像及如何远离．北京：中国法制出版社，2020.

第三章
犯罪人特征

【学习目标】

1. 认识对犯罪人的偏见在当时社会与司法中的负面效应。

2. 掌握分析个体间特征的基本视角，进而了解犯罪人与守法者的区别，学习分析个体犯罪风险的基本方法。

3. 在建立对犯罪人客观、公正认识的基础上，发现犯罪心理学研究的价值。

【章节导读】

2020年12月12日，赵斗顺刑满出狱，为了消除公众的不安，韩国政府决定在安山市加装3 700个摄像头，并在赵斗顺家附近1千米内设置女性安心区域，由机动巡逻队执勤，保护观察人员将对赵斗顺进行24小时一对一监视。但在赵斗顺回到住所后，有上百名抗议者聚集在其家门前，整夜高喊“判其死刑”“化学阉割赵斗顺”，还有人关掉其家中煤气阀门，不让他做饭，给附近居民造成了诸多不便。

2008年12月，赵斗顺绑架并性侵了只有8岁的受害人。2009年，赵斗顺被判处12年有期徒刑。其手段之残忍，态度之嚣张，使得受害人终生都要承受案件所带来的身心伤害。韩国电影《素媛》就是以此为原型，引发了极大关注。实际上，赵斗顺前科累累，在此之前，他的档案中已有17次犯罪记录，早在1983年就因强奸致伤的罪名被判处3年有期徒刑，1995年又因伤害致死罪名被判2年监禁。这起案件从犯罪心理、犯罪矫治到刑罚与公众期待，涉及许多值得深入思考的问题。

如何对犯罪人进行定性，似乎是一个无须讨论的问题。法院的判决已经说明了其法律身份。但是我们知道，从犯罪应受刑罚惩罚的必然性上看，从人类趋利避害的本能上看，绝大多数人都不希望接受法律的制裁。我们很难从许多个案中的犯罪人一生只犯过一次罪的事实中对其作为人的本性予以否定。同时，从归因的角度，我们又都常识性地认为犯罪人与你我之间是存在差别的，具有自身的特点，并且还希望通过找出这些区别来说明犯罪的原因。

第一节　对犯罪人的认识

对于犯罪人包括服刑人员和刑满释放人员的认识、对犯罪人特征的总结，从来存在公众的常识性解释及各种学术研究的学理性解释与科学解释的区别。

一、对犯罪人的污名化

在网络关注度较高的案件讨论中，我们经常可以见到用“十恶不赦”“丧尽天良”“不齿于人类”等话语给犯罪人贴标签的情况。不可否认，在公众对犯罪人的态度中，消极的刻板印象、污名化、群体排斥的现象十分普遍。

拓展阅读

偏见（prejudice）是一种针对特定目标群体的习得性的态度，它包括支持这种态度的消极情感（厌恶）和消极信念（刻板印象），以及逃避、控制、征服和消灭目标群体的行为意向。偏见的观念起着过滤器的作用，一旦人们对这个目标群体的成员有偏见，就会以一定的方式看待和对待他们。

资料来源：格里格，津巴多，2009/2016，564页。

梅耶和奥布里恩（Major & O'Brien，2005）认为，个体为了心理和谐就要对污名相关情境进行评估。当与污名相关的情境线索被评估为对个体的社会身份有危害并超出个体应对资源时，身份威胁就发生了。在该类压力状态下，被贴标签的犯罪人，如果其应对性行为趋向于外归因，可能会出现对污名发布者的负性情绪。如果坚持自我，破罐破摔，可能在犯罪的道路上越走越远。如果因被排斥而向同类群体寻求温暖和归属感，则会因相互的心理支撑而形成新的犯罪群体。这些现象在我国的社会现实中并不少见。

认为犯罪人具有社会危险性并避之唯恐不及的情感与行为具有一定的消极意义，其不良影响主要表现在对犯罪人或者有过犯罪经历的人产生定型化的偏见。一方面，对该类个人的群体排斥，增加了他们通过再社会化融入环境的心理与现实成本，甚至可能使他们据此产生对社会的仇视与恐惧。白宝山抢劫杀人案曾经被列为公安部1996年1号案件。犯罪人白宝山在陈述自己的犯罪原因时，将第一次刑满释放出狱后在办理户口过程中的种种不顺利归结为犯罪动机的源头。无论真实情况怎样，他在主观上所体验到的歧视，促成了外在归责之后的报复社会。另一方面，刻板效应往往表现为用个人特征替代整体特征，用个别案件衡量所有案件。将犯罪人作为一个属概念去认识，忽略个体特征，出现以偏概全的社会知觉，导致司法和社会管理中的不公正。这种现象不仅在犯罪研究中存在，在社会舆论中也很常见。尤其在网络时代，我们能够体会到媒体聚焦案件中网民个人或群体的主观态度，感受到澎湃的愤怒情绪及其对案件的公正审判构成的压力。此外，对犯罪人的偏见还是刑讯逼供的主要原因。个别执法与司法人员的认知中对犯罪嫌疑人的经验性看法往往会发挥锚定效应，导致将事实上无罪而又据理力争的犯罪嫌疑人作为负隅顽抗者"特别"对待。近年来，在我国较有社会影响的河南商丘赵作海案、河南叶县李怀亮案等冤假错案中，我们都可以找到锚定效应的影子。

经典回顾

苏联社会心理学家包达列夫将一个人的照片分别给两组被试看，照片中的人眼睛深凹，下巴外翘。向两组被试分别介绍情况，给甲组介绍情况时说"此人是个罪犯"，给乙组介绍情况时说"此人是位著名学者"。然后，请两组被试分别对照片中的人进行评价。评价的结果是：甲组被试认为，此人眼睛深凹表明他凶狠、狡猾，下巴外翘反映了其顽固不化的性格；乙组被试认为，此人眼睛深凹表明他具有深邃的思想，下巴外翘反映了他具有探索真理的顽强精神。由此可见，人的认知中对于先验性的刻板印象，会影响后续对这个人的评价和判断。

二、为什么难以客观公正

有观点认为，在社会生活中犯罪人被贴标签也是犯罪的成本。在任何国家和群体中，对危害过他人利益者敬而远之永远是难以避免的，而公众产生这类知觉的原因也是多方面的。

根据林克（Link）等对污名的定义，当以下五个相关的成分同时出现时，污名就存在了。一是人们区分并标签人群的差异；二是主流文化的观念将被标签人与不受欢迎的性格特征（即消极的刻板印象）相联系；三是主流群体为了在一定程度上把"我们"从"他们"中分离出来，将被标签的人置于独特的类别中；四是被标签的人经历着不公平的处境，丧失了地位和遭到歧视；五是被污名的程度完全视社会经济和政治权力的可得性而定，只有一个群体有足够的影响力来左右公众对另一个群体的态度的时候，污名才会存在（引自张白山，俞国良，2007）。

在现实生活中对犯罪人主观的概念化认知成为一种图式，阻碍着人们思维的客观性与理性。人们习惯于从犯罪行为的"恶"的属性出发，从情感上把犯罪人归于不同于你我的异类。实质上，公众偏好于道德标准和自我防卫本能的认知具有广泛的文化与社会心理基础，偏向于单纯以犯罪就事论事，注重犯罪人的法律身份特征而忽略其个人可能具有的其他特点，常识性地将犯罪人归属为完全同一的假设群体。

公众对犯罪人特征的认识，建立在有着初级和本能倾向的"二分法"思维模式的基础之上，有着浓厚的感情色彩。作为一个以集体意识为价值取向的国家，具有普遍性的公众态度能够影响人们的社会行为。以"二分法"为标准对犯罪人特征的认识，已经成为有碍犯罪人矫治的桎梏。

学术前沿

哈佛大学生物学家爱德华·威尔逊认为人类的"二分的本能"会利用一种既迅速又简单的思维规则系统来创造世界的秩序。否则，人类将会被淹没在不断的变化和细枝末节之中。威尔逊还提到，"我们-他们"是天生的二分过程的一个重要因素，涉及"人类采用简单二分法对待社会各种重大问题的倾向。所有社会都把人分为‘内集团-外集团’‘儿童-成人’‘亲人-外人’‘已婚-单身’等等，或是将人们的活动界定为神圣和亵渎、善意和邪恶。而且，社会还利用各种各样的禁忌和礼仪进一步强化各种区分的界限”。美国著名记者小拉什·多兹尔（R. W. Dozier，Jr）认为：“‘我们’和‘他们’的刻板化印象，直接源于初级神经系统的基本生存反应。它属于一种类化的思维方式——类别之间相互排斥。对于人脑的初级区域来讲，一个人非‘我’即‘他’，不能两者兼得。这种非此即彼的分析结果似乎源于前意识警报系统迅速处理信息的需要。它要求人脑尽量简化地处理情况，并将外界各种现象一一归入明确的类别。”（多兹尔，2003/2004，41页）

如何才能减少刻板印象，减少污名化效应？社会心理学家研究发现，增强与“我们”之外的群体接触，可以有效地减少刻板印象和排斥，尤其当这种接触是正面、积极的互动时，如共同努力实现同一目标，可以在心理上有助于打破“我们-他们”的界限。

经典回顾

1954年夏天，谢里夫（Sherif）等人带着两组男孩去了位于俄克拉荷马州的罗伯斯洞穴公园举行夏令营。这两组小孩分别被命名为“老鹰队”和“响尾蛇队”。每组人有自己的营地，并在那里举行一些活动，例如徒步旅行、游泳、共同准备餐食。过了大约一个星期再将两个小组的孩子放在一起，并让他们完成一系列竞争性的活动，像篮球、足球和拔河比赛。结果发现，从一开始，两个组的竞争就变得激烈起来，他们烧毁对方的组旗，争夺营地，一场几乎是混乱的抢夺食物的战争也爆发了。在这样的情境下，研究者尝试了一种宣传教育的办法，让他们互相称赞，结果没有起什么作用。接着研究者又试图在非竞争的条件下把他们组织起来，也没有起到什么作用。当这些男孩一起看电影时还是充满了敌意。最后研究者尝试，采用分享共同目标的合作行为，例如，实验者故意把野营的卡车弄出故障，两组的男孩不得不共同把车推向陡峭的山坡上。当他们相互依赖时，敌意消失了，孩子们通过群体合作成为好朋友。该实验为接触性假设提供了重要证据。

资料来源：格里格，津巴多，2009/2016，567页。

以阶级斗争为思维图式的“战争理念”长期以来对司法人员的影响，导致“敌我”概念深入人心。由于战争是你死我活的生命博弈，对敌人要狠成为认知决策中自我保护并可实现效率最优化（而非收益最优化）的简单方法。但这同时也拉大了犯罪人与社会的心理距离，使犯罪人对社会和群体缺乏起码的归属感，尤其是会因为社会排斥，强化其在服刑期间的焦虑感，使其对出狱后的前途失去信心，最终导致刑罚的效果大打折扣。

公众对犯罪人的非理性认识和由此产生的标签效应与社会排斥，从根本上影响了刑罚目的的实现。犯罪心理学对犯罪人的研究必须坚持辩证唯物主义的认识论，用客观而非主观、理性而非感性的态度对犯罪人进行定位，并回答犯罪人与你我到底有何差异的问题。

三、犯罪人特征的含义

事物的特征常常表达了其固有或特有的属性，作为一种事物区别于其他事物的特别显著的征象、标志，这种属性往往是在与同类事物的对比当中所反映出来的。

犯罪人特征是一个综合概念，其定义可以有三个层次。一是犯罪人群（假设群体）与守法人群在社会适应过程中表现出的各类差异。其着眼点是从越轨行为的角度将犯罪行为视为环境适应不良的表现。二是在统计学上更容易产生犯罪行为的某些特殊人群所具有的规律性群体特点，如存在精神障碍、特殊嗜好或习惯，有过服刑经历。三是某一实施了犯罪行为的具体个人所具有的个人特点，这些特点对其犯罪具有影响，往往能够反映个人的静态与动态、历史与当前的各类现实状况及其心理特点。以上分别表达了犯罪人在整体、群体、个体三个层面的特征，它们可以从差异变量的角度解释犯罪的原因，也是我们认识个体犯罪风险系数的基本视角。

在犯罪心理学研究中，不仅犯罪人特征表现出的差异被归为犯罪的原因变量，而且形成差异的过程如幼儿时期的不正确的教养方式等也常常被归为总体的原因变量而非中介变量。既然我们知道，在同样容易导致犯罪的环境下，不同个体是否犯罪存在很大差异，那么从犯罪总是个体行为的角度去认识，无论中介变量多么纷繁复杂，它对某一具体个人是否产生犯罪的影响都远远小于差异变量也就是在犯罪决策时个体所具有的心理特点的作用。

对犯罪人的特征进行分析，目的在于归纳犯罪人与非犯罪人在生物、心理、社会层面所具有的差异性特点，通过描述犯罪人的个体差异，解释犯罪原因与过程机理，进而回答在现实中，哪些人、哪类人具有更高的犯罪风险这一主要问题。

四、研究犯罪人特征的意义

以赵斗顺案为例。18 岁本是我们大多数人踌躇满志、探索人生的年纪，而赵斗顺却由此开启了罪恶的犯罪生涯。盗窃、强奸、伤害致死，在 50 年的时间里他平均每两年因犯罪受到一次法律处罚，18 次犯罪记录，不断升级的犯罪动机和后果，无疑会激起我们探究他是怎样一个人的好奇。最为恶劣的犯罪发生在 2008 年 12 月 11 日，8 岁的小学女生娜英（化名）在去学校的路上被赵斗顺拖入卫生间。后赵斗顺对娜英施暴，并对昏迷的娜英实施残忍的性犯罪后逃逸。经检查，娜英 80％的性器官和肛门严重受伤，将永远带着尿袋生活。为娜英进行过身体检查的韩国医生称，赵斗顺有意实施谋杀。因为他在强奸娜英后，将正流血的娜英放在地上，并打开了水龙头，这极有可能造成娜英流血过多而死。作为一个有着正常思维能力的成年人，其强奸并虐待女童的犯罪行为令所有人愤怒，因为他的行为违背了人类最底线的人伦道德。我们如果以公众的情绪为标准，会将赵斗顺的犯罪行为解释为兽性替代了人性，没有人类起码的共情能力和成年人的自我控制能力。那么，毫无悔意、缺乏同理心、漠视生命、宛如恶魔一般的赵斗顺是犯罪心理学中典型的“终身犯罪人”吗？如何看待犯罪人，不是一个简单的问题，它涉及犯罪心理学从什么角度开展犯罪研究的问题。

从辩证唯物主义和历史唯物主义的理论观点出发，对犯罪人的认识不能诉诸将他们与守法者进行简单的比较。犯罪人仅仅属于一个虚拟的假设群体，具有统计学意义，它和大学生这一概念类同。虽然具有某个共同的外在身份特征，但却有着纷繁复杂的个人特点，绝不能够一概而论。

发展的眼光也是我们应该坚持的，它要求我们注重对每个犯罪人的生活史调查，不单纯以犯罪为节点判断某个人实施犯罪的静态因素，而是从发展的角度综合所有因素及其互动过程。

如果仅仅强调从人的自然属性与社会属性中去寻找犯罪人与守法者的区别，希望得到犯罪的中观解释，那么很容易陷入天性与教养的古老论争之中，并且走向简单化和单一因素决定论。因此，为了能够更加全面地考察，我们应该从人的物质属性、生物属性、心理属性、社会属性四个层面综合性建立认识犯罪人特点、建构犯罪个人原因的假说。

第二节 犯罪人特征分析的基本视角

客观地说，对某类人群的基本特征进行分析，已经属于中观性研究。如何看待人是认识论而非方法论的问题。认识犯罪人不能否认该类群体作为人的元地位。传统上，人的属性一直被概括为自然属性和社会属性两个范畴。我们常常将它们视为人的本质属性，并强调社会属性的核心地位，所谓自然属性又常常被狭义地理解为人的生物性。存在偏差的是，研究者经常将这两种本来相互依存的属性机械化、物理化，视为你进我退、此长彼消的矛盾体。

一、人的物质属性

人是物质的，是一种客观存在，在这一点上具有所有物质形态的共同属性。

既然人是物质的，我们就可以用认识物质的方法去描述人具有的各种物质特征。其一表现为人的可知性，人类可以认识和反映自身，可以在认识的基础上改变自身，但这种认识处于不断发展的进程中，甚至是不可穷尽的。其二人是有机体，具有具体的形态，可以通过物理学和人类学的方法被观察与测量。而形态的构成，在结构上表现为系统性与结构性，在内容上可以用粒子或分子等物理学概念进行解构。其三人有物质的变化性。这种变化可以是发展的正向变化，也可以是倒退的负向变化，可以是发生在物质内部的结构性变化，也可以是发生在外部的形态变化。

由于人是一种存在的物质，我们可以采用人类学或解剖学的物理测量方法对人进行观察与描述，并由此发现个体之间、人种之间在外部面貌、骨骼结构等方面的差别。在以往的人类学、犯罪人类学研究中，许多未能达成共识的观点（如龙勃罗梭的观点）之所以仅具有部分合理性，正是因为它们仅仅关注了人类可观察与测量的物质特征，忽略或否定了其他特征的地位。

二、人的生物属性

人是物质不等于物质都是人，人作为一种生物，还必然受生物规律的制约，他可以被视为自然界物质运动的一种高级形式，是进化到一定阶段所出现的被称为生命的物质。

正是人的生物属性，导致了人与人之间在生物学方面的差异，这种差异首先是遗传的结果。[①] 从进化的角度看，不仅有同属的人种之间的差异，也有家族史上因血缘导致的差异。同时，人还存在因长期处于某种自然环境、为实现与自然的和谐而形成的生理特点。从环境和机体内部的关系看，素质[②]差异会导致不同的应对环境刺激的反应方式，环境刺激不同会导致产生不同的行为反应，这些都是人作为生物所具有的生理调节与选择功能的体现。由此，人与人之间的差别可以从生物或生理特征进行分析，因为每一个具体的个人作为生物体，都具有自己的特征，这些特征不仅表现在内部结构上，还表现在作为生物与外界环境尤其是自然环境的互动方式上。

拓展阅读

不同地理环境下的人，在与环境不断互动的过程中，经过长期的适应与进化，会产生不同的反应方式，甚至地域性格。心理学研究者发现，游牧民族与稻田民族相比，更乐观、胸襟更广阔，但报复性更强，不容侵犯。我国学者张海钟等（2012）以甘肃地区为例研究了区域文化心理，发现甘肃人具有勤俭艰苦的生活习惯、淳朴忠厚的风土人情以及相对封闭的交往结构和文化氛围，同时也形成了安于现状的惰性性格、实用为本的需要定式、阿波罗式的情感定向、无可奈何的崇祖迷信、长老中心的道德裁定以及超限忍耐的意志品质。这是由民族性格、地理性格、历史性格交织而成的心理结构，钟爱土地是其深层内核。它形成于落后的农耕生产方式，也决定于大西北的土地贫瘠，是甘肃人在世世代代改造自然、征服自然的活动中积淀起来的“集体无意识”，以这种集体无意识为核心内容的心理结构是超稳定的。

具有现实意义的是能否从人的生物性方面划分出人与人之间的差别。从以上论述中可以得出这样的结论：一是在生物学上，人与人的差别是必然的、显性的、可测量的。二是包括遗传在内的先天因素导致了差别的产生。三是具体个人又会由于生长环境差别、后天营养状况差别、喂养方式差别等出现不同的后天生物状况。四是先天就存在的神经活动类型的不同，导致了个体在适应环境过程中的差别，反映为气质上的个性特点和反应方式选择上的偏好。犯罪生物学的各类研究基本上都是围绕上述核心进行的。

---

① 基因研究的结论告诉我们：“任何一个人 99.9%的基因都和其他人一样。但是，科学还发现了我们彼此相异、独一无二的个体基础……每个人类基因的复杂性和相异性意味着可能存在像天文数字一样多的遗传因子组合。”（多兹尔，2003/2004，137 页）

② 心理学上将由遗传决定的先天因素称为人的素质，它不同于我们日常所使用的素质概念。它包括生物人所有的生理因素和神经过程，同时还可以包括个体出生时已经具备的心理素质。当然，在婴儿那里这种心理素质基本等同于神经活动模式。

同时，个体的生物学状况如何首先会在其与环境的适应状况上表现出来。

三、人的心理属性

人是思想的人，人所具有的抽象思维能力是人区别于其他生物的重要特征。有时我们可以用精神或心理的概念来表达人的思想性①，它属于人类经验的范畴，是人类区别于其他生物的最本质的部分。人的思维活动既不同于低等动物的细胞反应，也不同于一般生物的神经反应，而是通过大脑能动反映客观事物的心理活动，是大脑的一种机能。

人的心理活动是大脑的运动形式，人所具有的包括大脑在内的物质存在是心理活动的载体；人的生物活动尤其是神经和体液等活动是心理活动的过程，也是感知外界事物和体内刺激并做出反应从而产生思维活动的基础。

作为思想的人，人的心理虽然不是一种物质，但建立在以大脑为首的整个物质机体、生物机体的基础之上，具有统一的一元化特性，并不是简单的以被动适应为主的生物现象。如果我们纵向地分析具体个人心理发生发展的过程，可得到以下描述：

首先，人之初，我们就已经具备生理与心理素质。它源于两个方面：一是遗传，如基因，取决于我们的父母；二是母体内建构，如神经系统和大脑及身体各方面的发育情况，我们称之为先天的素质。这些素质个体无法选择，但相对于成年人而言，它们是尚未定型的处于发育与发展过程中的生物基础。

其次，个体在出生后开始面对环境，根据外界刺激建立起各种以神经活动为主的条件反射。内外刺激同时也使个体的神经活动、感知觉等过程由单纯的神经过程发展为心理过程。在幼儿早期，环境同样是个体无法选择的，但人所具有的本能的发展需求，促使个体以积极的态度去适应和认识环境，分辨各种刺激的意义，并在此基础上特别是在语言的帮助下建立起对符号的认识。

最后，个体通过对事物的认识，在强化的作用下，有目的地选择刺激物，并逐步根据自己对外界刺激的判断，建构自己的主观世界。总之，个体认知图式与人格结构的建构，均具有主动性、选择性和相对的自由性。

人类思维所具有的能动性与选择性特点，不单纯是人的能力的反映，它们总是服务于一个根本性目标。这个目标从人的生物性中所具有的适应性特点上分析，就是认识环境和追求与环境的统一。

从这个角度出发，我们可将人的心理属性的主要特征归纳为目的性。它包含我们传统认识中的三个关键成分，一是能动性，二是选择性，三是意志过程。

虽然人的能动性千差万别，但它并非由生物性决定的，而是由先天生物学基础和后天社会环境在已经建构起的心理与行为基础上，在个体与情境的相互作用过程中逐步建立起来的。在思想人的层面上，个体之间的差别不仅表现在上述内容方面，还表现在交互作用的过程上。

---

① 有美国心理学家认为："精神是人类的经验领域，它属于人类本质的范畴；精神是人之为人的最为核心的部分，它与某种大于人身的事物相联系。"（阿什福德，雷克劳尔，洛蒂，2001/2005，10 页）

四、人的社会属性

马克思认为："人的本质不是单个人所固有的抽象物，在其现实性上，它是一切社会关系的总和。"（引自马克思《关于费尔巴哈的提纲》）长期以来，我们一直将社会性称为人的最本质的属性。人的社会性的核心特征可以被直接归纳为关系性，其中包含几个层次的含义：一方面个体只要存在于社会环境中，就必然受制于各种社会关系，既是关系的构成成分，也是关系的影响成分；另一方面，人的社会性意味着不存在完全为所欲为的个体，我们在社会现实中的任何行为都要受到各种关系的限制，受调整关系的各种规范的制约，在实现个人目的时无法忽视关系的存在。比如血缘关系、人际关系、责任、角色地位、权利义务等。此外，不同的关系结构对个体而言有着不同的意义，从维系成员之关系性的核心成分——文化的角度看，任何个体行为都是与某一社会关系或文化交互作用的结果，人的价值也只能在社会生活中体现出来。按照美国辩证心理学家格奥尔高蒂的解释，就是："个体不是孤立地对立于社会背景，个人是社会背景的一部分；个体来自关系，在这种关系中，个体的独特性可以改变社会群体，并被社会群体改变。"（引自史密斯，1999/2005，237 页）

但当我们以人为主体去进行观察时，每一个具体个人并不由于具有社会属性而具有完全相同的个体特征，而是由于所面对的具体关系的不同而具有不同的人生。虽然我们思想的某些生理基础是可以遗传的，但我们所面对的环境永远不可能遗传。

社会化成果往往从个体的认知和行为方面表现出来：认知可被视为个体以往反应的结果，是个体看待世界、衡量事物、处理事件的主观标准即图式。行为作为具体的反应，永远建立在以往能动反应和选择反应的基础之上。用认知心理学的观点分析，就是个体对信息进行加工并做出反应的过程，受到以往信息选择、存储的制约，这充分表现了思想人的能动性和选择性。正是由于每个人具有不同的物质、生物基础，成长于不同的社会化环境，不同的心理活动和结果也就必然会出现。

皮亚杰把社会协作描述成有目的的人类因素的催化剂，它依赖于神经心理学的假定。皮亚杰指出："只有合作式的相互作用中思想交换才能构成一个交互运作的系统，因而才能产生分组这样的心理学和社会学行为的稳定系统。所以说，合作是有目的的社会组织形式的基础。"（引自布拉德利，1998/2004，184 页）

从总体上人具有社会属性，但在具体层面上又具有不同特点，表现为不同的认知结构和人格结构。这些特点不仅反映了一个人的社会化结果，同时也是上述四种属性和主要特征在交互作用过程中形成的代表个体人格面貌的结构。仅从属性的角度去认识，人与人之间是共通的、同质的，表现出人性上的共性。但从四个层面相结合所反映出的个人特征也就是具体内容上看，个体之间又具有明显的差异性。

第三节　犯罪人特征概述

揭示犯罪人的整体、群体、个体特征历来在犯罪心理学领域具有核心地位。倡导不同认识论与方法论的心理学流派、犯罪学理论都将个人差异变量与犯罪结果变量联系起来进行认识。

一、有关犯罪人特征的观点

犯罪人特征亦可表述为犯罪人与我们的差别，在犯罪研究的历史上，较有代表性的观点有以下几个。

（一）犯罪人异质观

这是指认为犯罪人与正常人在人的属性上有本质区别的观点。异质论的观点当以龙勃罗梭早期的观点为代表，其天生犯罪人理论从犯罪人所具有的人类学特征入手，用客观测量的方法区别出了犯罪人与非犯罪人在人类学、生物学方面外在的特征，并使用“返祖现象”“退化”等概念演绎其观点。龙勃罗梭（1878/2000，318页）认为：“那些最恐怖的、最不人道的犯罪有着生理上的、返祖的缘由，也起因于某些兽性的本能。教育、环境和对刑罚的惧怕，使这种本能在人身上减退，但是，当受到一般环境影响时，它们就会突然萌发。”龙勃罗梭将天生犯罪人的犯罪性置于预设的位置，认为在其没有出生之前就已经由于祖先的病变等原因而具有犯罪性，这种犯罪性因此也就无法在后天得到改变。

如果将犯罪人作为一个整体来认识，龙勃罗梭等的观点首先不具有预测价值。在龙勃罗梭后期的著作中，他已经认识到了天生犯罪人理论的弊端，进而对原有观点进行了修正：不再将所有犯罪人都视为所谓天生犯罪人，而且注意到社会环境对犯罪人的影响，将天生犯罪人在犯罪人群中的比例调整为1/3。

（二）犯罪人同质观

犯罪人同质观首先肯定了犯罪人与社会上其他任何人在本质上的共同性，只是在后天的社会教化中未能有效遏制先天的“恶”，或者未能强化先天的“善”，而导致了犯罪。

其一是关于人性之善恶的假说。人性善恶之争实际上反映了对人自身的乐观与悲观态度，“把法律看作节制人类罪恶情绪的工具以维持社会和谐的人，采用了两个极端不同的出发点。一方面，有人主张人性本恶，不靠刑法的约束，任何社会进步都无法达成。另一方面，有人认为自然创造人类，起初秉性善良，只是罪恶、腐败或其他内在的弱点，譬如贪婪，使人类真正原始的本性受到歪曲，以致需要靠法律严厉的惩罚加以控制”（罗伊德，1976/2005，3页）。

其二是精神分析理论。同质论的观点在弗洛伊德（S. Freud）的理论中表达得最为明确，他的理论建立在“人之初性本恶”的认识论基础上，提出：“历史的事实及我们的经验……都证明人性本善的信仰只是一种错觉。”（弗洛伊德，1915—1917/1987，8页）他倡导用性本能、无意识、人格结构的观点说明个体的犯罪原因，并由此区分犯罪人与非犯罪人的特征。

弗洛伊德首先肯定了人在本质上的共性，将恶的、具有破坏性的冲动与本能视为人类所共有的动力基础，将性能量作为人类行为先天的动力源泉。在他看来，人类在本性上是同质的，而在社会中之所以表现出恶与善、越轨与遵从，是后天社会化的结果，社会化程度体现为能抑制与调节原始（自然）冲动的超我与自我的建构水平。他认为人是被文明挫败的动物。

德国犯罪学家施奈德（H. J. Schneider）通过比较研究认为："心理分析法犯罪学与犯罪生物学一样都起源于达尔文主义。两者有重要的共同点，但也有决定性的区别。龙勃罗梭和弗洛伊德都以同样的理论为根据：犯罪是一种倒退到早先发展阶段的返祖现象。龙勃罗梭认为犯罪是一种机体和心理的返祖现象，而弗洛伊德不把机体方面考虑在内。对他来说，犯罪是一种倒退到个体遗传学或种系遗传学的心理发展阶段的返祖现象。正常的儿童是'天生的犯罪人'，因为他是一种'多形态反常'和'普遍犯罪'的生物。但是这里存在着心理分析法犯罪学与犯罪生物学的最重大的区别：犯罪生物学试图在纯粹从体质上可以识别的犯罪分子与'正常人'之间画一道鲜明的界线，而心理分析法犯罪学认为在犯罪分子与'正常人'之间不存在重要的质量上的区别。人是作为犯罪的，就是说不适应社会的生物来到世上的。'正常人'成功地压抑住一部分犯罪的本能冲动，将另一部分在社会意义上改造（升华），而对犯罪分子来说，就是这种适应过程失败。"（施奈德，1987/1990，498－499 页）施奈德的总结基本是正确的，同时我们也能看到同质论与异质论的主要区别。

在犯罪学领域，迈克尔·戈特弗雷德森（M. Gottfredson）和特拉维斯·赫希的自我控制理论颇有弗洛伊德的影子，他们强调社会化尤其是早期社会化对人的影响，将幼儿时期的社会化结果中的自我控制能力与后天的犯罪可能性联系起来，并将其作为解释犯罪原因的基点。自我控制有如弗洛伊德理论中的超我，在个体 8 岁左右时以社会化的形式影响人，自我控制水平的高低直接影响成年以后的行为选择。

其三是行为主义心理学的观点。与弗洛伊德相反，同质论中的另一个取向否认人的生物属性，忽略人的心理属性，侧重于个体成长环境等后天外部世界对人的作用。从哲学的角度看，它强调"人性无善恶"，以心理学中的行为主义最具代表性。

华生（J. Watson）的行为主义是只谈行为不谈意识的，因为在他看来唯有可观察的行为才是心理学研究的对象，不可观察的内心世界由于无法定量也就不能定性。按照华生的观点，心理学必须也只能研究人的行为，而人的行为就是反射，复杂的反射单元被称为反应。反应是由内外刺激引起的，并遵循经典条件反射的原理发挥作用。由此，犯罪作为人的一种反应，也是由后天环境刺激导致的。因此，所谓犯罪人的特征，一方面不是先天决定的，而是后天环境造就的；另一方面犯罪人如果存在自身特征，也就表现为他们在与环境作用过程中所形成的不同的应答方式和习惯。

犯罪学中由菲利（E. Ferri）提出的"二元论"，深受早期行为主义思想的影响。他将犯罪更多地归因于社会环境，而不是其他因素的作用。

（三）犯罪人特质观

这是指将犯罪人自身的某些特质或特点视为其犯罪行为的重要原因变量，并将其与实施了犯罪行为的事实视为犯罪人与守法者的主要区别的假说或观点。犯罪人特质观往往注重犯罪人与非犯罪人在某些特征如个性、人格、生理或心理因素方面的差异和倾向性，根据该特质或个人特点与犯罪行为产生的相关程度说明其在犯罪原因系统中的地位。

以特质观为取向的研究在犯罪心理学领域最为丰富，有的是依靠已有的心理学理论以犯罪行为为研究对象而获得解释，有的是通过实验来得到结论。(1) 大多数观点会由于研究者使用方法的不同、知识背景的不同、理论基础的不同而侧重于某一方面的特点，如生物特点、心理特质等，在形式上有的强调因素，有的强调整体与部分，但基本上认同多因素决定论，很少有对单一决定论的坚持。(2) 以犯罪行为这一结果变量为圆心，重视各类因素在个体犯罪中所具有的中介效应、调节效应或交互作用。经常使用影响犯罪行为的生物因素、社会因素、心理因素等表述。(3) 强调动态与静态、纵向与横断、过程与结果、原因与诱因、主体内因素与主体外因素的统一。“人类犯罪行为之成因，至为复杂，具体而言，有自然环境、社会文化环境、学校环境、家庭环境、产前环境及出生时环境等客观条件，亦有遗传特质、生理特质及心理特质等主观条件，这些条件可统称为犯罪行为之静态因素。另外，尚有动机、情绪与情境等动力因素，后者可称为犯罪行为之动力因素。”(马传镇，2008，13 页)

1. 生物学因素

探讨生物学因素与犯罪心理、犯罪行为、异常行为之关系的研究有多种取向。

从解剖学关注形态的角度有体型与性格关系的研究。

从遗传学研究生物的遗传与变异的角度主要有以基因表达为对象的家族史研究，以先天及后天影响为内容的双生子研究、寄养子研究，以基因调控为重点的染色体研究、DNA 研究。

从生物化学揭示生物的化学组成、结构及生命过程中各种化学变化的角度有激素水平与攻击行为的研究，神经递质与冲动性、攻击与暴力性行为的研究，生物酶与行为异常的研究。

从生物心理学探讨行为与各种心理现象产生的生物学基础的角度有大脑结构、功能特别是先天或后天的损伤、病变对心理障碍、异常行为之影响的研究，与人格障碍、精神病态之关系的研究，以及各种成瘾性行为的生物化学原因的研究。

2. 心理因素

心理是人类大脑对客观现实的主观反映。人的心理现象可以分为两大类，即心理过程和人格。心理过程包括认知、情绪情感和意志，它是心理现象存在与作用的形式，要经历发生、发展和消失的不同阶段。人格也称个性，是指一个人区别于他人的、在不同环境中一贯表现出来的、相对稳定的影响人行为模式的心理特征的总和，包括需要、动机、能力、气质、性格等。在一定意义上，人格不是独立存在的，而是通过心理过程表现出来的。犯罪心理学中有关犯罪人特征的特质论观点大多集中于对人格的研究方面。

在研究方法上，利用已有人格测量工具对犯罪人进行测量并归纳特质的方法尤为普遍。在国内外的研究中明尼苏达多相人格调查表、艾森克人格问卷、卡特尔 16 项人格因素测验、加利福尼亚人格问卷、大五人格问卷等工具都有运用，并且分别得出存在差异的结论。

得到广泛传播的人格与犯罪之关系的理论主要是弗洛伊德的精神分析理论和艾森克

的人格与犯罪理论。

我国学者张春妹和邹泓（2006）在《人格与青少年犯罪的关系研究》一文中曾对人格与犯罪方面的研究进行了较全面的综述，并认为："目前关于犯罪者的人格特征的研究一直有很多争论，是否存在犯罪性人格仍值得怀疑，但已有研究还是发现了犯罪者共有的一些人格特征，即高精神质、高紧张性、敏感、冲动、爱冒险、低服从、缺乏自律、自我中心、对智力活动不感兴趣等。总体来说，犯罪青少年具有社会适应不良的特点，少数的确具有精神病理性人格。"（张春妹，邹泓，2006，246 页）

我国台湾学者马传镇（2008）依据国内外心理学研究结果认为，下列心理特质因素与犯罪最为关联：

（1）过度外向性、冒险性，寻求外界刺激。

（2）过度外控取向，凡事归罪于他人或外界情境。

（3）超我未能发展，本我过度强烈。

（4）意志薄弱，心志容易动摇。

（5）自我克制能力太弱，很容易受他人诱惑。

（6）动机延缓实现能力太弱。

（7）情绪疏导能力太差。

（8）挫折忍受力偏低。

（9）自我概念消极扭曲。

（10）心理病态人格（患有反社会人格障碍）。

（11）智能不足。

（12）患有精神疾病。

虽然特质理论与观点更多地被学界接受，但仍然存在需要克服的障碍。比如，目前大多数研究及其结论都来自在押犯人，无法避免因拘禁反应所导致的变化与误差。此外，虽然"横向研究收集了不同年龄样本的数据，为发现不同发展阶段中与反社会行为相关的因素提供了重要线索，然而这些设计并没有为我们提供直接的关于发展过程的信息，而且在检验因果假设上仅有非常有限的价值"（布朗，坎贝尔主编，2010/2013，23 页）。

拓展阅读

纵向设计指在某段时间内追踪相同的个体，记录他们所有的行为变化，并探索与这些变化相关的因素的一类研究设计。这一设计有很多优点。首先，我们能直接收集到历时性的个体变化信息。其次，我们可能会发现引起反社会行为发生、持续及终止的相关因素。最后，尽管仍会存在一些问题，但是在统计控制之下还是可能验证因果假设的。不过，这种设计非常耗费时间，且成本很高。而且纵向研究中还存在概念及方法上的问题，例如同组效应及样本丢失。尽管如此，仍有人在实施重要的纵向研究，而且研究质量在持续改善。

二、生物属性与犯罪人特征

在人的生物学层面，我们已经知道个体之间的差异是巨大的，它不仅反映在内部生物组织的结构和容量等方面，还尤其反映在生物系统在应对外部刺激时的反应速度和方式上。

单纯将犯罪人的特征归纳为生物学方面是错误的，尤其是将犯罪人视为一个群体的时候，但完全否认生物学因素的作用也是一种以偏概全的做法。我国刑法学家陈兴良（2003b，172页）曾指出："长期以来，我们对龙勃罗梭及其方法论持完全否定态度，运用自然科学研究犯罪被认为是大逆不道，而犯罪生物学也被斥为伪科学。我们认为，罪犯是人，具有人的一切社会的与自然的属性，自然属性又可以分为生物（或曰生理）属性及心理属性，上述社会属性、生物属性与心理属性，构成人的本质。对于犯罪人的研究，也应同时并重上述三种属性。在这三种属性中，我们无疑应把社会属性放在首位，它制约着其他两种属性。但又不能以社会属性完全取代自然属性，更何况生物属性还是人的社会属性的基础呢？人的属性的这种多重性，决定了对犯罪人研究方法的多元性。"

应该客观地承认，真正以完全因果关系的方法将生物学因素视为犯罪人唯一特性的观点并不多见。这首先在于单纯强调生物学因素所造成的无法预测的现实。绝大多数的观点都赞同生物学因素所具有的相对作用，它们可能是部分犯罪人实施犯罪行为的重要因素，或者更多的是它们的作用增加了某种犯罪发生的可能性。如果将各种人类学、生物学特征进行分类，我们可以发现，这类因素依存于人的不同属性，而且总要与某些中介变量相互作用才有可能对个体的犯罪产生影响。

其一是外在的存在性特征。在这类特征中相貌、体型乃至人种是存在先天差别的，它们只会在个体的社会适应性方面对人产生影响，而影响的程度又关乎其所在社会环境的价值期待。存在性特征是不具有预测价值的，因为与罪犯具有同样外在特征的其他人大多并不是犯罪者。

其二是内在遗传性特征，往往从家族基因、染色体等方面表现出来。对该类特征与犯罪的相关性我们仍须抱慎重的态度，因为基因研究的成果已经证明某些后天行为与遗传有着直接的关系。当然，这种后天行为并不一定是犯罪行为。但是，对于攻击、利己等与犯罪高度相关的行为是否与遗传有关，我们还须等待更深入的科学检验。内在遗传性特征在部分犯罪人中有可能发挥了作用，只是它们不会单独地发挥作用，而是会在与后天环境的交互作用过程中，在个体的性格方面表现出来。

其三是内在神经类型性特征。与遗传性特征不同，这类个体特质虽然也是我们出生时就已经具备的，但属于一种先天性特征，是在子宫中逐步发育的。其内容部分取决于遗传，大部分取决于母亲在怀孕期间的营养与环境。但是，每个人的神经类型在我们出生的同时就已经具备，也就是我们的大脑构造和大脑皮层组织，以及由其决定的中枢神经系统和自主神经系统等，如神经系统所决定的气质类型、个体的激素水平等。神经类型性特征在人生早期不具有社会学意义，它的激活与发育完全依靠刺激-反应，尤其是条件反射的作用。不可否认的是，神经类型与我们的人格有着直接的关系，在很大程度上决定了个体对刺激的反应方式，并由此影响人的心理属性。必须看到，神经类型对人来说更多地决定了反应的方式，这种方式一般没有社会价值判断的意义，只是形式而不是内容。它们仅服务于神经过程，其本身只具有"肢体意识"，不具有"社会意识"。如反应时的快与慢、对待刺激的注意程度都很难说有什么道德意义。

其四是后天的变化性特征。这种变化可能是器质性的，如疾病和脑损伤，也可能是功能性的，如因药物导致的体质、体液、激素变化，以及药物依赖、酒精中毒等。这些变化一方面影响大脑和神经系统，另一方面也会导致在社会适应中出现不适应状态。

上述四种特征在人与人之间是存在先天或后天差别的，但是将犯罪人视为一个群体来进行观察时，这些个体特征往往不具有实际意义。由于这种差别是一种规律性的存在，单纯从这些属于人类学、生物学的因素中去发现犯罪人的本质特征肯定是不科学的，而且必然走向宿命论。但是从中发现与犯罪人的本质特征有相关性的因素，或者从中总结犯罪人非本质的特征却是完全有可能的，特别是将这类因素纳入社会、环境等人类生活背景中进行综合考虑的时候。

三、心理属性与犯罪人特征

人的心理属性表现为有目的的思维过程和选择过程，在心理学上，心理与行为都被纳入研究范畴，二者是内隐与外显的关系，只是后者在大多数情境中能够真实地反映前者，尤其在不具有压力、个体能够充分表达自由意志的情况下。

人的心理属性是人的四种属性中最活跃的成分，可以看作物质属性、生物属性和社会属性的交汇点。它不能归入自然属性或社会属性，而是具有双重性的。也就是说，作为存在的个体，具有何种心理特征，依赖于其生物学特征和社会环境的交互作用。生物学中的神经活动特性在社会环境的刺激与作用下，逐步发展为以适应环境为根本目的的心理特征。由此，我们可以从一个人的生物学特征上预测他的心理特征，如先天的智障儿童，就不可能建立正常人的心理结构。我们也可以从幼儿生活的环境去预测其基本的人格，如我们不断强调的社会化过程中的不良教养方式对青少年人格的负向作用。不论行为主义心理学还是精神分析理论和社会学习理论都为我们提供了原理。同时，我们还可以从一个人已经具有的人格特点、认知结构、智力与能力等方面去判断他的生物学素质和社会环境。因此，人的心理属性反映了其生物属性、社会属性的所有特征。当我们谈到人的心理属性时，实际也是在谈他的生物属性、社会属性。个体的价值观等心理状况如何，永远离不开其他属性的作用。也正是基于这一点，我们在对犯罪人本质特征进行分析时，尤其要重视个体已经建构的心理内容。

犯罪性也是犯罪学研究中经常用以说明犯罪人特征的术语，只是这种犯罪性往往只能从已经发生的犯罪行为中体现出来，仍然有用结果说明原因的逻辑缺陷。我们承认犯罪人与非犯罪人是存在差别的，但这种差别更多地反映在个体适应环境的不同方式上，并不存在所谓犯罪性上的区别。

关于人格与犯罪行为的研究大多关注犯罪人样本中普遍表现出来的人格特质类型。在这类研究中，研究人员通常会用一些单一或多种特质量表对某一事先确定的罪犯样本施测，并将之与控制组或非犯罪组进行比较。这类研究成效有限，因为它们的基础假设是：在特质上，罪犯样本具有同质性。但现实却并非如此。

将人格与犯罪行为联系起来的理论模型很少，其中以汉斯·艾森克提出的最具影响力。艾森克在其人格的生物社会模型中指出，特质是神经机制的行为表现，他基于这个模型识别出三种主要的、与犯罪行为可能具有较高相关的人格特质，即外向性、神经质和精神质。

还必须明确的一点是，潜藏于犯罪的生物社会模型背后的条件化过程还可能会出现在一种反社会化的情境中。在这种情境中，与成长自犯罪环境中的外向者相比，内向者的道德感更有可能与犯罪建立条件反射。

格雷（Gray）的强化感受性模型是另一种将人格与犯罪联系起来的理论。此理论批判了艾森克的外向性和神经质概念，并指出存在两种调节行为的动力系统。一是行为激活系统（behavioural activation system，BAS），这一系统调节着个体对奖赏的反应，在神经元水平上，通过多巴胺神经回路的激活得以加强。在与奖赏有关的情况下，高活动性的 BAS 会导致冲动和感觉寻求行为。另一个动力系统称为行为抑制系统（behavioural inhibition system，BIS），这一系统调节着对厌恶性刺激的反应。BIS 被视为膈-海马系统（septo-hippocampal system），在感知到可能存在惩罚的情况下，高激活水平的 BIS 会导致对某些行为的抑制和回避。格雷与艾森克的理论都将冲动性作为核心因素，这与戈特弗雷德森及赫希基于社会学视角所提出的一般犯罪理论（general theory of crime，GTC）相一致。该理论断言，犯罪行为的核心动因是缺乏自我控制。可能是因为父母示范或早期训练，自我控制在个体生命的早期便发展出来了，且一经建立便难以改变。低自我控制的个体不会考虑他们行为的长期后果，而且他们的行为明显具有冒险性、感觉寻求性并欠缺思考。普拉特（Pratt）和卡伦（Cullen）用定量的方法回顾了一系列验证 GTC 的研究，得出的结论是：低自我控制与犯罪行为的相关非常显著。虽然戈特弗雷德森和赫希的研究是社会学取向的，不像格雷和艾森克那样关注生物社会性，但显然他们的核心结构“自我控制”与艾森克及格雷从神经心理层面提出的冲动性是相一致的。在人格与犯罪的研究中，必须警惕一点，即在现实中，犯罪人并不是同质群体。与守法者一样，违法者在行事风格与人格特征上也有很多不同。大多对于人格特质的测量证明，犯罪人样本的多样性与非犯罪人的不相上下。通过对比总体的人格特征来简单区分“犯罪人”与“非犯罪人”的社会风险，是根本无法探究到人格在犯罪中所起到的作用的（引自布朗，坎贝尔主编，2010/2013）。

四、社会属性与犯罪人特征

社会属性一直被我们视为人的本质属性，社会属性的核心在于任何生活在社会中的个人都要受社会关系以及调整社会关系的规范的制约。

从人的社会属性分析犯罪人特征，主要在于区分个体适应环境的能力。这不仅是人的生物和社会属性的要求，也是有着思想能力的个体，其思想（认知与人格）是否客观地反映了现实的表现。原国际心理学联合会主席迈克尔·丹尼斯（2006，57 页）指出：“如果一个人不能融入社会，他就会表现出某种功能障碍，这些功能障碍的形式是多种多样的，比如暴力、孤僻、极端行为和散布谣言。”因此，犯罪人在社会属性方面表现出的特征与其对社会关系和规范的适应程度相关，涉及犯罪人的人格和环境的交互作用与结果，这也正是犯罪人不同于非犯罪人的主要差异。这种差异处于静态时，就是我们难以观察的心理层面的差异；表现为动态时，就成为我们可以观察的行为方式上的差异。

显然，对犯罪人的认识，首先不可否认和忽视其作为人的元地位。犯罪仅是他们表现出的有别于其他非犯罪人的特征，绝非其必然具有的属性。我们不能因为犯罪人群体具有曾实施了犯罪这一普遍性外在特征，就将他们与其他所有人在本质上对立起来。这是因为，就该种行为的外部表现而言，它是一种社会现象；当这种行为被标定为犯罪时，它就会上升为一种法律现象。

其次，对犯罪人的认识，决不能用物化的方法将其割裂开来。这种物化的倾向更多的是表现在方法论上，而不是是否强调人的生物学因素上。

不能只从人的基本属性的某一层面去寻找结论，机械或单一决定论的因果关系模式常常会将研究者引入误区。在研究犯罪人的基本特征时，有必要抛弃绝对化的观点，应使用心理学相关分析的方法去寻找结论。要明确个体的致罪因素是因人而异的，各种因素与犯罪之间有不同水平的相关性。比如，侧重于人的物质属性、生物属性，从其存在性和适应性特点去分析犯罪人，倡导先天决定论和生物决定论，必然无法得出对整个犯罪人群体具有预测价值的结论，虽然确实有小部分犯罪人的犯罪与其生物特征有着较高的相关性，而其中也存在大量的先天性遗传的作用。单纯主张从心理的角度认识犯罪人，认为犯罪是犯罪人自由意志的选择结果，犯罪的内在本质在于行为人人性上的恶，又会忽略个体在不同情境中所表现出的变化性。这种变化虽然基本上表达了行为的稳定性，但也只是相对的。人在不同情境下，会有不同的适应性反应（马皑，2006）。

社会性的实质是关系性，而且是各种受不同规范制约的关系，它规定着人在不同情境中的角色行为。如果存在反社会性，那么可否将它视为对所有关系的反对？从行为层面，行为及结果与规范的冲突，代表了行为对规范的反对，不等于反社会。法律规范部分社会关系，不可能对所有社会关系提出明确要求，犯罪只是不适应部分或个别社会关系约束的表现。

五、犯罪人的社会适应

在心理学上，人永远在追求平衡，只是对平衡与否的感知是自我的、主观的。平衡包括内平衡与外平衡，前者指身心平衡与认知协调，后者指与自然及人文环境的平衡。犯罪是一种环境适应不良或者说个体不平衡的反应，只是这种环境更多地表现为社会的文化环境、群体的角色期待。但是，犯罪人外在行为与环境的冲突是为了实现自身内部的环境适应。也就是说，之所以选择攻击（破坏）、侵占（控制）的手段实现目的，很大程度上是为了获得内部的和谐。个体的认知本身与社会标准相悖时，选择自我的认知协调就必然会导致行为上的越轨。个体如何决策的关键在于他是一个什么类型的人，而不单单取决于外部刺激的作用。人与自然环境（包括外在自然物理环境和内在生理环境）的不协调会从疾病当中体现出来，包括生理上的各种不适应，还会从需要的强度上反映出来，表现为强烈程度不同的不平衡状态。人与环境的不协调不论形式如何，总会在心理上有所反映，可称之为一种冲突，表现为紧张、焦虑、抑郁等状态。而人与社会的不和谐，更多从行为客体的反应上表现出来，涉及文化、规范、群体对行为的评判。我们所研究的犯罪行为，由于会受到来自法律的强烈否定，也就具有了社会不适应的性质。

总体来说，与环境无法保持和谐状态都可被称为适应障碍。它可能是暂时的，也可能是持久的。如果是属于一种持久的适应障碍，又可谓为人格障碍。

分析不同类型的犯罪人，可以发现，犯罪行为作为一种典型的社会不适应的表现，可能反映了行为人的稳定的人格，也可能是一种并不具有连续性的偶然性不适应。因此，“天生的犯罪人是没有的。一个人之所以走向犯罪，主要是由于社会化过程中的缺陷。社会化程度的不足（不完全的社会化）或经历了错误的社会化（逆向社会化）的过程，导致由量的变化发展到质的变化”（罗大华主编，2007，108页）。

个体是相对于整体而言的，具体的个人也只有在整体或群体中才能体现出价值，才能产生自我的概念。完善的人格可以从人与环境的协调程度上反映出来，但要清楚在我们一生的发展过程中，我们不可能总是处于和谐的状况。所以，人格是否完善关键在于当不适应状态出现时，你有无主动调节的方法和过程。

情境总是在变化，人格也在适应情境的过程中不断调整。对情境的解读同样影响个体所做出的反应。我国心理学研究者安晶卉和张建新（2004，402页）认为：“试图发现个体思想、情感和行为背后的一致性和稳定性，是人格心理学的目标。人格心理学用人格的特质去界定行为的稳定性和一致性，并以特质来揭示个体间的差异。这种人格评价方法可以较好地描述人的群组间总体差异，但在个体具体生活情境中的行为预测上则有欠缺。特质虽然充分体现了人格的静态性，却未涉及人格最富魅力的动态性。米歇尔（Mischel）指出，将特质与人格等价的最大缺陷是将特质概念中的行为成分从其背后的心理加工和动力过程中剥离。人格特质无法从根本上回答在思想、情感和行为这条变动不居的河流中，有哪些东西保持不变的问题。”如果再加入以不确定性为表征的情境因素，问题会更复杂。

在犯罪人与所有参照群体均有人的属性这样一个基本前提下，犯罪人特殊属性或特征不是简单地仅从社会环境或心理内容等方面表现出来，而是具体个人所有属性、特征、行为及过程的综合反映。犯罪人的特有属性——犯罪的法律后果——只反映了外在的行为结果，并不必然反映内在的本质特征。

学术前沿

发展犯罪学是关注反社会行为（如犯罪行为）的成因、年龄关系、发展模式等研究的当代理论的新兴领域。例如：一项研究发现，平均上看，男性比女性显示出更高水平的犯罪行为倾向；总体上看，不良家庭环境下的青年比正常环境下成长的青年显示出更高水平的犯罪行为倾向。这种信息能在对反社会行为的发展性预测及因果假设的初步评估中发挥作用。

发展犯罪学研究还发现一种可能性，即由于各种因素在不同发展水平上的功能各异，因此在不同发展水平上与犯罪相关的因素是不一样的。例如，父母以及同伴的影响明显会对犯罪活动的实施起作用，但是这些影响在儿童早期与少年时代是不一样的。

值得注意的是，相关关系并未为我们提供直接的因果关系。性别不是犯罪活动发生的原因，不良的家庭环境不能直接引起青年的犯罪行为。必须使用精良的研究设计和细致构建的理论模型才能找出因果关系。

另一些类似的课题探讨了反社会行为稳定的发展模式。例如，有研究发现一些实施了严重犯罪的成年人在学前期就显示出品行障碍，紧接着就是在青春期出现更多、更严重的反社会行为，再然后是成年后持续不断的犯罪活动。也存在一部分没有上述行为历史的个体在青春期着手实施犯罪行为的情况。研究者认为，不仅需要搜寻引发反社会行为的因素，而且如果我们接受了存在稳定发展轨迹这一假设，还需要探讨与这些活动的持续和中止相关的因素。

剑桥大学对于不良行为发展的研究就是这类研究的典型。该研究自 20 世纪 60 年代初开始施行，研究了一组 411 名来自伦敦工薪阶层家庭的 8 岁和 9 岁男孩。研究人员持续收集被试数据，这些人现在已经 50 多岁了。其中应用了大量的心理学方法，包括心理测验、由教师和同伴完成的问卷调查、对被试及其父母进行访谈。被试的犯罪活动发生率是主要的结果变量，这一变量能够通过官方记录和自我报告获得。这一研究获得了一些非常重要的信息，这些信息涉及影响反社会行为发展的因素。

从社会心理学关于社会化的理论出发，在研究与揭示犯罪人特征进而归纳犯罪的个体原因时，可以将生物因素视为社会化对象，将社会因素视为社会化环境，将心理因素尤其是人格视为社会化结果。而犯罪行为属于他们对社会环境与规范适应不良的产物。

犯罪人的特征只能从其与所有社会关系尤其是规范的互动过程中去认识，他们出于各种原因，对所处社会关系不适应，或者无法在各种不同的情境中实现社会的角色期待，从而表现出不同于非犯罪人的人格与理性方面的差异，特别是接受环境要求的自我控制能力、法律意识水平、平衡内外冲突的协调能力、调节需要满足方式的自知能力和对诱因的辨别能力等方面的差异。

应用篇

犯罪人特征描绘技术的应用

犯罪人特征描绘也称犯罪心理画像，即根据案件中反映出的犯罪心理痕迹，结合其他证据材料，对作案人的性格、气质、职业、成长环境、教育程度、犯罪经历、活动区域等方面提出的假设。在司法实践中它与犯罪人本身具有的个人特点联系紧密。

英国犯罪心理学家大卫·坎特认为，侦查人员在调查过程中形成的对嫌疑人可能具有的特征的推断在某种程度上是有效的，因为这种推断是以对犯罪行为与罪犯特征之间关系的较准确认识为基础的。

霍尔姆斯（Holmes）在 1996 年提出了犯罪人特征描绘的基本假设。

犯罪现场反映犯罪者人格。犯罪者与一般正常人在人格形成的过程中都是一致的，人格是个人成长过程中与周遭环境、人物互动的结果，包括生物遗传、文化环境、社交环境以及共同的生活经验等。通常上述因素在时空不同的组合下，使个人形成独特的行事风格，而个人性格形成后即不易改变。一般而言，只要周遭环境没有发生太大的变化，其人格特质会一直持续维持。相对而言，犯罪人在遂行其犯罪行为时，也会产生某些特殊个体化的犯罪行为特性。此乃犯罪心理画像所持的基本论点。

犯罪手法大致相同。犯罪人在实行同类型犯罪行为时，其整个活动过程中会有共通性或一致性，如犯案工具、时间、场所与被害人的选择，使用的语言、暴力行为或犯罪现场的处理等。而这些共同的特征形同个人签名，犯罪人只要连续犯案，就会留下一系列相同的印记。犯罪心理画像乃借由这些行为印记给办案人员提供正确、可靠的方向，进而找出犯罪人。

犯罪人的人格特征不易改变。犯罪者人格不易改变，犯罪者的人格特质也会影响犯罪手法；再者，犯罪手法有其系统性与一致性，这些犯罪行为的特质正是犯罪心理画像所依赖的利器，也是其所持的基本论点。

坎特认为，犯罪心理画像涉及的一系列科学问题不过是与刑事侦查相关的诸多心理学问题中的一部分。因此，他将犯罪心理画像置于一个更具一般意义的领域——侦查心理学之中。有趣的是，这种更具学术意味却也不脱离实务的研究取向，开拓了心理科学的应用潜力。

基本概念

犯罪人特征　污名化　自然属性　社会属性　二分法　人格　适应　犯罪性　人身危险性

本章要点

1. 犯罪人与守法者是否存在差异是探讨犯罪人特征以及犯罪的个体原因的重要问题。公众出于情感而对犯罪人的污名化容易阻碍我们对犯罪人的公正态度。

2. 物质属性、生理属性、心理属性与社会属性是人类共有的。犯罪人首先具有人的各种属性，但从犯罪研究的统计学角度分析，他们又存在影响他们社会化水平的各种特点或特质。

3. 犯罪人与守法者相比，其主要特征表现在社会适应能力方面。

复习思考题

1. 根据具体案例分析对犯罪人污名化的危害性。
2. 在犯罪心理学研究中，如何分析犯罪人与守法者的差异？
3. 试分析犯罪人的社会化结果。

推荐阅读

1. 罗大华，马皑．犯罪心理学．3版．北京：中国人民大学出版社，2022.

2. 罗大华，何为民．犯罪心理学．3 版．北京：中国政法大学出版社，2016.

3. 张蔚．犯罪心理分析：邪恶的二十个模样．2 版．北京：中国法制出版社，2022.

4. 章恩有，宋胜尊．犯罪心理学．3 版．北京：法律出版社，2022.

5. 倪晓莉，童梅．社会心理学．2 版．西安：西安交通大学出版社，2022.

6. 刘建清．犯罪心理学．北京：中国法制出版社，2022.

7. 弗里德曼，舒斯塔克．人格心理学：经典理论和当代研究：第 6 版．王芳，等，译．北京：机械工业出版社，2021.

8. 弗雷，格雷格．人性实验：改变社会心理学的 28 项研究．白学军，等，译．北京：中国人民大学出版社，2021.

9. 蔡厚德．生物心理学．南京：南京师范大学出版社，2020.

10. 卡拉特．生物心理学：第 10 版．苏彦捷，等，译．北京：人民邮电出版社，2012.

11. 丁斐．神经生物学．3 版．北京：科学出版社，2016.

12. 卡塞尔，伯恩斯坦．犯罪行为与心理：第 2 版．马皑，户雅琦，主译．北京：中国政法大学出版社，2015.

13. 雷恩．暴力解剖：犯罪的生物学根源．钟鹰翔．译．重庆：重庆出版社，2016.

14. 米德．心灵、自我与社会．赵月瑟，译．上海：上海译文出版社，2018.

15. 道金斯．自私的基因．卢允中，张岱云，陈复加，等，译．北京：中信出版集团，2019.

第四章

犯罪决策

【学习目标】

1. 理解决策的基本概念，掌握犯罪决策的特点。
2. 掌握犯罪情境与犯罪决策的关系及一般规律。
3. 了解法学、心理学对犯罪决策模式的相关理论与观点。
4. 掌握犯罪决策的各种策略取向。

【章节导读】

2019年，逃亡20余年的劳荣枝终于落网。1996年起，法子英伙同女友劳荣枝在南昌、广州、温州、南宁、合肥等实施犯罪，劳荣枝使用色相，勾引看上去家境殷实的男子，将其骗至出租屋后，采用持枪、持刀绑架勒索、抢劫等手段劫财，前后残忍杀害了7人。为什么为了图财，却要害命？为什么仅仅为了震慑被绑架的受害人，就要杀害无辜的木工？为什么被抓之后，法子英声称一切跟劳荣枝无关？他们是如何决策的？又是如何看待风险与收益的？

第一节　决策与犯罪决策

公众对犯罪心理学有一个基本的期待，希望能够回答当人们面对同样的刺激时，为什么偏偏有人做出犯罪的抉择，特别是在清楚知道严重的法律后果的前提下。对这一问题的回答，几乎贯穿于犯罪心理学的历史。

通过对犯罪人特征的分析，我们认为犯罪人与你我是同质的，但也存在生物、社会、心理等诸多方面的差异。这些差异或者特质都必然地在社会生活中表现出来，尤其是在对某一刺激做出反应时。认知、权衡、选择、决策等心理过程正是反应的过程。

一、决策

决策是指人们对某些行动方案的知觉和具有正面或负面的结果和成功的可能性等考

虑的基础上做出抉择的过程。在日常生活中，我们每天都要面临多种决策过程，它们直接导致你我做什么和如何做。“决策是行为导向的。为了满足基本的需求和欲望，人们必须选择采取哪一种行为。因此，对于任何有机体，了解哪一种程度的行为将会导致想要的或者不想要的结果，都是重要的。这意味着，从经验中学习，大部分必须包括行为-结果链的学习。”（卡尼曼，斯洛维奇，特沃斯基编，1982/2013，297 页）

在决策的定义中，有几个关键因素是需要注意的，它们可以帮助我们对决策进行理解。

一是某些行动方案，这意味着在决策之前我们往往有众多选项，而非单一选项。小到乘公交车上班还是自己开车上班，大到考研究生还是投简历找工作，我们往往可以有多种选择。就犯罪而言，没有哪一个个案，会面临仅有一个选项，即只能犯罪的情况。

二是你对各种可能性选项应该是能知觉到、认识到或意识到的。也就是说，在考虑人的时候，不能单纯以客观理性也就是你我的认识为标准，简单地认为决策者应该意识到，也不能抱着事后聪明的态度，认为他可以意识到，而应该切实地以与行为人相对同质的假设人群认识水平为参照，结合行为人的智力、知识经验、情境中感受到的压力、情绪状态等指标去认识他对各种选项的感知范围与程度。在刑法学中，对行为选项的感知是从罪过中体现出来的。包括故意中的明知，即明知自己的行为会造成危害社会的结果，却希望或者放任这种结果的发生，还包括过失中的应该，即应该预见自己的行为会发生危害社会的结果，却因疏忽大意没有预见，或者已经预见却轻信可以避免。由此可见，关于选项的问题在刑法学中也有清晰的界定。

三是正负结果。心理学中的正负结果指的是收益与风险，它从个人出发，考虑的是对自己利益的正负影响。刑法学中的正负结果指的是社会危害性，它从犯罪客观方面出发，考虑的是对社会的影响。

四是成功的可能性，这一点是决策的关键。日常生活中，我们从理性的角度看谁都不愿意无功而返、得不偿失。可见在决策的背后有一个起牵引作用的目的在发挥功效，任何人做出决策都希望是可以实现目的的，甚至在当时情境下是属于相对合适的。但生活常识告诉我们，即便你明明知道采取某种决策完全不可能实现目的，也有去做的可能性，因为没有谁是绝对理性的。

在认识决策的时候，我们可以总结出影响决策的三个基本因素：对选项的认识、对结果的预期、对可能性的预测。它们涉及认知、判断、权衡、决定等一系列心理过程。

二、犯罪决策

明知犯罪可能会被“杀头”，为何仍有人去做？

行为人选择可能产生社会危害性的行为方式以实现目的的权衡与决定过程，可以理解为一种认知加工过程。

犯罪决策与我们日常的生活决策、事业或婚姻决策没有机制上的不同，所有对于决策的概念认识都适用于犯罪决策。二者最大的区别在于其法律风险，也就是行为之后受到刑罚惩罚的可能性。它属于稳定变量，理论上无论谁犯罪都应该受到惩罚。犯罪心理学研究犯罪决策的重点，就是为什么有的犯罪人将惩罚风险视为小概率的随机变量，或者对该风险抱有无所谓的态度。

如果我们对以往现实案例进行归纳，就会发现犯罪人在犯罪决策中仅对选项的认识就已经复杂多样，包括对选项违法性的认识、对选项危害性的认识、对选项合理性的认识。由于认知影响人的行为，如何判断与如何决策高度相关。比如，实施家庭暴力的行为人，往往不认为自己的行为违法，不仅忽略给被害人造成的伤害，还可能从外在归责的角度将自己的行为解释为对方的过错，其犯罪决策过程远远没有我们认为的那样理性。

回到本章导读的劳荣枝案，我们可以借助该案分析行为人的决策过程，并从中发现哪些因素对犯罪决策具有影响。从劳荣枝对选项的认识、对结果的预期、对可能性的预测三个角度，可以做如下分析。

因法子英抢劫伤人，劳荣枝跟随法子英踏上了亡命之路。为了生活他们需要钱，这是产生动机的内在因素，得到钱是其目的。在决策过程中，需要的强度影响动机的强度，也直接影响行为选择的紧迫性程度。劳荣枝和法子英在实现目的的方式也就是选项上有如下几种：

（1）自己赚钱。由于法子英曾抢劫伤人，为了躲避公安机关的侦查，他无法在社会上露面，只有劳荣枝一人可以工作赚钱。此外，二人受到逃亡状态等因素的制约，随时需要转移藏身地点，因此劳荣枝更多地只能打临时工，无法拥有一份稳定、正规的工作。因此，当两人的生活成本只能由一人赚取且工作不稳定时，在他们的判断中该选项属于高风险、低收益。

（2）向父母或他人借钱。劳荣枝为了跟随法子英，放弃了自己的家庭和稳定的教师工作，如果此时选择向父母或他人借钱，则很可能会暴露他们的行踪，不利于藏匿。而且由于他们无法稳定地工作赚钱，缺少偿还的能力，他人长期借钱的可能性小。因此，其判断该选项属于中度风险、低收益。

（3）非法获取，包括抢劫、抢夺、盗窃等方法。劳荣枝与法子英均已成年，他们清晰地知道这类行为的违法和不道德性质，知道这些行为会给他人造成的损害，知道一旦被抓获将受到的惩罚。但他们手中有枪，一旦实施抢劫，成功的可能性极大，故这一选项属于高收益、高风险。

在做出犯罪决策之前，劳荣枝与法子英明显具有高收益、低风险的预期，并且对被发现的“意外”做了乐观主义的加工，也就是用自信提升侥幸。之所以如此，要回到劳荣枝与法子英的个性特点、以往经验、对情境的判断中去认识。比如，在个性上他们就是富有冒险性的人，更愿意为高收益去承担高风险，犯罪决策能够体现其以往的决策偏好。此外，劳荣枝与法子英并不是第一次抢劫杀人，以往违法也从未被抓获，亲历的成功体验无疑具有强化物的作用。因此，他们主观判断认为作案被抓的可能性较小，风险也可以被忽略。

在劳荣枝与法子英的抢劫杀人案例中，我们还可以发现几个与犯罪决策有关的问题。劳荣枝与法子英的抢劫行为属于有预谋的犯罪，其对风险的判断相对理性，在抢劫过程中法子英持枪控制受害人，受害人疯狂反抗这一“意外”因素使得劳荣枝和法子英瞬间进入应激状态并做出杀害受害人的决策。此时，对情境的判断、权衡，对结果的预测常常因情绪的干扰而出现信息阻断，由此出现非理性决策。“判断的误差，被归结为两个源头：一是由于社会认知者可能未意识到的信息带来的偶然误差；二是由于认知者非理性动机和需要导致的误差。”（卡尼曼，斯洛维奇，特沃斯基编，1982/2013，207 页）从抢劫到杀人，虽然行为上表现为从侵占到攻击的转换，但在其背后，还有动机和目的的变化。犯罪目的是行为人对实施犯罪行为所抱有的主观期待即心理预期。劳荣枝与法子英的初始目的是抢劫，谋取他人财物，由贪利、不劳而获等趋利动机支配，以满足生理与精神需要；转换后目的是逃，逃避可以预测的风险，由避害动机支配，以满足自由、自尊等需要。

拓展阅读

应激是一种当刺激事件打破有机体的平衡、压力超过负荷时所出现的一种反应模式。应激反应包括两种：战斗或逃跑。个体处于应激状态时，会出现生理上的一系列变化：肾上腺素分泌增加、血压上升、心率加快、血管扩张、瞳孔放大、皮肤上起鸡皮疙瘩等。这些生理上的变化实际上是有助于人类原始祖先应对危险的，其通过适应与进化被保留至今。但是，在应激状态下，人们又往往会做出错误的决定。一部分研究者认为，做出理性决策的脑结构为人类最后进化出的部位，如前额叶。而人一旦处于危险情况下，人类进化出的适应机制是迅速进入应激模式，停止其他高级脑区活动，启动最原始的“蛇形脑”，全力做好“战斗或逃跑”的准备。因此在应激状态下，人们常会做出偏激的、错误的决策。

三、犯罪情境在决策中的作用

决策与情境具有不可分割的联系，任何形式的犯罪都因其表现为客观的行为而具有时间、空间上的特征，并存在客观的犯罪客体或明确的犯罪对象。攻击行为的对象是他人的身体，犯罪客体是人的生命权；侵占行为的对象是公私财物，犯罪客体是财产权；破坏行为的对象包括人身、财产、关系、秩序等，犯罪客体也可以表现为生命权、财产权、社会关系与秩序。控制行为的对象是人身、思想，犯罪客体是人的自由权利等。犯罪情境在犯罪决策过程中起到何种作用，与行为人是否具有犯罪意向的关系最为紧密。同时，对情境的判断还直接影响人的心理预期。“行为选择的差异就是人们判断的差异，人们对不确定性情景的预期的差异，或者说是人们对不确定性情景所形成的一个综合判断，这一综合判断就构成了人们行为选择的一种直接心理准备状态。”（王君柏，2012，5 页）从准备到实践的过程经常有如下形态。

（一）主动型犯罪

主动型犯罪是已经存在犯罪意向，并积极创造和寻找犯罪机会以实现目的的类型。其特点在于先有行为决策，然后积极创造条件，主动寻找机会以落实决策。这类犯罪人由于十分明确地将犯罪手段视为主要决策选项，在刑事犯罪中犯罪风险系数最高，危险性最大，犯罪情境仅具有条件作用。主动型犯罪人更具有敢为性，原因还在于以往犯罪的结果反馈，它是评估我们的决策和判断规则的质量的主要信息来源。

因情感因素导致的仇杀、情杀等预谋杀人案件，以犯罪为主要组织功能的犯罪集团犯罪，以盗窃、抢劫、诈骗为业的侵占性犯罪基本属于主动型犯罪。以电信诈骗为例，犯罪组织惯常的做法是群发上万条虚假短信，或者拨打上千个电话，用撒大网捞鱼的方式创造或寻找作案机会。

（二）相对主动型犯罪

相对主动型犯罪是已经存在犯罪意向，并且等待犯罪机会以实现目的的类型。其特点不同于有条件要干，没有条件创造条件也要干的主动型犯罪，而是根据条件状况也就是犯罪情境进行决策，犯罪情境对是否实施行为起到制约作用。比如，“君子报仇十年不晚”，就可以被表述为有报仇的决心、意向，但因缺少实现目的的条件而暂时等待机会。在此，之所以等待机会，可以有两种考虑：一是个人能力不及，无法控制情境和风险而等待。中国历史上著名的赵氏孤儿案讲的正是该类型的故事。二是考虑到犯罪风险，希望既实现目的，又能规避法律。因此，这类犯罪所寻求的机会，在个人预测上以低风险、高收益为判断标准。近些年来，在社会治安防控方面中心城市大力推广电子监控系统（“天眼工程”），大量案件通过视频录像得以侦破，对扒窃、“双抢”等街头犯罪的犯罪情境予以控制并使犯罪风险加大，极大地减少了犯罪的发生。

（三）主动被动型犯罪

主动被动型犯罪是利用犯罪情境实施的犯罪行为。在犯罪之前，行为人并不存在明确的犯罪意向，选择非法或犯罪手段满足需要的意识比较模糊。非法手段往往是众多决策选项之一，而绝非唯一选项。犯罪情境对该类型犯罪的影响力极大，由于情境的出现具有随机、突发的特点，个体做出低风险、高收益，认为有机可乘的判断时，容易出现我们习惯上称为机会犯罪的现象。这类犯罪的特点在于：突发的情境在行为人意料之外，行为人必须被动地面对。但是否采取行为、采取何种行为却是个体能够主动选择的。犯罪情境对犯罪行为具有诱因作用。

在现实案例中，索贿犯罪属于典型的主动被动型犯罪。积极利用机会本身，能够说明行为人有一定的假公济私、不劳而获、有权不用过期作废的生活态度。虽然由于比较在乎法律、道德风险没有主动寻找或等待犯罪机会的行为，但其犯罪决策也不是偶然的。

案例分析

2006年的许霆案属于典型的主动被动型犯罪。2006年4月21日晚10点左右，许霆在广州天河区黄埔大道某银行的自动取款机取款，结果发现取出1 000元后，账户只扣款1元。于是连续取走5.4万元。回到住所后，许霆告诉同伴郭某，二人再次回到取款机前取款，许霆共进行171次操作，取走现金17.5万元。广州中院一审认定被告许霆以非法侵占为目的，伙同同案人采用秘密手段，盗窃金融机构资产，数额特别巨大，行为已构成盗窃罪，遂判处无期徒刑，剥夺政治权利终身，并处没收个人全部财产。许霆上诉，二审认定许霆犯盗窃罪，判处有期徒刑5年。许霆案中取款机的突发故障就是行为人意料之外的情境，它为非法谋取现金提供了可能性。但是进行171次的操作，显然又是许霆主动选择的。正是这种主动被动性，让广大群众普遍认为一审的无期徒刑过重，对其抱有一定的同情。

（四）相对被动型犯罪

相对被动型犯罪是指行为人原本没有犯罪意向，但特殊的情境状况促使行为人产生犯罪行为选择，最终导致犯罪的情况。该类犯罪具有高风险、低收益的特点。行为人之所以实施犯罪，很大程度上与情境刺激下陷入应激状态有关。此时，原有的个性缺陷与当时的思维狭窄、情绪过激交互作用。在现实中，激情犯罪的行为人可能在日常生活中具有良好的社会化水平，所以我们需要从非理性的角度解读其犯罪原因。在这类犯罪的决策过程中，犯罪情境对犯罪行为的产生具有很大的刺激作用。

拓展阅读

激情（catathymia）这一概念最早是由沃坦姆（Wertham）在 1937 年引入司法领域的，他用这一概念来解释无缘由的凶杀暴力事件。在这些事件中，犯罪人的思维随着由内部冲突引起的情绪而改变。莱维奇（Revitch）和施莱辛格（Schlesinger）更新了激情的概念，并将其区分为急性形式和慢性形式。

案例分析

2006 年 8 月 11 日下午，海淀城管大队海淀分队副分队队长李志强和同事在中关村科贸电子商城北侧路边执法时，准备依法扣押在那里违法卖烤肠的崔英杰的三轮车。崔英杰是一个在部队表现良好、曾获“优秀士兵”称号的退伍军人，从未有违法违纪记录。当执法人员将崔英杰的三轮车抬上执法车时，崔英杰情绪激动，手持切香肠的小刀将刀刺入李志强的颈部，崔英杰随后逃走，李志强后经抢救无效死亡。

2007 年 4 月 10 日上午，此案在北京市第一中级人民法院宣判，该院以被告崔英杰犯故意杀人罪一审判处其死刑，缓期二年执行，剥夺政治权利终身。现场录像画面显示，十几个执法人员围绕在崔英杰周围，崔英杰手里紧握小刀本能地舞动，口气却软弱：把车给我留下，其他你们拿走。城管的声音在说：你把刀放下，把刀放下。争执的最后场面是崔英杰单膝跪地，左手仍死抓住三轮车不放。“我哀求他们，什么东西都可以拿走，就是请把我的三轮车留下，因为那是我头天刚刚借钱买的。”崔英杰在庭审中如此形容当时的心情。

药家鑫故意杀人案、于欢故意伤害案（后文会详细介绍）就属于比较典型的相对被动型犯罪。此处以药家鑫案为例。2010 年 10 月 20 日深夜，药家鑫驾车撞人后又将伤者张妙刺了八刀致其死亡，此后驾车逃逸至郭杜十字路口时再次撞伤行人，逃逸时被附近群众抓获，后被公安机关抓捕，并被法院判处死刑。具体来看，药家鑫在开车撞倒被害人张妙后，之所以不选择法律风险较小的交通肇事结果，而是选择故意杀人，与当时突发事件导致的应激状况有很大关系。这不仅使其陷入高度的紧张、恐惧状态，也导致其做出夸大风险的错误判断，认为交通肇事案件处理十分麻烦，存在一系列无法预测与控制的损失性风险，等等。而以侥幸为心理支持的杀人后逃逸决策，在自认为没有目击者的前提下，属于高风险、高收益的决策。从药家鑫的生活史中我们可以发现，害怕承担责任、缺少承担责任的能力与勇气是其个性中的特点，表现为具有选择逃避的决策偏好。他的犯罪既属意料之外，也在情理之中。

相对被动型犯罪中还有一种必须予以关注的案件，即被害人本身存在明显过错，过错本身对犯罪人的犯罪决策具有激发作用的案件。比如因长期家庭暴力导致的被害人伤害加害者的案件。

相关链接

激情犯罪：行为人在强烈、短暂、爆发式的情绪激昂、理智失控状态下所实施的犯罪。

应激犯罪：行为人在出乎预料的突发情境状态中，因高度紧张和压力制约导致行为失常所引起的犯罪。

瞬间犯罪人：在很短的时间内突发性地产生犯罪动机并完成犯罪行为的作案人。

机会犯罪人：直接受情境中偶然出现的利于作案的条件刺激影响，并因此实施了犯罪行为的行为人。

（五）被动型犯罪

被动型犯罪是迫于情境压力而实施的犯罪行为。行为人没有犯罪意向与准备，往往在强大的压力下出于服从或屈从而选择犯罪。该类型犯罪的特点是在当时情境中，可供选择的决策选项较少，往往与自己的生命安危有关。

比较典型的如正当防卫明显超过必要限度造成重大损害的行为、团伙犯罪中如果不参加可能危及生命的行为。在该类案件中，犯罪情境对犯罪行为具有强制作用。

犯罪决策与犯罪情境的关系往往不是单一的。在司法实践中，上述类型也可能在一起案件中交替出现。犯罪心理学在探讨各类犯罪决策类型时，强调对客观犯罪案件的归纳与分类，而不是依靠实验室模拟去发现犯罪决策的形态。

学术前沿

莱维奇和施莱辛格基于对反社会行为本身的分析，开发了一种谋杀犯罪分类系统，其目的一方面是涵盖所有心理维度，另一方面也是起到预测作用。一小部分谋杀犯罪人实施谋杀是由于原发性精神病学的原因/神经病学的原因，其他谋杀犯罪人则从假设上可被归于以下类别：环境（由社会因素引起）因素引发的犯罪、情境性谋杀、冲动性谋杀、激情谋杀、重复性强迫谋杀（它是由内源性因素驱动的）。(1) 源于原发性精神障碍的谋杀。那些由精神或神经状态引发的谋杀通常发生在机体处于异样、中毒或妄想状态时，有时也会发生在精神抑郁的情况下。癫痫、各种脑病变、脑损伤及脑瘤等导致的神经状态都可能引起杀人行为，因为它们会削弱抑制能力。与暴力具有最普遍联系的物质就是酒精。其他物质，如苯环己哌啶（一种致幻剂或麻醉药）、迷幻剂、安非他命、可卡因或类固醇化物也可能引发突如其来的暴力及谋杀。妄想型精神分裂及各种妄想状态和障碍也是引发频繁杀人行为的原因。实际上，丹尼尔·麦纳顿（Daniel M'Naghten）就是这种因被害妄想而直接引发谋杀的典型代表。而也正是这一案例，使得大多数以英语为官方语言的司法管辖区开始启用标准的司法精神病鉴定。（2）源于社会及环境刺激的谋杀。许多谋杀由外部的、环境或社会因素引发。例如，为钱起杀机的雇佣杀手自有一套影响其行为的内在价值体系，这种情况在犯罪组织的成员身上也会出现。（3）情境性谋杀。有研究认为，70%的杀人行为均属于情境性谋杀，这本质上是一种对外部压力的反应。很多案例都属于此类，如家庭谋杀或与另一起严重犯罪相关的谋杀。（4）冲动性谋杀。冲动性犯罪人在生活中缺乏明确方向、行为随意且无法预测。这些个体行为被动、易于受引导且人格不完整。他们的犯罪几乎都没有什么结构性，预谋性很差。（5）激情谋杀。急性的激情杀人本质上是一种突如其来的、无缘由的谋杀，它由深层的情感冲突及紧张所引发，攻击者经常无法为其谋杀行为提供一种符合逻辑的解释。在许多案件中，被害人以一种标志性方式触发了犯罪人内心的潜在冲突，这种冲突足以摧毁其行为控制能力。慢性的激情过程有三个阶段——酝酿、暴力行为、缓解。这种犯罪人顽固地认为暴力是解决其内部冲突及紧张的唯一方法。他们经年累月地思考这种实施暴力行为的需要，并不停地在谋杀之后体验到内心紧张的舒缓。被害人通常是关系亲密的熟人、家庭成员或犯罪人迷恋的某个人。跟踪杀人通常属于这种慢性的激情谋杀。（6）重复性强迫谋杀源于心理因素，但至少会受到外部的、环境的或社会因素的影响。犯罪人迫切地需要实施犯罪行为，而且这种需要很可能反复出现。重复性强迫谋杀具有性动机，故而暴力行为本身有色情意味，且本质上是犯罪人性欲唤醒模式的一部分。强迫谋杀通常会以一种仪式性的方式进行。罪犯可能频繁地去杀人但每起案件之间并无牵连，也可能在两次犯罪之间有一个较长的间隔期。幻想于多年前便早于行为而存在。大多数犯罪人是男性而被害人是女性。精心计划的强迫型犯罪通常能令犯罪人逍遥法外，并会形成系列杀人。

第二节　犯罪决策的理论模型

犯罪终究只能以具体的行为方式表现出来，但在众多可能满足需要、实现目的的预案中犯罪永远不是唯一选项。对犯罪行为的探讨也就可以从决策的角度来进行，将之理解为犯罪主体的一种选择性行为。心理学、经济学中都有大量关于决策的研究，特别是提出了许多规律性的决策模式假说或理论。决策模式是个体在决策情景或者决策任务中的反应模式，是基本的信息加工过程。我们可以根据它们的原理，将犯罪行为作为对象，归纳犯罪决策的理论模型。

一、法学角度的探讨

从法学角度探讨犯罪决策，主要关注行为人实施犯罪行为是否出于自己明确意识到并可以控制的自由意志，研究犯罪人的理性。

在古典主义犯罪学看来，人是完全理性的，人“具有理解自己的能力，具有为促进自己的利益最大化而行为的能力”（沃尔德，伯纳德，斯奈普斯，2002/2005，11页）。犯罪是个体深思熟虑后有意识、有计划的结果。理性选择的古典犯罪学模型受到了实证犯罪学的反对。后者认为，个体对其犯罪行为不具备理性控制的能力，犯罪行为起因于个体与生俱来的生理或心理结构，人类“仅能依照已经被决定好的情形去行为”（12页）。

刑事古典学派中存在功利主义和报应主义两种理性选择观，前者以贝卡利亚（Beccaria）和边沁（Bentham）为代表，后者以康德和黑格尔为代表。在对人的理性的认识上，这两种观点存在共同性：人是理性的动物，犯罪人在意志自由情况下选择犯罪；人具有权衡利弊得失的理性能力，对做或者不做有害于他人的行为具有自己的判断能力和自由选择能力。

法律经济学依赖新古典经济学的理性经济人标准假设，并在其基础上构建了理性选择模型。该模型将人看成理性的、根据期望效用使自我利益最大化的行动者，认为人们总是理性地使自身的满足得以最大化。个体作为经济人，他的行为是按照成本-收益核算后做出的理性选择（林飞，2001）。法律经济学以标准的经济学原理来对现实社会中的法律规则进行分析和理解，其主要概念包括效用最大化、稳定偏好、理性预期以及信息的最佳处理等。

基于理性经济人假设的法律经济学遭到了行为法律经济学的批判。行为法律经济学的产生，受到卡尼曼和特沃斯基等在认知心理学领域率先开展的启发式策略与认知偏误研究的影响。它针锋相对地主张“将法律经济学分析的基本模型实现从‘经济理性人’到‘心理认知人’的转变”（苏力主编，2007，2卷，1页）。这里的“心理认知人”，即为心理学语境下的有限理性人。启发式和认知偏误描述了人类认知决策过程中系统性的违反和偏离理性标准的行为特点。基于对人类认知决策过程的这种认识，行为法律经济学从有限理性、有限毅力和有限自私这三个方面对“真实的人”在法律情境下的决策加以分析（朱斯，孙斯坦，西拉，2005）。

法学对于个体犯罪行为的认识经历了从完全理性到有限理性的转变，且这一转变过程是纷繁交织的。“犯罪理性研究经历了一个从标准理性（normative rationality）到有限理性（bounded rationality）的过程。”（宋胜尊，傅小兰，2005，108页）

二、期望效用理论的观点

在现代经济学对犯罪开展的研究中，最卓有成效的努力是由加里·贝克（Gary Becker）所推动的。他认为对犯罪行为进行解释的理论可能是经济学家通常的抉择分析的一个简单延伸，认为犯罪存在成本收益及最优状态等典型的经济学问题，将犯罪人视为风险情境下理性的、追求效用最大化的决策者（Becker，1968）。这一观点是将经济学的理性决策模型应用于犯罪研究的尝试的开端。自此之后，经济学家开始广泛使用期望效用范式来构建犯罪决策模型。

在期望效用理论框架下，犯罪决策可从如下几个方面来进行理解。首先，犯罪行为是个体在对将要获得的收益以及可能面临的损失进行理性计算后所做出的决策。个体只有在 $g>pf$ 的情况下才会进行犯罪，这里的 g 是从犯罪中获得的收益，pf 是预期的惩罚（p 为惩罚的概率，f 为惩罚的强度）（Horváth & Kolomazníková，2003）。即个体通过准确而完整的比较，选择预期效益最大的选项，在预期从事某项犯罪行为将会为其带来比不犯罪更大的收益时，就会做出从事该项犯罪行为的决策。其次，个体在犯罪决策中可以全面了解与行为相关的所有信息，仔细评估某项犯罪行为可能导致的惩罚的概率以及惩罚类型。“所有的犯罪行为和可能的结果在任何一个犯罪决策中都会得到考虑。”（Johnson & Payne，1986，p. 173）在此之后，个体根据行为的两种可能性状态（惩罚或无惩罚）发生的概率（p 和 $1-p$），计算犯罪行为的期望效用。如果实施犯罪的期望效用高于不犯罪，则个体将会做出犯罪决策，实施犯罪行为。再次，在对犯罪收益与损失的理解上，期望效用理论认为个体关注的是最终结果的绝对值。如果犯罪人的初始财富是 1 000 美元，其抢劫后可能获得 1 000 美元或可能面临 500 美元损失（罚款或是司法费用），则其抢劫后的结果会被视为 2 000 美元或是 500 美元。最后，个体在任何情境下对同等额度的收益与损失的感受都会一致。若个体实施某项盗窃行为后可获得 5 000 美元，而一旦被警察抓住则会被处以 5 000 美元的罚金，那么对于个体而言，该项犯罪行为所存在的收益与损失是具有同等的心理意义的。

三、前景理论对犯罪决策的分析

前景理论（prospect theory）由认知心理学家卡尼曼和特沃斯基（Kahneman & Tversky，1979）共同提出。该理论认为人的理性是有限的，各种主观的偏差存在于人们的决策过程中，人们无法按照期望效用模型所描述的那样来进行决策。前景理论从编辑（editing）和评价（evaluating）这两个阶段对人类的决策过程加以分析。编辑阶段是对信息的感知；评价阶段紧随其后，主要涉及值函数和权重函数。

犯罪决策的问题存在广泛而相关的两个方面：一是对需要做出决策的问题进行表征；二是对各个选项进行价值评估。前者关注犯罪人如何感知潜在的犯罪机会、注意以及忽略哪些信息；后者关注选择犯罪机会的具体决策过程，主要涉及决策者如何对犯罪与不犯罪进行比较、这些过程如何受到各种情境性因素的影响。上述两个方面可理解为前景理论中的编辑与评价两个阶段。

（一）个体犯罪决策的编辑阶段

在编辑阶段，由于加工信息的能力有限，个体所感知到的属性中只含有与决策相关的部分信息，在复杂情境中更是如此。前景理论将编辑阶段的心理操作分为 6 种。据此，也可以从框架效应、锚定效应、可得性启发式等方面进行分析。

1. 框架效应的影响

两个在本质上完全一致的决策问题，若以略显不同的方式呈现，可能会在偏好上引发重大的不同，这一情形被称为“框架效应”（framing effect）。研究者发现，信息呈现方式的差异可能会导致个体对惩罚概率的感知不同（Johnson & Payne，1986）。在信息表述侧重点的处理上，侧重于不同表达内容的信息可以影响个体对行为法律后果的评估。比如，犯罪人或嫌疑人在接受讯问时，对于杀人、故意伤害，他们多用"弄他""搞他一下"这样的语言表述。一方面，这可以理解为他们的习惯用语，有一定的防侦查作用；另一方面，这可以有效减轻他们自身的罪责感。这种罪责感的降低就和框架效应有关。当他们将行为分别描述为"弄他"和"故意伤害"时，则是分属于两种框架。后者在法律的框架下，能够让他们直接感受到行为与法律、刑罚的联系，提高其对惩罚的感知。因此，在犯罪行为之前，他们会提高风险认知，减少行为的可能性；在犯罪行为之后，也就是讯问时，他们同样会提高风险认知，减少招供的可能性。所以，研究者建议对某些易犯罪群体如青年帮派成员，减少使用"黑话"，多使用正规法律术语进行教育，提高其风险认知；而在讯问、犯罪心理测试时，尽量使用他们的话语体系，减少其风险认知。

2. 锚定效应的影响

人们在做决策时，通常会根据最初得到的信息或先前的经验确定一个"锚"。在锚的影响下，"决策的结果或目标值可能会向着初始值即'锚'的方向接近而产生估计偏差"（王晓军，白学军，2009，37页），这一现象被称为"锚定效应"（anchoring effect）。锚定效应的存在可能会对个体的犯罪决策产生重大影响。切尔沃利和皮克（Cervone & Peake，1986）发现，事先的"锚"可以影响个体对自己完成任务的估计，进而影响其在任务中的坚持性。在对惩罚概率的感知上，犯罪经历存在差异的个体具有不同的"锚"。对于没有盗窃经历的个体而言，决策时在惩罚方面的"锚"是基于对周围已有信息的了解而形成的。假设个体从周围的信息中所得出的认识是警察在此类案件上的破案率较高，则即使在准备工作比较充分，各方面的外部条件也比较有利的情况下，个体也会受锚定效应的影响而高估自己被捕的可能性。而对于之前有过盗窃经历却从未被捕的个体而言，决策时在惩罚方面的"锚"是基于过去的亲身经历而形成的。这样，他们对警方破案率的估计就低得多，于是此类个体比没有犯罪经历的个体更容易做出犯罪决策。在犯罪手段选择上，锚定效应也有较大影响。处于对金钱的渴求状态下的个体，一旦从周围情境中认识到可以通过盗窃或诈骗等方式来获益，就会因锚定的影响而钟情于以这种方法来达到自己的获益目的。此时若个体对犯罪行为的实施情境没有充分的考察、对自己的犯罪技能没有充分的认识、对犯罪的后果没有充分的估量和理性取舍，而仅是顺着由锚定所产生的方式进行思维，则其对犯罪收益与后果的预期就会产生偏差，法律的威慑力就会减弱。

3. 可得性启发式的影响

个体在决策中对概率的判断，经常使用可得性启发式（availability heuristic）原则来进行，即根据事件能够被个体想起的容易程度来对概率加以判断。可得性启发式与信息的清晰程度以及个体与之联系的紧密程度有关，对于经常出现在生活中、容易从记忆中提取的信息，个体易高估其概率；若信息平时较少为个体所接触，则个体对其概率的估计则会低于其真实水平。

在个体犯罪决策方面我们可以有类似的认识。如果关于犯罪行为后果的信息变得更清晰和易记，则感知到被拘禁以及更严重后果的可能性会增加，即使实际上概率可能并没有变化。尼斯贝特和罗斯（Nisbett & Ross，1980）的研究显示，某个单独案件的清晰生动的信息也有助于提升对被捕和被惩罚的可能性的主观感知。若个体周围有熟悉的人因某项犯罪行为而被捕入狱，且他对整个过程有所了解，则他对自己实施该犯罪行为可能被捕的概率的感知会有所提升，进而促使其做出不犯罪的决策；但是若个体所接触到的人曾经有过犯罪行为，却终因未被警察找到证据而逃脱制裁，或者个体所在的环境中接连发生几起案件而警方却始终未能破获，则个体对惩罚概率的感知就会降低，进而促使其做出犯罪的决策。另外，个体实施了某一犯罪行为之后，若在很短时间内即被警方抓获，则出狱之后个体对犯罪行为被侦破的概率的主观估计就会较高，尽管真实破案率也许一直未变。

（二）个体犯罪决策的评价阶段

犯罪决策的评价阶段主要涉及值函数和权重函数。值函数对于参照点上下的变化值起作用，可用于理解个体对犯罪行为收益与损失变化额度的认识，以及个体对收益与损失的态度。权重函数的主要内容是确定效应与小概率超决策权重，涉及对事情结果发生概率的认识，如有某项犯罪被警方破获的可能性是多大。

1. 值函数的特征对犯罪决策的影响

依据值函数的特征，犯罪行为的收益与损失会被视为一个相对而非绝对的概念，是基于其在参照点上下的变化程度而得到评估的。如果暂时先不考虑刑罚方面的问题，而只对个体犯罪行为中的收获加以探讨，则由于参照点的不同，对于收益和损失的界定也不相同。以盗窃犯罪为例，如果初犯没有过相关经历，则在做出犯罪决策之前，其对收益的参照点一般较低，即只要有一定收获即可。因此初犯很有可能将犯罪后的结果感知为收益情境。而惯犯在其过去的盗窃行为中是经常有收获的，则其参照点便要高出许多。因此对于惯犯而言，只有足够高的收获，才能高于参照点而被视为收益，较低的收获会因低于其参照点被视为损失。例如，初犯的期望值是 1 500 美元，而惯犯的期望值则是 2 500 美元，如果某项盗窃行为能得到 2 000 美元，则初犯会将之感知为收益，而惯犯会将之感知为损失。因而对于具有较低金额收获的盗窃行为，初犯可能会将其感知为收益而做出犯罪决策，而惯犯可能会将其感知为损失而做出不犯罪的决策。

在值函数中，个体的风险态度表现为获益情境下的风险规避和损失情境下的风险寻求。对此最直接的说明便是犯罪动机的转化。“虽然为了收益，犯罪人可能会拒绝一个犯罪机会，但是他也有可能为了避免损失而接受这个犯罪机会。”（Johnson & Payne，1986，p. 173）如某盗窃犯入室盗窃，被事主发现，事主开灯与之反抗，为了避免行迹暴露为自己带来法律后果（即损失），该盗窃犯可能会表现出对风险的寻求，在瞬间产生杀人动机。相反，期望效用分析则假设决策者在任何情境下都会避免风险。个体风险态度的这一特征还有助于我们了解个体犯罪行为的中止与否。约翰逊和佩尼指出：“如果一个人的期望水平是通过犯罪行为得到财富，那么中止犯罪就意味着损失。”（引自宋胜尊，傅小兰，2005，112 页）如果个体对于损失有着更为强烈的感觉，则具有强烈犯罪动机的个体就更有可能会继续犯罪以避免损失。

值函数的特征可以解释社会失业率增加时犯罪率也会增加这一现象。加兰德·怀特

（Garland White，1999）在分析美国100个最大的城市在1970—1990年的相关数据后发现，制造业工作机会的减少造成了贫困和失业的增加，随之导致抢劫、入室盗窃等财产型犯罪的增加。依据值函数的特征，由失业所造成的生活水平急剧下降，低于原有生活水平（参照点）。由于低于参照点可以被视为损失，在“损失厌恶”以及损失情境下的“风险寻求”的作用下，犯罪对于个体而言就更有诱惑力，因为据此他们可以减少损失，恢复至原先状态。

值函数曲线的边际递减特征有助于我们正确把握个体对于同等差额的刑罚的感知差异。依据值函数的这一特征，人们对逃脱惩罚与被判刑1年之间的区别感受非常敏感，远甚于10年监禁与11年监禁之间的区别。“实验表明，对罪犯来说，如果1年徒刑的负效用是100的话，则5年徒刑的负效用是200……10年徒刑的负效用是300。即刑期放大了10倍，吓阻效果却只有3倍。这……表明，刑期的增加与吓阻效果之间并不对称。”（引自叶德珠，2007，197页）也就是说，简单地增加犯罪行为的惩罚强度，并不能在个体的心理上造成相应的威慑。

2. 权重函数对犯罪决策的影响

虽然小概率事件的超决策权重存在，但是卡尼曼等在研究中也发现其很不稳定。小概率事件的超决策权重对现实生活中少数犯罪人铤而走险的犯罪决策具有一定的解释力，如抢劫运钞车。事实上，抢劫运钞车成功而又能安全逃脱的概率非常之小，但由于其收益很大，所以其权重在这些个体的犯罪决策中也就很大，进而引发犯罪行为的发生。在现实生活中，抢劫运钞车等类似犯罪发生概率较低，从侧面说明了卡尼曼等所发现的小概率事件超决策权重的不稳定性。而对于中、高等程度的概率，其决策权重的增加幅度比概率本身的增加幅度要小。这就提示我们，破案率的小幅度增加对潜在犯罪人产生的威慑力难以达到同等幅度增加的效果。

权重函数中的“确定效应”，对于我们理解刑罚对犯罪人的威慑力有较大帮助。由于确定的结果对人们的决策有很大的影响，所以一方面，如果惩罚对所有的犯罪人来说由可能性转变为必然性，则它将是非常有效的手段，另一方面，相比发生概率小于1.0而严重性更高的结果，一个潜在的犯罪人更有可能会被那些具有必然性而严重程度更小的结果劝阻。克莱曼（Kleiman，1998）在其研究中指出，若要求个体在两种损失——100％的概率被处以一星期监禁与50％的概率被判处两星期监禁——中抉择，许多人会表现出风险寻求，选择赌一把（50％的概率被判处两周监狱服刑），而不是选择一项确定的损失。而客观情况是我们的破案率距离1.0还有较大差距，这使得刑罚不具备确定性，刑罚对于潜在犯罪人而言也就不具备确定效应，因而刑罚的阻却作用也在一定程度上打了折扣。犯罪学家储槐植教授认为：“当我们的破案率真正达到78％，犯罪就会得到极大控制，犯罪人就不会有那么大的侥幸心理，他们就会把自己遏制住。”（引自黄维民，李明立，2006，108页）确定效应与小概率事件的超决策权重在表面上看似乎是存在矛盾的，但实际并非如此。犯罪行为同时伴有收益与损失，且不同的个体对于特定犯罪事件的收益与损失存在不同的估计，因而其实际犯罪决策可能是在不同效应的影响下做出的。

做出犯罪决策的个体是理性的，但并非经济学上所认为的完全理性，而是有限理性。

即个体在趋利避害的本能下进行权衡取舍，力图做到完全理性，进而寻求自己利益的相对最大化，而实际的决策过程却由于主客观各种因素的存在会偏离经济学家所理解的标准理性，表现出不完全理性。个体的实际犯罪决策过程即为西蒙（H. Simon）所说的“程序理性”①。

第三节　犯罪决策的策略取向

如果说犯罪决策的模型代表着犯罪人的思维过程，那么犯罪决策的策略取向可以表达犯罪人的思考内容，也就是之所以如此决策的判断内容。

一、自信式取向

自信式取向表现为对个人能力、作案情境、风险控制持有乐观态度，趋向于选择预案中可获得收益最大化的选项。犯罪决策建立在自信的基础之上，并且主要体现在以下方面。

（一）对个人能力的自信

判断的依据是丰富的犯罪经验、周密的计划制定、合理的人员分工、充分的工具准备、情境的选择与控制等。在以攻击为手段的财产犯罪中，这种策略取向较为典型。由于具有低风险、高收益的心理预期，在犯罪决策中，逃避风险的考量优先于实现目的。有过多次成功体验的犯罪集团、犯罪团伙的犯罪决策更能体现自信的特点。曾被称为“悍匪”的张君，率领其团伙多次杀人抢劫，并屡屡得手。在每次作案前，都采取沙盘推演的方式，制定犯罪计划与步骤。作案后分散逃逸，暂不联系。而每一次犯罪的成功，对此后的犯罪决策都具有行为与信心的强化作用。

案例分析

“我可以说是一个在贵州公安系统内用脚一跺地，也要抖三抖的‘土皇帝’……”这是贵州省公安厅原党委副书记、常务副厅长赵翔被查处后的自白。赵翔出生于1955年8月，河北围场人，长期在贵州省公安系统任职，曾任省公安厅禁毒工作处处长，省禁毒委办公室副主任，省公安厅党委委员，贵州警官职业学院党委书记、院长。2021年5月，他被开除党籍、移送司法。经查，赵翔违反政治纪律，在党内搞团团伙伙，做两面人，对抗组织审查；违反中央八项规定精神，收受明显超出正常礼尚往来的财物，将应由本人支付的费用交由其他单位支付；违反组织纪律，利用职务便利违规为他人在职务晋升、工作调动等方面提供帮助，并收受财物；违反廉洁纪律，搞权色交易；违反群众纪律，充当黑恶势力“保护伞”；违反工作纪律，违规干预执法活动；违反生活纪律；违

① 西蒙认为，在不确定情境中，人们由于认知能力等的限制，不能够准确预知未来，也就无法按照结果理性的方式采取行动，只能依靠某一理性的程序来减少不确定性，也就是说，个体行为只能是程序理性的。

反国家法律法规，构成职务违法；利用职务便利非法占有公共财物，涉嫌贪污犯罪；利用职务便利为他人谋取利益，非法收受他人巨额财物，涉嫌受贿犯罪。赵翔表面上将自己精心塑造成优秀党员领导干部的形象，私下里却是一副“江湖大哥”的做派：“我是公安厅的一厅之长，代表国家执法，一切都由我说了算！”

资料来源：https：//m. thepaper. cn/baijiahao _ 15056987.

（二）对情境控制的自信

在存在犯罪意向并积极创造和寻找犯罪机会的主动型犯罪中，能否有效控制情境是实现目的并逃避法律的关键。对情境控制的自信源于对时、空、对象的判断与选择，对被监视与目击的控制，对被害人防备与反应的预测，对随机变化的对应预案，等等。比较典型的案件如郑州张书海团伙系列抢劫案。自 1997 年始，该团伙以银行为犯罪目标，作案前踩点观察，选择适合作案的银行；作案中由团伙成员身着警服持仿真手枪把守银行大门，控制人员进入；进入银行后使用猎枪控制工作人员；用自制的大铁块撞击柜台玻璃，以提高效率；得手后赃款分别用自行车携带，并点燃自制爆炸物以驱散路人。全程不超过三分钟。

（三）对风险控制的自信

控制情境的核心在于保证犯罪得手，而对风险的控制主要体现在如何干扰警方的侦查、怎样躲避目击者和摄像机监控等反侦察技术的使用上。破坏犯罪现场、用类似“投名状”的方式控制同伙，以及个人单纯作案减少告发风险等方法的采用往往能提高犯罪人对风险控制的自信。2013 年破获的周克华系列抢劫杀人案中，案犯周克华用不乘交通工具、不住旅店而是荒郊野外藏身、变换口音和步履形态等方式应对犯罪侦查并屡次得手。

二、侥幸式取向

侥幸式取向又称随机取向，是一般财产性犯罪中最为多见的形式。犯罪人对个人能力、情境判断、风险控制抱有不确定态度，趋向于根据情境状态，选择预案中可获得收益相对最大化的选项。

需要的紧迫性和对决策行为的心理预期直接影响是否采用侥幸式取向。同时，自信式取向犯罪人的敢为性来自对风险的有意识控制，而侥幸式取向犯罪人更具有冲动性特点。他们在风险与收益的权衡中不仅过于乐观，而且更看重即时收益。

扒窃犯罪是典型的侥幸式取向犯罪，犯罪人往往根据实现目标的可能性进行决策。有机会就下手，没有机会则放弃。但当其预测的收益（如被害人露富）、可能性收益足以令其忽略风险时，也常常因难以抑制的冲动铤而走险。

以往犯罪经验，特别是成功经验对该类型犯罪的强化作用很大。“从经验中学习，在本质上是归纳的，也就是说，人们经历一些特殊情况或者个案，然后发展出启发式，以提供某种一般的解决方法。”（卡尼曼，斯洛维奇，特沃斯基编，1982/2013，297 页）从事犯罪心理学的研究者在分析犯罪人对收益与风险的计算时容易将法律风险视为确定性因素。而事实上，“法网恢恢，疏而不漏”在任何国家都属于理想追求。就我们国家的情况而言，恶性案件的破案率远远高于一般案件，涉及生命案件的破案率高于财产案件。在现实当中，仍然有大量的案件由于各种原因长期未能被侦破，事实上对犯罪人的侥幸心理具有支持作用。

三、放任式取向

放任式取向是对个人能力、情境判断、风险控制不做权衡与判断，以实现目标为唯一取向，不考虑或忽略风险的犯罪。

这类犯罪不仅常常无法被公众理解，而且缺少实验研究的说明。从现实案例中分析，放任式取向的犯罪动机总是与犯罪人的价值观、情感需要、挫折状态有关，其最重要的特点是不将包括自己生命在内的已有收益计入犯罪成本。其行为类似日常生活中所说的如“鱼死网破”“以死相拼”等。

因宗教、政治、民族等问题导致的恐怖主义犯罪，为宣泄个人情感、表达社会敌意、希望制造社会疼痛的犯罪，因极度仇恨以消灭他人生命为个人使命的犯罪，都可被视为放任式取向。

2008 年 10 月 28 日，中国政法大学大四学生付成励在课堂上杀死该校教师程春明，作案后主动拨电话 110 报案自首。2009 年 10 月 20 日，北京市第一中级人民法院一审宣判，以故意杀人罪判处 23 岁的付成励死刑，缓期二年执行。

据付成励交代，杀程春明的原因有两点，一是要报复，二是要“杀一儆百”。付成励在陈述自己的杀人动机时说：“程春明和这个女孩（后成为付成励女友，恋爱期间告知过付自己与程春明交往并发生过关系，两人此后对此话题多有忌讳。2008 年，女孩欲与付分手，而付认为程春明伤害了她，她才无法继续和自己相处）在一起的时候已经是已婚男人。”“他不配称为老师，根本不为人师表……”付成励说要“杀一儆百”，而且是“一直都想动手”，“只是时间没有定”。据律师介绍，付成励对自己杀害程春明的事实始终供认不讳，“似乎在表现出一种敢作敢当的英雄主义”，声称是在“杀一儆百”。不仅没有半点悔改之心，而且其言论还在暗示类似的人也该杀。在这起案件中，付成励基于报复和惩罚的心理杀人，并采用外在归责的方式，用履行所谓道义责任增强对收益的判断。

四、无判断取向

无判断取向是对当前状况不具有知觉或知觉错误，对行为及后果未予考虑的形态。

该类型的犯罪与行为人对自己行为的违法性认知有关。简言之，如果不认为自己的所为存在法律风险，也就缺少判断、权衡、决策的过程与内容。如个别地区出现的杀所谓忤逆之子的法盲犯罪。刑事案件中只有行为目的、没有犯罪目的的过失犯罪都可以归为无判断取向。

应用篇

分类细化是理解犯罪决策模型的关键

从20世纪50年代起，许多心理学家和实务工作人员便开始提出多种对谋杀进行分类的方法。

勃兰凯尔（Brancale）提出了一个仅有两个基本类别的分类系统，他将谋杀者简单地划分为可控型（administrative）及精神病型（psychiatric）。精神病型谋杀者精神错乱，患有精神疾病或精神迟滞；其他的大多数犯罪人则属于可控型。精神病型犯罪人会在特殊机构接受治疗，而另一类会被投入监狱。

布朗伯格（Bromberg）也将谋杀犯大致分为两类：正常型及精神病态型。例如，一个将妻子捉奸在床并将她和/或其情夫杀死的男人就是正常型谋杀犯。布朗伯格认为，这种“三角关系谋杀”是一个有暴力倾向的个体遭受极端耻辱时的反应方式。在精神病态型分类中，布朗伯格又分出一系列有着不同程度的错乱水平的犯罪人，包括性谋杀犯、激情谋杀犯（狂欢杀人）、先杀后奸者及以杀为虐者。他认为精神病态型谋杀者是不稳定的、不可预测的且没有良知的，他们以一种无预谋的冲动方式实施杀人行为。

特内（Tonay）提出了一个谋杀犯的“三叉分类”——自我功能协调型、自我功能失调型（分离型）及精神病型。自我功能协调型谋杀本质上是目标指向的、有意为之的，精神病型杀人行为则是明显的精神病症（如命令幻觉或妄想）的直接反映，而犯罪人在不清醒状态下实施的、违背其清醒时意志的杀人行为则是分离型（或自我功能失调型）谋杀。

哈勒克（Halleck）将谋杀划分为适应良好及适应不良两类。适应良好型谋杀的目的具有逻辑上的合理性，但却不为社会所接受（如获取钱财或除掉干扰计划实施的某个角色）；而适应不良型谋杀则是毫无逻辑的，由某种精神病态类型（例如精神病、醉酒状态或极端内心冲突）所导致。

古特马赫（Guttmacher）和威尔克（Wilk）都运用精神病诊断作为分类的核心基础。西蒙（Simon）基于诊断及被害人与犯罪人之间的关系将谋杀划分为三类，这一分类获得了实证研究的支持。最近，萨法提（Salfati）基于犯罪现场行为将谋杀分为工具性（有其逻辑目的）和表达性（为了宣泄情感）两类，这一分类也得到了实证研究的支持。

司法机关多从侦查学视角来理解谋杀并对其进行分类，这种视角主要关注犯罪现场特征而不是心理维度。道格拉斯（Douglas）等划分出43种不同的谋杀类型，包括职业谋杀、个体原因谋杀、性谋杀及群体原因谋杀。个体原因谋杀包括家庭谋杀、口角导致的谋杀或复仇杀人。群体原因谋杀包括邪教谋杀、人质谋杀及军事谋杀。针对各个分类，作者都列举了犯罪现场证据及法庭科学结论、被害人特征及侦查时各种需注意的因素。

基本概念

决策　犯罪决策　风险　收益　激情犯罪　机会型犯罪　决策模型　策略取向

本章要点

1. 犯罪决策是行为人选择可能产生社会危害性的行为方式以实现目的的权衡与决定过程。与日常决策不同，犯罪决策具有规定性的法律风险。

2. 犯罪情境与犯罪决策交互作用，表现为主动型犯罪、相对主动型犯罪、主动被动型犯罪、相对被动型犯罪和被动型犯罪。

3. 期望效用理论认为犯罪行为决策的过程是完全理性的，行为是个体理性决策的结果；前景理论认为个体犯罪行为的决策过程是有限理性的，有其特定的规律。

4. 犯罪决策的策略取向包括自信式取向、侥幸式取向、放任式取向和无判断取向。

复习思考题

1. 收集郑民生杀人案的资料，根据本章知识分析其犯罪决策的过程、特点、原因。

2. 破案率的高低对犯罪决策有影响吗？

3. 对不同类型犯罪进行细致分类，对研究犯罪决策的价值是什么？

4. 如何用实验方法分析放任式取向犯罪决策的收益与风险？

推荐阅读

1. 严进．组织行为学．4 版．北京：北京大学出版社，2023.

2. 李晖．犯罪决策心理问题研究．北京：光明日报出版社，2021.

3. 基达．认知陷阱：人们常犯的 6 个思维错误．慕兰，孙静波，张嘉芮，译．北京：人民邮电出版社，2023.

4. 卫蓝．脑熵：如何直击真相，果断决策．北京：人民邮电出版社，2022.

5. 温特．狡猾的情感：为何愤怒、嫉妒、偏见让我们的决策更理性．王晓鹂，译．北京：中信出版集团，2022.

6. 朱睿，童璐琼．决策的逻辑：生活中的行为心理学．成都：天地出版社，2022.

7. 阿尔科克，萨达瓦．社会心理学入门：全球视角．张志超，程雨凡，李园园，译．北京：中央编译出版社，2020.

第五章
犯罪行为与动机

【学习目标】

1. 掌握攻击性行为的内涵、类型，了解关于攻击性行为发生的理论观点。

2. 掌握侵占性行为的内涵，领会侵占性犯罪行为的决策过程。

3. 掌握控制性行为的内涵及其动机特点，了解邪教犯罪及其心理行为控制的原理。

4. 掌握破坏性行为的内涵及其动机特点，领会恐怖犯罪及其心理行为特征，了解纵火犯罪及其动机类型。

【章节导读】

2016年，一起轰动全国的案件“辱母案”也称“于欢案”引发大众关注。于欢的母亲苏某霞向吴某占、赵某荣借款100万元，双方口头约定月息10%。截至2015年10月20日，苏某霞共计还款154万元。2016年4月14日，赵某荣纠集郭某林、郭某刚、苗某松、张某到源大公司讨债。当晚21时53分，杜某等人进入接待室讨债，将苏某霞、于欢的手机收走放在办公桌上。杜某浩用污秽言语辱骂苏某霞、于欢及其家人，将烟头弹到苏某霞胸前衣服上，将裤子褪至大腿处裸露下体，朝坐在沙发上的苏某霞等人左右转动身体。在马某、李某浩劝阻下，杜某浩穿好裤子，又脱下于欢的鞋让苏某霞闻，被苏某霞打掉。杜某浩还用手拍打于欢面颊，其他讨债人员则揪抓于欢头发或按压于欢肩部不准其起身。22时07分，公司员工刘某打电话报警。22时17分，民警朱某带领辅警宋某冉、郭某志到达源大公司接待室了解情况，苏某霞和于欢指认杜某浩殴打于欢，杜某浩等人否认并称系讨债。22时22分，朱某警告双方不能打架，然后带领辅警到院内寻找报警人，并给值班民警徐某打电话通报警情。于欢、苏某霞想随民警离开接待室，杜某浩等人阻拦，并强迫于欢坐下，于欢拒绝。杜某浩等人卡于欢颈部，将于欢推拉至接待室东南角。于欢持刃长15.3厘米的单刃尖刀，警告杜某浩等人不要靠近。杜某浩出言挑衅并逼近于欢，于欢遂捅刺杜某浩腹部一刀，又捅刺围逼在其身边的程某胸部、严某腹部、郭某刚背部各一刀。22时26分，辅警闻声返回接待室。经辅警连续责令，于欢交出尖刀。杜某浩等四人受伤后，被杜某岗等人驾车送至冠县人民医院救治。次日2时18分，杜某浩经抢救无效，因腹部损伤造成肝固有动脉裂伤及肝右叶创伤导致失血性休克死亡。严某、郭某刚的损伤均构成重伤二级，程某的损伤构成轻伤二级。

山东省聊城市中级人民法院于2017年2月17日作出（2016）鲁15刑初33号刑事附带民事判决，认定被告人于欢犯故意伤害罪，判处无期徒刑，剥夺政治权利终身，并赔偿附带民事原告人经济损失。

宣判后，被告人于欢及部分原审附带民事诉讼原告人不服，分别提出上诉。山东省高级人民法院经审理于2017年6月23日作出（2017）鲁刑终151号刑事附带民事判决：驳回附带民事上诉，维持原判附带民事部分；撤销原判刑事部分，以故意伤害罪改判于欢有期徒刑五年。①

如果通过正常合法的方式能够实现需要的满足，估计没有人愿意犯罪，原因在于犯罪是有风险的。从这一假设出发，我们可以发现，绝大多数犯罪人的目的并不是犯罪本身，简单地说，他们不是为受惩罚而杀人或者偷窃。他们所实施的往往是生活中经常可见的攻击、破坏等行为，并希望用此手段实现目的、满足需要。当具体行为造成了社会危害，达到刑法上认定的标准时，法律就会为其贴上犯罪的标签。

本书第一章对犯罪行为的基本形态进行了划分，包括攻击性行为、侵占性行为、控制性行为、破坏性行为，本章将对这四种行为及其相关的犯罪类型进行分析。

第一节 攻击性行为

在各种类型的犯罪中，人身暴力犯罪的发案率仅次于财产犯罪。但是，与其他犯罪类型相比，人身暴力犯罪对受害人身心的伤害以及对社会心理的影响要深远且广泛得多。所以在犯罪心理学领域，对攻击和暴力的心理学背景的研究比对其他任何反社会行为的心理学研究都多。

一、攻击行为与暴力行为

关于攻击和暴力，社会心理学的研究颇为引人关注，犯罪学领域更是做出了规范性

① 最高人民法院关于发布第18批指导性案例的通知. 最高人民法院公报，2018（9）：21-25.

的解释。这是两个不同的概念，但又存在着内在联系。

（一）攻击行为

在社会心理学中，攻击行为通常被定义为一种以直接的伤害他人为目的的行为方式，而被伤害者会试图避免这种对待方式（Baron & Richardson，1994）。攻击的概念可以在三层含义上进行理解：第一，攻击是人们能看到的外显行为。例如，你能看到的枪击、刀刺、拳打脚踢或辱骂他人。攻击不同于情绪，情绪是一种内心体验，如愤怒体验，但愤怒不一定导致攻击。攻击也并非一种大脑的思维过程，比如“彩排”一次谋杀过程。第二，攻击是一种社会行为——它至少涉及两个人，即被害人与加害人。第三，攻击是一种故意伤害。攻击不像酒后驾车撞倒了骑自行车的人一样是偶然行为。然而，并非所有的故意伤害他人的行为都是攻击行为。例如，牙医可能故意给病人注射麻醉剂，这种注射行为目标与其说是伤害不如说是帮助病人。在刑法的相关罪名中，涉及攻击的行为方式有很多，除杀人、伤害这类以伤害他人生命、身体的攻击外，还有诸多以攻击为手段的犯罪，如抢劫、绑架、强奸。

（二）暴力行为

在社会心理学领域，暴力行为是指攻击时以外在的身体伤害为目标，导致损伤或死亡的行为。一个孩子故意推倒另一个孩子，是一种攻击行为而不是暴力行为。一个人故意击打、踢打、射击或刺伤另一个人就是暴力行为。如此看来，暴力行为和攻击行为两个概念间确实难以做出清晰的划分。攻击行为更侧重行为的目的，暴力行为更侧重行为的结果与性质。有时二者的关系是一种包含关系：所有的暴力行为都是攻击行为，但并非所有的攻击行为都是暴力行为。有时是一种递进关系，暴力行为所导致的危害达到被法律认定为构成犯罪的程度时，也在总体上具有攻击的性质。美国联邦调查局将四种犯罪列为暴力犯罪：谋杀、殴打（猛烈袭击）、强奸和抢劫。我国《刑法》中所涉及的暴力犯罪范围，直接规定“暴力”为犯罪要件，如暴力危及飞行安全、暴力抗税、强迫交易、强奸、强制猥亵、侮辱妇女、暴力干涉婚姻自由、抢劫、妨害公务、妨害作证、强迫卖血等。

无差别杀人背后的犯罪动机是什么？

二、攻击性行为的类型

攻击性行为有不同的类型，我们可以从攻击的方式、对象、性质以及攻击者的动机等不同角度，对攻击性行为进行划分。

（一）身体攻击、言语攻击与关系攻击

身体攻击，指攻击他人的身体，如拳打脚踢、刀砍枪击等。言语攻击，指用言语伤害他人，如叫嚷、尖叫、辱骂他人等。关系攻击，又称社会攻击，指故意伤害他人的社会关系、间接对他人进行伤害的行为。例如，背后说某人的坏话，把他人排除在你的朋

友圈子之外，以及给予某人“静默处置”。

学术前沿

关系攻击因为是一种社会性的攻击，通常被认为更容易受到文化环境的影响。但是由于测量工具难以统一，被试选择、概念的界定都存在困难，好的关系攻击跨文化研究一直都非常难得。一项跨文化研究对日本和美国儿童的关系攻击进行了比较严谨的对比，研究者发现：卷入关系攻击的日本儿童出现抑郁症状的概率明显高于美国儿童，而美国儿童则更在意身体攻击。但是，不论是日本儿童还是美国儿童，关系攻击与犯罪等问题行为都没有显著的相关性（Simmons，2002）。

近期研究表明，缓解社会痛苦比缓解身体痛苦可能需要更长时间（Chen，Williams，Fitness，& Newton，2008）。研究要求被试回忆对他们造成的社会痛苦（如被关系很亲近的人背叛）和身体痛苦事件，评价初始痛苦程度和再次出现时的强烈程度。研究结论认为，社会痛苦和身体痛苦的初始水平并没有不同，但社会再生痛苦比身体再生痛苦强烈得多。

（二）直接攻击、间接攻击和替代攻击

攻击能直接或间接地表现出来。在直接攻击中，现场有被害人身体；在间接攻击中，被害人是不出现在现场的。例如，身体攻击可能是直接的（如击打某人的脸），也可能是间接的（如毁坏他人的财产）。同样，言语攻击既可以是直接的（如当面尖叫），也可以是间接的（如在人背后散布流言）。

在替代攻击中，攻击者会用一个替代品作为攻击目标。这些替代目标是没有做错事情的任何无辜者和碰巧在错误的时间、地点存在的人。例如，一个男人在工作期间被他的老板痛骂，他没有报复，但他回家后却冲着女儿大声叫喊。有时替代目标也不是完全无辜的，他只是犯了小错或琐细的错误（Pedersen，Gonzales，& Miller，2000）。例如一个人被老板痛骂，回家后向他的女儿大声嚷嚷，只因为他女儿忘了打扫自己的房间。替代攻击一般有三个原因：第一，直接攻击所针对的唤起者不可及（如唤起者离开了这里），或者唤起者源自不可变更的实体（如高温天气）等。第二，对唤起者进行报复或惩罚心存恐惧而抑制了直接攻击。例如，被老板训斥的雇员可能因为怕丢掉工作而不愿意报复，转而把心中的愤怒对其他人发泄。第三，对替代者进行攻击的后果预期较好，如对女儿或太太进行言语攻击，可以预期不会出现报复和难以承受的惩罚。

（三）反社会攻击与亲社会攻击

通常来说攻击是有害的，但并非总是这样，有些攻击行为却是有益的。例如，当警察将杀害无辜群众或是绑架人质的恐怖分子击毙的时候，我们都会对警察的行为叫好。这里的关键是，攻击行为违反了还是支持了被普遍接受的社会规范。无正当理由伤害他人的犯罪行为，诸如袭击、殴斗、谋杀、强奸等，都是违背社会规范的行为，被描述为反社会的攻击行为；而另外一些行为，如法院依法强制执行死刑、适当的父母教养行为，

或是战争时期对命令的服从等情况下的攻击行为，是符合社会规范的，被认为是亲社会的。

（四）工具性攻击与表达性攻击（敌意性攻击）

费什巴赫1964年根据行为者攻击的目标或攻击的回报对攻击进行分类。在工具性攻击中，行为人的动机并非攻击行为本身而是其他目标或诱因。伤害被害者有利于实现非攻击性目标，如街头抢劫。尽管可能会造成严重危害，但人们仍然认为这种攻击行为类型是一种犯罪手段而不是主要动机。在表达性或敌对性攻击行为中，其目的在于让被害人遭受痛苦。损害或伤害被害人可以缓解行为人的不愉快情绪状态。这方面已经有了广泛的研究，如有研究者认为，愤怒情绪是面对某些情况激发出的应对策略，是正常的适应反应，在某些环境中愤怒可能具有功能性，有时表现出愤怒恰恰是心理健康良好的标志（马吉尔，2004/2009）。需要指出的是，近年来有些学者认为这种二分法是存在弊端的，它没有考虑到不少攻击行为的动机是多重的。

（五）外显性攻击与内隐性攻击

根据攻击的行为模式、认知和情绪特点等，攻击可分为外显性攻击和内隐性攻击。从行为模式上看，外显性攻击通常会造成直接的身体伤害，并伴有直接的冲突，内隐性攻击则常表现为隐蔽的攻击，可通过欺骗、散布流言等手段实现。研究者发现在儿童时期，人们所表现出的攻击多是外显性攻击，随着年龄的增长，外显性攻击减少，内隐性攻击增多。从认知上看，外显性攻击者多数有敌意性归因偏差和认知缺陷，从而更容易进行与暴力相关的认知加工，而内隐性攻击者在解决人际冲突时，既没有表现出敌意归因偏差，也没有表现出认知缺陷。从情绪上看，外显性攻击中愤怒情绪是重要成分，而内隐性攻击在表面上则不具有明显的情绪色彩。

（六）反应性攻击与主动性攻击

反应性攻击是一种“热血”的攻击，它往往是在挫折下的一种反应，表现为发脾气、愤怒、敌意行为、报复行为等。而主动性攻击则是一种“冷血”的行为，它通常是一种趋向于获利的攻击行为，是一种有预谋、有目标导向的，用以影响或者威胁他人的行为（Hubbard，Dodge，Cillessen，Coie，& Schwarts，2001），包括欺凌、控制、胁迫、威胁等行为。道奇（Dodge，1991）认为，反应性攻击是在粗暴、威胁、变化无常、冷漠、虐待的环境中产生的，而主动性攻击则是个体沉浸在一个将攻击作为有效解决冲突的手段的环境中习得的。

三、攻击性行为与攻击性情绪

人的情绪与行为关系密切而复杂。在攻击性行为的研究中，人们常常将其与攻击性情绪相联系，其实二者关系十分复杂。心理学研究表明，人们的外显行为并不一定总是可以很好地反映内在情绪。有些人内心已经很愤怒了，但未必做出外显的伤害他人的行为，或者不即刻做出伤害他人的行为。有人认为，我们不能假设所有实施伤害行为的犯罪人都受愤怒的驱动，事实上只有10%的愤怒情况会导致实际的攻击性行为（马吉尔，2004/2009）。

攻击性情绪包括愤怒、敌意等。为了有效预防攻击性行为，有必要了解激起攻击性情绪的来源及其对攻击性行为的影响。

第一，遭受他人袭击或侵犯，是引起愤怒的最通常的原因。人们通常对别人的攻击做出报复的反应，“以牙还牙”，导致攻击性行为升级。例如，个体之间的口角发展为刀枪相见的群殴，家庭成员间的纷争发展为严重的家庭暴力，都是由于小的攻击引发了报复，进而使攻击的暴力性升级的情况。

学术前沿

美国联邦情报局通过分析1974—2000年美国的41起校园暴力案件发现，其中的25起，也就是61%的案件是由于报复这一动机触发的（Vossekuil，Fein，Reddy，Borum，& Modzeleski，2002）。那么，他们需要报复的是什么呢？麦库洛夫（McCullough，2008）认为是欺凌（bullying）。在这些案件中，伤害者都经历过不同程度的欺凌，这种欺凌有的是客观存在的，有的是因为其所处的环境造成当事人敏感、多疑，对外界充满敌意，甚至被害妄想产生的。这些犯罪人时常感到备受排挤、孤立，被同辈群体瞧不起、边缘化，自尊心受到严重的伤害，最后做出骇人听闻的罪行。

第二，挫折也是愤怒的来源之一。接下来将要介绍的挫折-攻击理论很好地阐明了这一问题。

第三，报复的期望，会影响到对外界信息的加工，从而强化愤怒情绪。实验研究表明，愤怒而且想进行报复的男性更倾向于记住负面信息，甚至包括那些与他们愤怒最初来源无关的信息。相反，如果没有进行报复的期望，愤怒与不愤怒的男性在对负面信息的回忆上没有显著差异（Taylor，1992）。愤怒与预期报复，使人记住更多的负面信息，使一个攻击导致进一步攻击的可能性增加。

第四，竞争性的环境，这常常是发怒、争吵以及攻击等破坏性模式的征兆（Anderson & Morrow，1995）。比如，在社会心理学中，拥挤是由于他人存在而引起的消极的主观感受。拥挤导致个人空间受到威胁，表现为缺乏足够的个人空间或个人空间受到侵犯。这在社会生物学中被认为是领地威胁。当个人空间受到侵犯时，个体会做出攻击等补偿性反应或撤离互动的情境。

第五，归因或对事件的认知评价，是影响情绪反应的重要因素。当攻击或挫折被意识到是由他人有意造成的，尤其当这些行为被归因为有挑逗、挑衅倾向时，愤怒就成为最可能的情绪反应。

一家四口灭门案，谁是背后真凶？

四、攻击性行为的理论解释

攻击性行为是如何发生的？不同的心理学家基于不同的心理学理论进行了各种各样

的解释，以下几种理论解释是比较有代表性的。

（一）攻击的心理动力理论

精神分析学之父弗洛伊德认为，人有生的本能，也有死的本能。生的本能与死的本能相互作用，依靠破坏欲保存生命。这种破坏欲以攻击的形式对外指向他人，以自杀的形式对内指向自己。因此，攻击是一种本能。各种暴力行为都是将攻击能量释放的过程，如果不加以释放就会出现危险。这就是心理动力模型，或者称为液压模型。人的内心就好比巨大的容器，当能量积聚到一定水平而无法释放时，容器就会爆炸，人就会出现毁灭性的结果。实际上，弗洛伊德指出宣泄的方法有很多。在日常生活中，人们可以通过参加具有竞争性的体育运动释放能量，如踢足球，甚至可以通过观看类似足球比赛的竞争项目达到能量释放的目的。他也提出，那些采用暴力行为释放能量的犯罪人往往缺乏日常释放能量的方式。虽然尚未有证据用以验证液压模型，但这种宣泄性的疗法在心理治疗领域影响深远。

（二）攻击的习性学理论

洛伦兹是习性学的代表人物，他认为人与动物并没有本质上的不同，攻击是人与动物共同的一种遗传本能。为了保护自己的领地不被侵犯，保护食物、水以及族群，人和动物在遭遇危险和威胁时，需要进行攻击。在漫长的生存、繁衍、进化过程中，攻击成为遗传的本能得以保存。

习性学的观点遭到很多批评，但是近年来进化心理学的观点让其成为对攻击行为的一种有力解释。进化心理学并不认为攻击是一种病理行为，反而认为这对人类很正常。从进化的观点来看，攻击是适应行为，是进化过程中自然选择的结果（Bjorklund & Hawley，2014）。

拓展阅读

很显然，物种内连续不断的身体搏斗最终会导致该物种的灭绝。因此，洛伦兹提出：物种内的攻击不是通过真实的搏斗而是通过展示力量和优势来实现的，如锋利的牙齿、斑斓的羽毛等。这种展示就是“仪式化攻击”。但是，人类发展太快而超越了抑制攻击这一进化进程，没有发展出自然武器（如锋利的爪子、牙齿）和仪式性攻击，而是发展出了技术性武器。因此，人类没有进化出保存物种的能力，反而通过超强的学习能力得到了消灭同类的能力。

（三）挫折-攻击理论

1939年，来自美国耶鲁大学的心理学家多拉德等出版了一本名为《挫折与攻击》的著作。在这本书中，作者提出挫折与攻击行为之间具有一种内在的因果关系。他们把挫折定义为：当一个人的目标受阻时所唤起的一种不愉快的情绪。该书中有两个大胆的陈述：（1）攻击行为的发生总是预先假定有挫折的存在；（2）挫折的存在总是导致一些形式的攻击发生。依照他们的观点，挫折依赖于“预期”或“希望”的目标被否定，而不是简单地达不到目标。至于挫折在多大程度上会引起攻击行为，则取决于以下四个因素：(1) 反应受阻引起的驱力水平；(2) 挫折的程度；(3) 挫折的累积效应；(4) 攻击反应可能受到的惩罚程度。后来，随着人们对挫折与攻击行为之间关系的不断关注，1941年，《挫折与攻击》的作者之一米勒在《心理学评论》上发表文章，首先修改了这一理论，认为挫折可以导致一系列不同的反应，其中之一便是攻击行为，当然还可能有其他的反应，如逃跑或找到一种绕开障碍实现目标的方法。他认为，人们通过体验学习到用攻击或非攻击的反应来应对挫折。这种思想打开了用学习理论解释攻击行为之门。

挫折-攻击理论是实验社会心理学历史上第一个关于攻击行为的系统的理论，它决定了该领域随后二十余年的实验研究和理论研究的基本方向。

（四）攻击的学习理论

最早的解释人类攻击行为个体差异的学习理论，主要集中在操作条件作用方面，有时也在较小程度上用经典条件作用做出解释。操作条件学习由行为主义心理学家桑代克（E. L. Thorndike）和斯金纳（B. F. Skinner）发展而来，他们提出了人们受到奖励后更愿意重复相应的行为，而受到惩罚后便减少相应行为的观点。巴甫洛夫的经典条件作用理论则主张通过配对的无条件刺激和条件刺激的重复出现，由无条件刺激最后诱导出与条件刺激所诱导出的反应相同的行为反应。研究表明，儿童能通过正强化（增加快乐）学会以攻击的方式行事或通过负强化来减轻痛苦。儿童通过上述条件作用，不仅学会了攻击行为，也学会了区分什么情境下攻击是有代价的，什么时候没有。通过刺激概化，他们学会了在新情境下的反应方式。将这些过程整合起来，能较好地解释攻击行为的习得过程（Eron，1987）。

然而，到了20世纪60年代早期，事实已经清楚，单纯的条件作用本身并不能解释攻击的个体差异。班杜拉（Bandura，1965）提出的社会学习理论，指出攻击的行为方式是人们通过观察和模仿他人学会的。在几个经典的实验中，他表明了那些年幼的儿童会模仿他们观察到的攻击榜样所展示的特殊攻击动作（如击打玩具娃娃，因为他们看到了一个演员的击打动作）。而且，他发展了攻击的间接体验学习概念。通过展现儿童更可能模仿的那些实施攻击后受到奖励的榜样，班杜拉认为，模仿是社会学习的关键。一个人不仅模仿他所看到的行为，而且能够基于观察做出认知推断，而这些推断导致在行为方面的概化。这些认知为处理各种情境的行为倾向的稳定性提供了一个基础。比如观察父母一方击打另一方，不仅增加了儿童的击打可能性，而且可能会增加儿童的这样一种信念，即当有些人激惹你时，用力打击对方是可以的。

（五）攻击的认知理论

20世纪80年代以来，随着认知心理学思想的发展，人们对攻击行为的研究出现了新的取向，研究者将注意力投向了社会信息加工过程对攻击或暴力可能性的重要作用。根据这一取向，攻击行为的出现和维持有赖于认知评估和其他内部过程（Dodge & Schwartz，1997）。在认知理论看来，个体对事件的归因是决定他随后行为反应的主要因素。对此，研究者格里克（Grick）和道奇（Dodge）在关于社会失调和侵犯倾向的“信息加工模型”中有详细阐述。该模型认为，对外部事件的反应是根据认知活动的序列分析出来的，包括六个过程：编码、表达、目标澄清、构建反应、下定决心和设定反应（引自马吉尔，2004/2009）。

还有一些研究者做过对比研究，试图揭示频繁攻击者与无攻击者的不同。例如，阿赫塔尔和布拉德利（Akhtar & Bradly，1991）曾回顾了对频繁攻击儿童组和无攻击的控制组的比较研究，发现了频繁攻击儿童组有以下不同：（1）对小范围的环境暗示和信息来源进行编码；（2）选择性地注意攻击暗示；（3）将敌对意图归于别人，特别是在不明确的情境中；（4）更易于将内部觉醒状态贴上愤怒的标签；（5）选择行为导向的方式而不是思考解决之道；（6）拥有更有限的互动技巧；（7）在社会问题解决中出现利己主义观点。当然，以上这些差异在个体之间还有变化，这些倾向几乎不可能全部出现在任何个体身上。无论何种环境或刺激条件，真正重要的是个体大脑对此的理解，也包括对攻击结果的预期。

第二节　侵占性行为

侵占性行为在世界各国都是容易出现的犯罪行为类型，也是刑事案件中案发率最高的（其中盗窃犯罪最多）。它不仅能造成公私财产的损失，而且容易造成民众对犯罪的恐惧感及生活的不安全感。那么，为什么会有那么多人做出侵占性行为？他们犯罪前经历了怎样的决策过程？

一、侵占性行为的内涵

要解释侵占性行为，有必要对“侵占”一词进行分析，因为“侵占”是其中的关键词。《现代汉语词典》关于“侵占”的解释是：非法占有别人的财产。《中华人民共和国宪法》第12条规定：“禁止任何组织或者个人用任何手段侵占或者破坏国家的和集体的财产。”上面两处所讲的“侵占”都是广义的，指的是侵犯财产，包括盗窃、诈骗、贪污、抢夺等各种财产犯罪，还包括侵犯财产的各种民事侵权行为、各种利用职务的行政渎职行为。我国《刑法》第270条规定的侵占罪，是指以非法占有为目的，将代为保管的他人财物或者将他人的遗忘物或者埋藏物非法占为己有，数额较大，拒不退还或者交出的行为。这里的“侵占”是从狭义上理解的，它是指盗窃、诈骗、贪污、抢夺之外的侵犯财产的一种特定犯罪行为方式。

本节所讨论的侵占性行为是从广义上界定的，即非法占有国家、集体、他人财产的一切行为。这类行为都是以“侵财”为动机。国外有研究者认为：“有证据表明大多数人在他们生活的某个时刻犯下过罪行，而这最可能的就是财产犯罪。”也就是说，这类犯罪最具有“平常人”特征，“心理因素的作用在此类犯罪中比其他类型的犯罪更小”（马吉尔，2004/2009，90页）。因此，在犯罪心理学领域，对于侵占性犯罪行为的研究远远少于攻击性犯罪和性犯罪等类型。

二、侵占性犯罪的风险知觉

侵占性犯罪的风险知觉是社会治安状况在犯罪人头脑中的投射，是犯罪人将对风险的认知和风险偏好结合在一起形成的对风险的心理表征（宋胜尊，章恩友，傅小兰，2006）。

（一）风险认知

犯罪风险是客观存在的，而个人对犯罪风险的认知却存在差异。有研究者将风险认知定义为个体评估情境有多大的风险性，包括对情境不确定性程度的概率估计、不确定性中有多少可控性以及对这些估计的信心度（杨刘敏，2007）。侵占性犯罪人的风险认知，是指其对犯罪风险的一般评估和反应，是用来描述其对犯罪风险的态度和直觉判断的一个概念。这类人在实施侵占行为时面临的最大风险是被抓住所带来的刑罚风险，包括逮捕与定罪的可能性和刑罚的严厉程度两个因素。

高估风险可以减少犯罪行为的诱惑力，而低估风险或者自信有规避风险的能力，无疑会强化选择犯罪的尝试。同样，侵占性犯罪人对风险的认知是主观的，有时甚至是直觉性的，而非经思维加工的风险认知。比如盗窃犯罪人常常认为盗窃犯罪风险是较低的，一般都存在低估风险的情况。事实上，盗窃犯罪的破案率在各种犯罪类型中处于较低水平。威慑理论认为，成功的犯罪经历倾向于破坏惩罚风险效应，对于经历过犯罪过程而又没有受到惩罚的人来说，这种经历导致个体对惩罚风险的不切实际的预期。有研究者经过调查发现，财产犯罪人对犯罪风险的认知主要属于风险偏轻型，大多数认为自己的犯罪行为可以逃避抓获。盗窃犯罪人认为相对于诈骗、抢劫等侵财型犯罪而言，盗窃的风险系数要小些。国外有学者对此进行过调查：有 2/3 的案犯认为，这类犯罪“几乎没有冒险”，有 50％的案犯根本不考虑法律的惩罚，只有 20％的案犯声称有一些考虑（引自李玫瑾，2000）。

（二）风险偏好

侵占性犯罪人的风险偏好，是指其所偏爱的风险程度，这是影响其行为决策的重要决定性因素。犯罪是一种带有风险性的活动。因为任何国家都不可能将所有的犯罪人绳之以法，所以不同的人对风险的态度是不同的。有的人生性喜欢冒险（经济学上称为风险偏好者），有的人害怕冒险（经济学上称为风险厌恶者），还有的人对风险持中性态度（经济学上称为风险中性者）（刘仁文，2007）。不同的人对相同的情境也会表现出不同的风险偏好，一个人面对犯罪收益的诱惑是否实际选择犯罪，与其风险偏好有内在的联系。

风险偏好结合风险认知所形成的侵占性犯罪人对犯罪风险的知觉，在犯罪行为决策中起重要作用。比如，许多盗窃犯罪人甘愿冒被惩罚的风险而追求犯罪的风险收益，说明他们在多数情况下是风险偏好者（沈海平，2009），而具有冒险性也被证明是盗窃犯罪人所具有的明显特征之一。

三、对成本和收益的权衡

对大多数侵占性犯罪人而言，其行为实施的过程是一个理性抉择过程，是一系列成本收益分析的结果。他们如果认为机会合适，容易得手，收益高，就可能实施犯罪活动。

（一）侵占性犯罪行为的成本

侵占性犯罪人在犯罪行为中既要耗费物质资源，又要耗费心理资源，付出相应的身心代价才能有一定的犯罪“收益”。这种资源的损耗构成了侵占性犯罪的成本。从时间上可以将侵占性犯罪行为的成本分为现实成本和预期成本两大类。

1. 现实成本

现实成本是指为从事犯罪活动而进行的直接的金钱和其他资源的投入，包括：

（1）直接成本。主要指犯罪之前和犯罪过程中必要的资金和人力投入，如购买作案工具的费用、租车费用等。不同类型的侵占性犯罪，直接成本之间差异较大，比如入室盗窃与扒窃钱包的直接成本就差距很大。直接成本与社会防控严密度呈正比，社会防控越严密，犯罪人所需要的犯罪直接成本就越大。

（2）时间机会成本。侵占性犯罪投入的时间机会成本表现为犯罪人将时间和资源用于侵占性犯罪，就必须放弃在这段时间内从事合法活动的机会和从事合法活动的收益。这种成本相对而言不是那么显而易见，一般来说，个人所能获得的合法收入越高，因为设计、组织、实施犯罪而放弃的时间机会成本就越大；相反，个人的合法收入水平越低，从事犯罪活动的时间机会成本就越小。时间越长，机会成本就越大。综合来看，犯罪的机会成本取决于个人在合法部门所能挣得的收入量，而后者又取决于年龄、性别、教育、培训、地域等。据此，学者们能够预计和解释在盗窃犯罪人当中，青少年、无业人员和低收入群体的比例，较之在总人口中的比例要高的现象（章恩友，宋胜尊主编，2011）。

（3）心理成本或道德与痛苦成本。心理成本表现为侵占性犯罪人在作案后心理上总会担心哪一天案发而受法律的制裁，还有些人在初次作案时会受到良心的谴责，有一种负罪感。对于道德与痛苦成本，因为大多数人很厌恶不法行为，面对相同的犯罪收益时，道德与痛苦成本过高的人，即社会道德感和责任感较强的人是不会选择实施侵占性行为的。

2. 预期成本

犯罪的预期成本是指犯罪人在将来支付的成本。由于将来总有某种不确定性，所以预期成本也具有一种不确定性，这是它与现实成本最大的区别。包括：

（1）预期惩罚成本。也称为刑罚风险成本，涉及犯罪人在犯罪之前对所要实施的行为可能受到的刑罚惩罚的估量，即法定刑与刑罚概率的乘积。法定刑指刑罚的严厉程度，刑罚概率指受到惩罚的可能性（包括被发现、被逮捕和被定罪的可能性）。

（2）预期羞辱成本。任何人都有羞辱感，尽管人与人之间会有所区别。在任何社会，被定罪判刑都具有一种羞辱效应，不同的罪名和刑罚幅度会有不同的羞辱力度。一个人的羞辱感越强，就越不容易决定实施犯罪。而人的羞辱感不仅与个性有关，还与其社会地位、生存处境等有关。社会地位越高、生存处境越好的人，其羞辱感也就越强。

案例分析

为切实破解执行难题，压缩恶意抗拒执行者的“生存”空间，加大对失信被执行人的惩罚与制裁，依据《最高人民法院关于公布失信被执行人名单信息的若干规定》，大同中院出台了《关于建立定期发布失信被执行人名单制度的实施意见》，决定从 2021 年开始，与有关部门合作，将两级法院部分拒不履行生效法律文书、规避法院执行的失信被执行人信息搬上城区主干道的大屏幕，每天在黄金时间段滚动播放曝光。内容包括自然人的照片、姓名、身份证号码、执行案号，法人或其他组织的组织机构代码、法定代表人姓名和身份证号码、执行案号等。该措施效果如何？如何进行保护公民隐私权与惩罚不道德行为甚至是犯罪之间的权衡？但不管如何，羞辱感对犯罪的抑制作用是不容小觑的。

（3）预期机会成本。如果某人因为犯罪行为而被查处和定罪判刑，那么他在支付刑罚成本的同时，还得支付一定的机会成本。预期机会成本是依赖于预期刑罚成本而存在的，如果预期刑罚成本很低，预期机会成本也就相应降低。对于有地位、有财富、有声望的人来说，由于预期机会成本高，所以总的来讲他们主要不是靠预期刑罚成本而是靠预期机会成本来约束自己不去犯罪。

政府官员和大学教授是几乎不会去犯盗窃罪或抢劫罪的，因为这类犯罪能够带来的金钱收益很小，同时由于预期机会成本的污点效应，他们付出的预期机会成本可能会远大于其犯罪收益。相反，对于没有社会地位和声望也没有财富的人来说，预期机会成本很低，因而约束他们不去犯罪主要靠预期刑罚成本。

（二）侵占性犯罪行为的收益

犯罪收益（犯罪获利），是指犯罪人从犯罪活动中能获得的功利性利益，是推动行为人实施犯罪的根本动因。侵占性犯罪的收益是指犯罪人通过侵占性行为能够获得的收益，包括物质性收益和精神性利益。侵占性犯罪人寻求的大都是物质性收益，也有研究发现部分侵占性犯罪中存在一定的精神性收益。

不同的侵占性犯罪行为，其收益是不同的。例如，在盗窃犯罪中，小偷扒窃行人的钱包与入室偷盗，二者的犯罪收益就不同，一般后者的犯罪收益要高于前者。

（三）侵占性犯罪行为决策

犯罪的成本与收益确定以后，犯罪人将综合考虑各种情况，做出选择，经济学称之为成本收益分析、理性决策。社会生态学则更愿意将罪犯看成一个“战略投资者”：“进行预测规划，脑海里进行预演，对成本收益进行计算。”（章恩友，宋胜尊主编，2011，148 页）

以盗窃犯罪为例，如果把盗窃犯罪人视为能够对自己行为做出理性判断的个体，那么盗窃可以作为一种职业选择，一个人盗窃的原因就是盗窃能为其提供比其他可选择的合法职业更大的净收益。显然，只有当犯罪的收益大于犯罪成本的时候，犯罪人才会从事犯罪活动。盗窃犯罪的成本越高，盗窃行为发生的概率就越低，即盗窃犯罪的成本同其犯罪行为发生的概率呈反比关系。对盗窃犯罪的成本进行分析可以看出，在现实成本中，犯罪人的直接成本（如作案工具等）相当于一种固定成本。随着作案次数的增加，其平均成本将越来越低。每次要花费的时间相当于可变成本，窃贼会根据作案对象的可获利益的多少来支付时间成本。心理成本会随着作案次数的增加而递减，最后趋于零。这是因为随着次数的增加，窃贼的道德准则和价值观念会发生蜕变，心中只有偷窃成功的窃喜，不再有负罪感（贺文华，2007）。盗窃犯罪的预期成本是犯罪人主要考虑的成本，预期机会成本和预期羞辱成本都建立在预期刑罚成本的基础上。预期刑罚成本其实是一种或然成本，表现为一个概率事件，概率的高低又与窃贼的作案手段、居民的警惕性、警察的责任心和办案能力等因素相关。预期刑罚成本可以用刑罚的严厉程度与被惩罚的可能性的乘积来表示，犯罪人一般会以自己的风险知觉综合两者来形成刑罚风险知觉，从而对其犯罪行为决策起到重要作用。

1. 理性“经济人”的角度

该视角源于传统的理性决策模型，往往将决策者假设为完全理性人。有研究者试图用公式来表明盗窃犯罪行为决策中对成本和收益的权衡，并体现其与犯罪发生率的关系（引自章恩友，宋胜尊主编，2011）。

设盗窃成功的概率为 P_1，得到的收益为 R，盗窃被发现但没被抓住的概率为 P_2，盗窃被发现并且被抓住的概率为 P_3，其中 $P_1+P_2+P_3=1$，那么其获得的预期收益为 $R_E=P_1R+P_2\times 0+P_3\times 0=P_1R$。

设现实成本为 C_1，预期成本为 C_2，则窃贼的犯罪成本为 $C_E=C_1P_1+C_1P_2+C_2P_3=C_1(P_1+P_2)+C_2P_3=C_1(1-P_3)+C_2P_3$。

长期来说，理性的窃贼必须遵循 $R_E>C_E$（预期收益>犯罪成本）。一方面，R_E（预期收益）取决于 P_1（作案成功的概率）和 R（作案得到的收益）的大小，R 取决于猎取的对象价值的高低，P_1 取决于窃贼作案能力、社会提供的作案机会。另一方面，C_E（犯罪成本）取决于 C_1（现实成本）、C_2（预期成本）和 P_3（作案被发现且被抓住的概率）。由于 C_1 远小于 C_2，窃贼的 C_E 主要取决于 C_2P_3，而 C_2 与社会的惩罚机制和惩罚力度呈高度正相关，P_3 与居民的警惕性、警察的责任心及办案能力呈正相关。如果惩罚不力且盗窃被抓住的概率 P_3 很小，则作案数量 Q 有可能增加。因此，为了降低作案的数量，必须提高犯罪成本 C_E，即通过提高 C_2 和 P_3 实现。

首先，当达到边际效应（即当预期收益等于犯罪成本）时，随着作案次数 Q 的增加，边际收益 R_M 不变（如图 5-1 中 Q-R_M 函数关系图所示）。其次，窃贼行窃的作案次数 Q 与边际成本 C_M 的函数关系呈现为U形曲线（如图 5-1 中 Q-C_M 函数关系图所示）；窃贼行窃的边际成本 C_M 主要取决于现实成本 C_1 与预期成本 C_2，故在前半段，随着作案次数 Q 的增加，现实成本 C_1 被稀释，边际成本 C_M 将会呈现递减趋势；在后半段，现实成本已趋近临界值，而预期成本 C_2（惩罚机制和惩罚力度）大大提高，边际成本 C_M 将会呈现递增趋势。最后，窃贼行窃的边际成本 C_M 还与 P_3（居民的警惕性、警察的责任心及办案能力）高度相关。如果社会治安混乱、警察责任心不强、办案能力低，则作案次数 Q

就会激增，R_M与C_M的交点处于C_{M1}曲线上的A点，窃贼会根据$R_M=C_M$来实现不法利益的最大化，此时最大作案次数为Q_1；如果居民的警惕性高、警察办案能力强，社会就会变得安定，根据$R_M=C_M$原则，作案次数Q就会减少，C_M曲线将会左移至C_{M2}，R_M与C_M曲线的交点将会是B点，此时最大作案次数将会是Q_2（如图 5－1 中 $Q-C_{M1}/C_{M2}$函数关系图所示）。

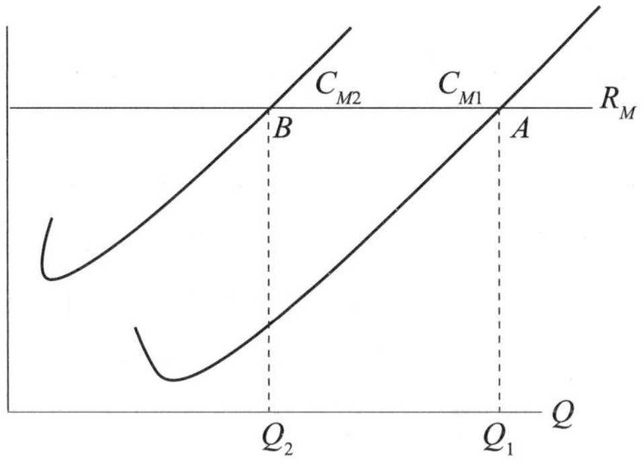

图 5－1　盗窃的边际效应图

2. 有限理性的角度

盗窃犯罪的收益是一种风险收益（在此意义上，如同赌博），存在很大的不确定性，在盗窃犯罪决策中窃贼存在风险水平上对损失和收益的权衡。人们在行为决策时，不可能精确地计算每件事的“成本”与“收益”。由于信息不完全性等种种条件的限制，行为达到“利益最大化”几乎是不可能的。选择犯罪总是为达到预期目的，预期目的与客观结果是否一致对选择行为并不重要，从根本上说，人的行为不是由未来的结果引导的，而是由对未来的某种心理表征指引的（马皑主编，2006）。在此意义上，有研究者提出了犯罪行为人做出犯罪决策时的“有限理性”理论。而盗窃犯罪人对成本和收益的权衡也存在有限理性的特点。

经典回顾

最后通牒博弈是最常使用的经济学实验范式之一：由一名提议者向另一名响应者提出一种分配资源的方案，如果响应者同意这一方案，则按照这种方案进行资源分配；如果不同意，两人就会什么都得不到。按照理性人假设，无论提议者将多少资源分给响应者，响应者都应该接受，因为这总比什么都得不到好。但实验结果表明，只有当提议者肯拿出足够多的资源时，响应者才会同意。因此，这个实验被认为证明了人的有限理性。

在成本和收益的权衡上，卡罗尔（Carroll）曾以下列实验来检验行为人在犯罪实施前可能考虑到的因素。他给被试四个独立的维度变量：获益的可能性、损失的可能性、获益的数量和惩罚的严厉性。被试包括被监禁中的成年人和未成年人。结果表明，许多被试在选择犯罪机会时仅注意到了一个维度，而对其他三个维度要么忽略，要么以一个或两个维度为基础做了微量调整。整合基础上的全方位判断几乎不存在（引自宋胜尊，傅小兰，2005）。

在风险知觉或对犯罪的预期刑罚成本的权衡上，被刑罚的可能性影响相对于刑罚的严厉性要大些，这就是贝卡利亚所说的“刑罚的威慑力不在于刑罚的严酷性，而在于其不可避免性”。设想如下两种情形：一种是惩罚非常严厉，如无期徒刑甚至死刑，但行为人被发现和被惩罚的可能性低于50%；另一种是惩罚的严厉性较低，如仅为有期徒刑，但被发现和被惩罚的可能性较高，如高达80%。哪种情形更能促使犯罪人不做出犯罪的决策呢？根据贝卡利亚的前述观点，自然应是后者，因为行为人在犯罪时往往首先想到的并不是惩罚有多严厉，而是能不能被发现和被抓住（引自刘仁文，2007）。

大部分的盗窃犯罪也都会涉及对犯罪对象的去人性化，虽然这与暴力犯罪中经常发生的去人性化相比具有不同的意义。这种去人性化主要是指一个人或一群人会将其他的个体仅仅看作物品而不是人。当一个人看不到他人作为人的特征时，他就会很轻易地对对方实施不人道的行为。因此，违法者更倾向于将他们的犯罪对象看作物品而非人类。在大部分的盗窃和入室盗窃案中，罪犯往往避免直接与犯罪对象正面接触，从而可以避免直接面对被害者，体验受害人在经济、社会与心理上的痛苦。由于缺少被害人，罪犯的内在价值与社会约束将不那么起作用，这使得他们可以更容易地压抑、否认自己的犯罪行为，并为自己的犯罪行为寻找借口（科特·巴托尔，安妮·巴托尔，2016/2017）。

第三节　控制性行为

在形形色色的犯罪行为中，有些人出于各种各样的动机，通过控制他人身体或精神的方式达到一定的目的。比如，诈骗就属于典型的通过暗示、欺骗手段，左右他人意志的行为；行贿就是通过控制他人的权力，间接地利用该权力，实现自己的目的；刑讯逼供则采用暴力方式剥夺他人合法权利；绑架属于控制他人的身体与自由；拐卖妇女儿童涉及对身体、自由、精神的多种控制。众所周知，公民的人身自由权，只有依法律规定被法律授权的单位才能依法剥夺，除此以外，任何单位和个人均不得剥夺。因此，各国法律都对这类行为作为犯罪加以禁止。

一、控制性行为及其动机

在犯罪领域，所谓控制性行为，是指以诈骗、贿赂、绑架、拘押、禁闭等强制措施或者其他方法，非法剥夺他人身体自由或控制他人心理行为自由的犯罪行为。在刑法中，涉及控制性行为的罪名最典型的是非法拘禁罪，其侵犯的客体是他人的身体自由权。所谓身体自由权，是指以身体的动静举止不受非法干预为内容的人格权，亦即在法律范围内按照自己的意志决定自己身体行动的自由权利。公民的身体自由，是公民正常工作、生产、生活和学习的保证，失去身体自由，就失去了从事一切正常活动的可能。

非法拘禁他人的动机是多种多样的。有的是因法制观念差，把非法拘禁视为合法行为；有的是泄愤报复，打击迫害；有的是不调查研究，主观武断、逼取口供；有的是闹特权，耍威风；有的是滥用职权，以势压人；有的是居心不良，另有所图。不论出于什么动机，只要具有非法剥夺他人人身自由的目的，故意非法拘禁他人，即构成非法拘禁罪。如果非法剥夺他人身自由是为了其他犯罪目的，其他犯罪比非法拘禁罪处罚更重的，应以其他犯罪论处。

在犯罪学领域，邪教犯罪近年来备受关注。邪教组织或其教主披着宗教信仰的外衣，通过对教徒实施身体与精神的双重控制，实施各种违法犯罪活动，甚至实施反科学、反社会、反人类的犯罪活动。在邪教犯罪中，邪教组织和教主就实施了控制性犯罪行为。其行为动机极其复杂，有的是为了敛财，有的是为了显示权威，还有的则是出于更加不可告人的邪恶动机（如反政府、反社会等）。

本节将重点对邪教犯罪及其心理行为控制问题进行论述。

二、邪教与邪教犯罪

邪教犯罪是当今人类社会面临的最危险、最复杂的犯罪现象之一。据统计，当今世界上存在 10 000 多个邪教组织，信徒数亿人。仅在美国就有 2 000 多个教派，欧洲也有 1 000 多个。自 20 世纪 90 年代以来，邪教组织犯罪呈现出愈演愈烈的趋势，引起了世界各国政府和人民的关注与担忧，被称为与恐怖主义同样可怕的“欺世恐怖主义”。在我国，这一类型犯罪的典型是“法轮功”邪教组织犯罪。

（一）什么是邪教

关于邪教，西方有研究者倾向于从心理学和社会学意义上界定，认为它是指那些采取可能破坏（搅乱）或严重损伤其信徒的固有性格这样一种胁迫手段来招募徒众和传布教义的团体或集群、那些为了自己的存在而完全（或严重）破坏其信徒同原有的社会生存环境乃至同其自身的感情联系及有效沟通的团体或集群，以及那些用其自身的运作机制破坏、践踏在一个法治国家里被视为不可侵犯的法定权利的团体或集群（罗德里格斯，2000/2001）。也有研究者用“邪教关系”这个词组来更为精确地表述一种邪教组织的活动与教徒间的相互影响。所谓邪教关系，是指一个人有意劝诱其他人完全地或几近完全地在重大生活决策上依赖于他，同时向这些追随者反复灌输一种信念：他具有某种特别的天资、天赋或知识（辛格，1996/2000）。

我国研究者偏重于从政治学和法学层面对邪教组织的范畴进行界定。即“邪教组织”指的是冒用宗教、气功或者其他名义建立，神化首要分子，利用制造、散布迷信邪说等手段蛊惑、蒙骗他人，发展、控制成员，危害社会的非法组织（2017 年 1 月 4 日，最高人民法院、最高人民检察院出台《关于办理组织、利用邪教组织破坏法律实施等刑事案件适用法律若干问题的解释》）。

（二）邪教的本质特征

邪教的本质特征主要如下：一是邪教对其信徒实行精神控制。精神控制是邪教最本质的特征，是用某种理念、机制、群体目标对个体的心理与行为实施约束，使其心甘情愿地去接受和遵从。目前世界范围内最常使用精神控制手段的组织是：恐怖主义、邪教和传销。二是极端的、绝对的教主崇拜。在邪教组织内部，教主就是唯一的神，教主的话就是教义和无上的命令，邪教组织内部绝不会允许质疑教主的权威，甚至不允许对教主的话进行讨论，只能是无条件的绝对服从。例如，日本的“奥姆真理教”要求信徒绝对服从麻原，教规对信徒十分严厉。有许多加入该邪教组织的人“下落不明”，其中不少人实际上被麻原为首的犯罪团伙杀人灭口。一些企图逃跑、退会的信徒只要被发现，就会遭到严刑拷打，之后会被扔进昏暗、阴湿的小房间，断水断食，直至饿死。三是偏激的、狂热的末日劫难说。很多邪教都向信众宣传末日劫难，原因在于末日说让信众恐慌，有利于加强邪教组织对信徒的控制。如太阳圣殿教宣扬末日说，只有他的信徒才有超凡能力，曼森家族发动末日种族和阶级战争，扬言只有他的信徒才可以存活下来。四是反社会、反人类、反理性、反道德。邪教本质的第四个特点是对于现有社会秩序、价值观、道德的摧毁。例如，不少邪教都有组织信徒自焚、放毒气等追求“升天”，抛弃“臭皮囊”的行径，一些邪教甚至利用色诱等方式引人入教，在教众中鼓吹淫乱，甚至有性侵儿童的恶行。五是不择手段地进行敛财。邪教组织通过授课、治病、出书、出售药膳，甚至指导投资等方式大肆敛财，以“奥姆真理教”教主麻原为例，他被捕时，搜出了7亿日元和10千克金条。

法国情报总署总结出邪教的十个特征：邪教对其信徒实施精神控制；通过信徒大肆敛财；让其信徒脱离正常社会生活；多有侵犯或损伤信徒身体的行为；吸收儿童入教；具有反社会性质；扰乱社会正常秩序；不断引发司法纠纷；经常性转移资金；试图渗入公共权力机构，以求扩大其影响。

拓展阅读

宗教与邪教的区别主要有四个方面：一是崇拜的对象不同。宗教的崇拜对象尤其特定的神，是客观唯心的神，创教者是神的使者，只有死后才可能成为神；而邪教的崇拜对象就是教主本人，教主是唯一的神。二是追求的目标不同。世界上的主要宗教基本都是劝人向善的，教导信众在现世隐忍、友爱、积德等，获得来世的福报；邪教是引导人向恶的，虽然有些也打着“真、善、忍”等旗号，但观其行为是让人误入歧途，产生伤害自己、他人和社会的行为。三是实现手段不同。世界上的主要宗教是经过长期积淀形成的，使用严格的教义和教规对信徒进行约束，而邪教宣扬神力、奇迹，粗制滥造非法出版物，打着伪科学的旗号，以教主为核心，通过秘密联系、欺骗、威胁、恐吓、限制自由等手段对信徒进行控制。四是功能不同。虽然宗教是客观唯心主义世界观，与科学的唯物主义世界观不同，但其不具有对个人和社会明显的消极影响，我国《宪法》规定“中华人民共和国公民享有宗教信仰自由”。而邪教对个人而言，能让其身心俱损、走火入魔；对家庭而言，常导致众叛亲离、家庭破碎；对社会而言，欺财骗民、祸国乱政。其危害之大，国家、社会、个人需坚决抵制邪教，对邪教说“不”！

三、邪教犯罪中的心理行为控制

邪教犯罪中最让人费解的（也是邪教犯罪行为的发生机制）就是邪教组织及教主对

邪教徒的心理行为控制。有些研究者称之为“洗脑”“思想管制”“精神控制”等。这里主要对其心理作用原理加以分析。

国内外均有研究者对此做过研究，如有心理学家探讨了受邪教环境控制、洗脑前后教徒的态度变化情况，提出解冻期、转变期、重新冻结期三大阶段（哈桑，1990/2001）。我国有研究者提出，对教徒的心理控制所使用的手法原理有感觉剥夺与反复强化、暗示与催眠、偶像崇拜与服从、从众与去个性化等（焦其和，2003）。综合各项研究，我们可以从时间顺序上分析每个阶段发挥作用的心理原理。

（一）网罗教众

邪教组织通常以满足人们的基本需求或某种迫切需要为诱饵。邪教网罗信徒的工作通常都是以隐蔽的方式进行的，或通过套近乎、讲交情的个别接触（经常是以向遇到某种麻烦的人提供支持或帮助开始），或通过有掩护身份的招募人员（通常很难让人联想到其所属的邪教）向选中的对象推荐各类活动和培训班，以达到成功接近的目的。人作为社会动物，都有亲和动机。心理学研究表明，在引起较高焦虑的情境下，个体与别人亲近的需求就会增加（引自张春兴，1994）。邪教组织对于有意识或在潜意识中强烈渴望被爱护、被关怀的人有着极强的诱惑力。对这些有着强烈心理需要的人，邪教有可能会给予他们所谓指导、爱护、关怀、归属感、个人冲突的解脱和这些人迫切寻求的自我控制力。而招募人员对一些正被焦虑、压抑、孤独和恐惧等负性情绪或问题困扰的人尤其敏感，瞄准那些看起来较脆弱和孤独的人，戴着伪善的面具主动接近，一旦成功，就派教徒经常前去探望，提供其需要的帮助，并许诺解决其问题。处于软弱、无助状态或缺乏社会认同的人很难抗拒这样的吸引力，导致他们在自愿的情况下进入了邪教，这也为下一步被邪教控制操纵打下了基础。

（二）教化

邪教组织内部通过演讲、建议、奖惩和其他手段使信徒对过去的行为和选择感到不安。当他们回想起所处的世界、自己的行为和价值观时会感到困扰，并被暗示他们过去所做的都是错误的。这种回想过程让信徒困惑不解，不知道哪些是正确的、该做什么以及如何选择。在信徒正常的世界观发生变化时，邪教组织会使用感觉剥夺与反复强化的手段给他们灌输新的世界观。当邪教组织攻击信徒以往的世界观，使他们困惑、内心混乱时，还要求他们不能说出这种困惑，也不能反对它，教主会不停地提问题、不停地对付信徒的抵触。通过这一过程，信徒内心的信念被剥除了。而且，如果他们感觉身体疲劳的话，这种效果就会更加明显，这就是邪教必须使信徒过度劳累的原因。

案例分析

哈利参过军，30岁以前他对自己都很有信心。但是当他加入了一个邪教组织以后，领导者反复告诫他话不能说得太快，这是他过去邪恶的象征。他就这样被告知、被教诲。不久，哈利似乎失去了自信，甚至对自己在部队中战绩的记忆都感到怀疑。这样，他以前对自己的态度及其行为方式就被解冻、剥除了。

许多邪教组织利用“困境”技巧或者其他的批评手法达到动摇教徒已有观念和行为的目的。

（三）转变

在此阶段，信徒逐渐意识到接受教规、使用教派思维能减少恐惧、焦虑等负性情绪。而且随着在邪教环境中时间的持续，信徒的个人经历和邪教组织紧密关联并相互作用，使其心理和行为不断得到强化。

在此过程中，邪教组织会通过剥夺人的支持体系和独立行动能力使人产生无力感。一种方法是剪断以往的友情和亲情网，有时还会迁到偏僻之处居住，使信徒脱离正常的社会环境。另一种方法是剥夺人的主要职业和财富来源。为达此目的，许多邪教组织让成员辍学、放弃工作或职业，上缴财产、遗产及其他资产给组织，造成对组织的依赖感及个体的无力感。随着无力感的增加，信徒的自信心逐渐削弱，常常感到沮丧，导致他们更广泛地采纳邪教的建议，同时更加依赖环境。

“感觉剥夺”在这一阶段也经常被运用。信徒宝贵的睡眠时间常常被剥夺，思维一片混沌，理性思维能力被限制。有的同时采用思维闭塞的手段，杜绝向教义或领导挑战的任何思想、言语和信息。比如，在印度“克利须那”教派中，信徒不准询问、怀疑或“思考”。一有“思考”浮现，他们便唱起“克利须那，克利须那”。默念也被用来闭塞思维（哈桑，1990/2001）。这样长期被封闭在邪教的生活圈子里，与外界隔绝，他们的视野会变得狭窄，意识变得模糊，感觉敏锐力下降，甚至失去对现实世界的正确理解和判断能力。

（四）教徒形成

以上三个阶段之后，伴随着痴迷的生理反应，信徒们最终在心理和行为上彻底转变为“忠诚”于教主和教规的邪教徒。他们心里只有“教主”“师傅”，自愿放弃自我，愿意为组织奉献一切。他们既不会抱怨组织的活动，也不会对所谓宗师、领袖或组织者的权威提出任何质疑，并且非常难以脱离，由此产生了一批始终微笑不抵抗又勤劳的教徒。

第四节　破坏性行为

瞿某因前女友与刘某交往而心生不满，于 2021 年 4 月 27 日，使用美工刀将刘某的小型汽车左前轮刹车管割断。当晚，刘某在驾驶该车途中发现刹车失灵，所幸未造成人员伤亡。

同月 29 日，瞿某又持针筒注射器欲扎破刘某车辆轮胎，因被刘某及时发现未能得逞。经鉴定，刘某小型汽车的制动管路系被人为损坏，行驶时存在重大安全隐患。

法院审理认为，被告人瞿某割断他人汽车刹车管的行为，足以使车辆发生倾覆、毁坏的危险，该行为已构成破坏交通工具罪，依法判处被告人瞿某有期徒刑三年。[①]

破坏性行为是常见的犯罪行为类型之一，通常会造成较为恶劣的社会影响，如爆炸、纵火等。那么，破坏性行为具体有哪些类型？破坏性犯罪行为的动机是什么？近年来的破坏性犯罪行为集中在哪些方面？该类犯罪人在破坏性犯罪中一般会表现出什么样的心理行为特征？

一、破坏性行为及其动机

在犯罪领域，所谓破坏性行为，是指爆炸、投毒、纵火以及故意毁坏公私财物的犯罪行为。在刑法中，涉及破坏性行为的罪名有很多，如破坏生产经营罪、破坏财产罪、破坏交通工具罪、破坏监管秩序罪、破坏电力设备罪、破坏耕地罪、破坏选举罪等。我们可以将破坏性行为分为几种：一是对物的破坏，如纵火罪；二是对关系的破坏，如破坏军婚罪；三是对特别规定或秩序的破坏，如破坏金融管理秩序罪、破坏社会主义市场经济秩序罪等。

从主观方面讲，破坏性犯罪行为的动机各种各样，一般是出于占有、泄愤、报复、嫉妒，或出于个人恩怨而产生的不正当心理追求，如憎恨、厌恶、不满等。至于产生这些不良动机的原因更是多种多样，如有的人因受到领导或他人的批评而产生不满，有的人因自己的要求没有得到满足而产生不满，有的人因嫉妒他人的成绩而心怀不满，有的人因与他人发生冲突而心生不满，有的人因厌烦工作而产生不满，有的人因个人信仰或民族意识而对其他集团产生不满，等等。

破坏性行为与其他犯罪行为的不同往往体现在行为目的上，比如在侵犯财产犯罪中，一般的侵占性行为是出于贪利动机将财物据为己有，而破坏性行为则是出于泄愤报复等动机故意毁坏财物。

在犯罪学领域，近年来关于破坏性行为比较关注的有恐怖犯罪、纵火犯罪、投毒犯罪等，本节将对恐怖犯罪和纵火犯罪及其心理行为特征进行分析。

二、恐怖犯罪及其心理行为特征

目前，世界上许多国家或地区都受到恐怖活动的袭扰。当今世界，劳动力和资本的自由流动、国内问题国际化、国际问题复杂化，以及科技的突飞猛进，使恐怖活动出现跨国化、国际化特点，各国恐怖组织的合作、交流、互动性大大增强，其危害性越来越大。

美国联邦法律将恐怖主义定义为“为某种政治或社会目的，意在威胁或者胁迫政府、平民或其他任何目的，而对人身或财产非法使用武力或暴力”（引自科特·巴托尔，安妮·巴托尔，2016/2017，333 页）。

---

① 为泄愤割断他人汽车刹车管 破坏交通工具罪获刑三年．中国法院网，2021－09－03.

（一）什么是恐怖犯罪

所谓恐怖犯罪，是指个人或组织为实现某一特定目标，系统采取暗杀、劫持、绑架人质等暴力行为或其他危险方法，制造恐怖气氛、扰乱社会公共秩序的行为（章恩友，宋胜尊主编，2011）。

恐怖犯罪可以说是破坏性犯罪行为的极端表现。恐怖手段多为实施暴力或其他严重破坏性、毁灭性手段，且往往以高科技及其成果为工具。这一特点在爆炸案件、暗杀案件、劫机案件、炭疽杆菌案件中有明显反映。突出的是2004年5月伊拉克武装分子因报复美英联军“虐囚”而将美国在伊平民伯格“斩首”的血案。实施恐怖活动的手段越来越具有科技含量，据英国《新科学家》杂志披露，恐怖分子在2003年的一次袭击中使用的炸弹已经不是常规炸弹，而是杀伤力巨大的科技武器“热压弹”或称完全燃料炸弹。恐怖侵袭的目标有政府要员，“基地”组织曾经甚至悬赏美国总统布什和联合国秘书长安南的人头。但他们的袭击更多时候没有明确目标，无辜平民成为他们发动恐怖袭击、制造恐怖气氛的“靶子”。2001年美国“9·11”事件不仅造成约4 000人死亡，而且对美国经济发展、国民信心、国内安全政策及国家对外政策等都产生了重大影响。

恐怖犯罪往往具有特定的政治性背景，很多时候是在狂热的政治情感驱使下发生的。政治因素成为推动犯罪人实施恐怖活动的内在动因。犯罪人通过暗杀、绑架、爆炸等犯罪行为，制造恐怖和惊慌来影响公众心理和立场，对政府施加压力和威慑，以实现其政治目的或其他社会目的。如2004年3月之后，伊拉克武装分子先后绑架多国人质，并杀害多人，其目的就在于要挟、恐吓各国政府从伊拉克撤军。

（二）恐怖犯罪的行为人心理特征

恐怖犯罪人能够做出各种疯狂的犯罪行为。那么，他们究竟有怎样的心理特征？综合学者们的研究，这里从认知、情绪情感、意志、人格等方面的特征加以分析。

1. 认知特征

恐怖犯罪人的认知特征主要表现在以下四方面：

（1）认知方式的偏执性。恐怖犯罪人由于受一定社会历史背景、文化、意识形态等的影响，尤其是受一定区域亚文化因素的影响，容易形成偏执的认知方式。具体表现为固执、偏激、多疑等特点。

（2）思想意识的歪曲性。恐怖犯罪人多受极端民族意识和极端宗教思想的影响，以及亚文化的熏陶，头脑中形成了一系列歪曲的意识内容。比如在恐怖主义文化中，滥用暴力、残杀无辜不但是合理的，而且是正义的甚至是神圣的。

（3）蔑视法律。恐怖犯罪人在接受极端民族意识、极端宗教意识等洗脑式的训练中，在个体需求与客观现实的冲突中，在反社会意识的驱使下，应用“合理化”的心理防御机制，置国家法律于不顾，崇尚暴力，选择极端暴力来实现其愿望。比如，他们以正义、上帝、真主、民族等的名义，可以蔑视现实社会的一切规范、规则和禁忌，随心所欲。

（4）归因偏见。恐怖犯罪人面对别的群体或组织，面对政府的某项政策，甚至面对社会民众的一句话、一个行为、一件事情，都会持怀疑态度，都会认为其他群体、组织或政府“别有用心”“是圈套”“是迫害”“是强者对弱者的欺压”，进而不断扩大事态。

拓展阅读

班杜拉认为恐怖分子可以通过弱化语言来进行认知重构（另外两个途径是道德辩解和优势比较），从而合理化自己的恐怖行动。当人们的行为被贴上“无害”或中性的标签时，人们会表现得更加肆无忌惮和残忍。因此，恐怖分子不说“杀人”而说“消耗”，不说“爆炸任务”而说“为目标服务”，不称炸弹为炸弹，而叫作“垂直散开的清除人员装置”。这种假定基于一项著名的研究，该研究认为：语言塑造思维方式，而思维方式则是许多人行为的基础。

2. 情绪情感特征

有学者认为：“对世俗社会的极端失望和对敌手的极端仇视、对自己追求目标的极端绝望，使恐怖分子大多持有一种极端麻木冷酷的情绪状态，根本谈不上同情怜悯之心。”（张保平，2003，56页）

（1）自卑的超越性。恐怖犯罪人大多生活于经济落后地区，他们在社会发展、科技进步，以及现代化观念的冲击中，会产生强烈的自卑情绪。他们在信仰、追求无法实现的状态下，内心绝望，并长期压抑。当某种外部势力或力量稍有举动，他们就会积极、踊跃地以暴力来实现自卑的超越，以此昭告世人不能轻视他们的存在。

（2）愤怒的易燃性。基于共同的信仰、歪曲的人生哲学，并在长期积压的消极情绪基础上，恐怖犯罪人会将因小事引发的愤怒情绪在组织内迅速传播，使之演变为群体的愤怒，进而在愤怒情绪的催化作用下，推动暴力犯罪行为的发生。

（3）仇恨体验的深刻性。仇恨是恐怖犯罪人最为典型的情感特点，恐怖组织的极端犯罪行为往往就是在日积月累的歧视、偏见、仇恨中爆发的。对世俗社会的失望、对强势力的仇恨，以及对实现目标的绝望，使恐怖分子对生命感觉麻木，无所畏惧，只要组织需要，他们随时可献出生命。

3. 意志特征

恐怖犯罪人在意志品质上具有坚忍性、残忍性。与一般暴力犯罪不同，恐怖犯罪活动绝无临时起意或偶发性情况，都是在精心策划下，有目的、有计划、有步骤地进行，并在所谓不屈不挠地克服困难中实现的。在此过程中，一是要克服明知违背道德和法律，仍然要坚持下去的动机冲突；二是要克服自身的恐惧和紧张情绪；三是要克服犯罪行为实施中有可能遇到的各种障碍。在整个犯罪过程中，恐怖犯罪人表现出十分坚定的意志力。

拓展阅读

对于恐怖主义原因和动机的分析可以分为多个水平。一些研究者关注个体层面，他们从个体的特点和经验出发，寻找加入恐怖组织的原因；一些研究者关注群体过程，关注恐怖组织是如何吸引和维持群体内成员的关系的；一些研究者关注社会层面，从不公正感知、社会和经济剥夺角度探索原因。实际上，这些不同水平或层面的分析需要整合起来，例如：一个需要社会归属感的个体极有可能加入一个鼓励同一性的群体，而这个群体的同一性往往建立在持续不断的冲突所产生的不公平感之上。

资料来源：布朗，坎贝尔主编，2010/2013，396页。

4. 人格特征

根据国内外学者的研究，可对恐怖犯罪人的人格特征做如下概括（引自赵桂芬，2007）。

（1）有较高的智能。有研究指出，极端宗教组织的领导人具有五大典型特征：第一，他们年轻，大多数是二三十岁；第二，80%的人是大学生或研究生；第三，半数以上来自精英院校或来自智力要求较高的专业技术领域，如医学和工程领域；第四，70%以上的人来自下层中间阶层，即“中等而不贫穷的背景”，是他们家庭中第一代受到高等教育的人；第五，他们在小城镇或农村度过童年，但成了大城市的居民。可见，学生和知识分子组成了极端宗教运动中的骨干和突击队，大多数活跃分子是由城市中间阶层构成的。从统计来看，个体恐怖分子一般具有较好的教育背景。也有研究者从行为分析的角度提出，很多恐怖分子具有平均水平以上的智能。研究者强调恐怖分子的理性并且把他们看成冷静的、符合逻辑的、有计划性的人，他们的回报是意识形态的或政治的，而不是金钱。

（2）有较强的压抑感。恐怖分子所在群体的特殊性及恐怖任务的要求，使他们具有高自律性，自己的行为受他人的支配，言行与群体其他成员高度一致。长期的高自律性会导致恐怖分子在心理上产生压抑感。恐怖组织要求在意识形态上绝对一致化。在这样的群体中，作为个人的恐怖分子一般是不能任意表达自己观点的，他们必须服从在群体中占主流的思想、观念和信仰。作为有思想的个体，他们必然有自己不同于他人或社会、群体的认识。然而，在恐怖组织中，他们被假定是无个人思想的个体。这种意识形态的一致性，对恐怖分子来说，一方面是他们所追求的，但另一方面也抑制了他们思想的自由表达。

（3）冒险敢为。恐怖犯罪人所采用的犯罪手段，既包括直接使用暴力，也包括使用暴力或其他破坏手段相威胁。犯罪人直接使用的暴力手段有很多种，如爆炸、暗杀、绑架、劫机等。一方面，这些手段破坏性强，极具杀伤力，能够造成众多人员伤亡和财产被毁的严重后果，严重影响民众的安全感。另一方面，实施这些手段的个体也将自己置于一种高度紧张和危险的情境中，这种情境要求置身其中的人必须具有所谓敢于冒险和不畏惧死亡的精神。恐怖分子冒险敢为的人格特征的形成，与以下因素有关：一是对组织宗旨的强烈信仰使其淡化了个人利益，甚至是生命；二是他们自身可能具有强烈的攻击性特质。

（4）狂热性。人们经常将恐怖主义者“标记”为狂热分子，在导致自我毁灭，如自杀性爆炸的行动中，人们尤其持此种看法。极端宗教型恐怖分子的狂热性，一方面与其对宗教的偏执信仰有关，另一方面与他们对社会现实的强烈不满有关。在整个民族都信仰同一宗教的环境中，个体在社会化的过程中，在其认知与情感活动中，都被深深地打上了宗教的烙印，这种烙印支配着他们的人生态度、价值观等。

三、纵火犯罪行为模式及动机

纵火犯罪，就是故意放火或放任火灾发生，以损害他人性命、财产为目的的犯罪行为。纵火犯罪易于实施，且有一定的恐怖性质，这使得这一危害公共安全的犯罪行为具有相当恶劣的破坏性。美国联邦调查局将其定义为"无论是否有诈骗企图，凡故意地或者恶意地对一栋住宅、公共建筑、机动车、飞行器或者其他个人财产实施放火或者试图放火的行为"（引自科特·巴托尔，安妮·巴托尔，2016/2017，471页）。

对于纵火犯罪国内研究较少，国外的研究已经较为成熟。在纵火犯罪行为模式和动机上，坎特和福莱森（Canter & Fritzon，1998）的分类最具影响力。他们将纵火模式分为四类：指向人的表达性模式、指向物的表达性模式、指向人的工具性模式和指向物的工具性模式。

指向人的表达性模式是常见的纵火模式，纵火者多患有心理问题或心理障碍，他们压抑、自卑、无助，渴望被关注。研究者发现，纵火后，许多纵火者并不会离开现场，他们甚至会报警，会积极投入救火的活动中。在这样的行动中，他们能够感受到来自他人的认同，以及一种对生活的控制。大多数的反复纵火犯会越来越多地参与到救火中，纵火的过程是隐秘的，直到他们被抓获。一旦被抓，他们的纵火史又能成为炫耀的资本，从而使他们获得更多的关注（Jackson，Glass，& Hope，1987）。

指向物的表达性模式是系列纵火犯的特征。他们会选择空地、垃圾场、废弃地纵火，其目的不是伤害人，而是将纵火行为作为一种表达方式。也有一些纵火者对于火有强烈的兴趣，他们对于着火和救火都有着浓厚的兴趣，甚至会产生兴奋感和欣快感。

指向人的工具性模式是将纵火作为手段，目的在于谋杀、恐吓、威胁人，希望通过纵火行为，对特定或不特定的人进行伤害和报复。这种指向人的工具性模式最易被理解。

案例分析

2017年6月22日凌晨5点左右，在浙江省杭州市蓝色钱江小区2幢1单元1802室发生纵火案，该事件造成4人死亡（一位母亲和三个未成年孩子）。杭州市、区两级公安机关迅速成立专案组开展现场勘查、走访调查等侦查工作，认定系一起放火刑事案件，该户保姆莫焕晶（女，34岁，广东东莞人）有重大作案嫌疑。经审查，其对放火、盗窃的犯罪事实供认不讳。2018年2月1日9时，杭州保姆纵火案在杭州市中级人民法院第二法庭继续公开审理，莫焕晶承认放火和盗窃事实，同时辩称，其放火的目的是想通过先放火再灭火的方式取得被害人朱小贞的感激，以便再次向朱借款。一审公开判决被告人莫焕晶死刑，剥夺政治权利终身；以盗窃罪，判处其有期徒刑五年，并处罚金人民币一万元，二罪并罚，决定执行死刑，剥夺政治权利终身，并处罚金人民币一万元。莫焕晶不服，提起上诉。二审裁定：驳回上诉，维持原判。2018年9月，莫焕晶被执行死刑。这是一起令人悲痛的纵火案件，无辜的母亲和三个年幼的孩子因犯罪人膨胀的私欲和自以为是的先放火再救人的设计葬送性命，最终犯罪人也付出了生命的代价。

指向物的工具性模式表现为纵火的行为直接指向财物，如为了破坏现场证据、为了毁坏公司文件，或者为骗取保险，以及受雇而进行纵火等。

拓展阅读

据数据统计，90%以上的纵火犯为男性，女性纵火犯相对较少。女性纵火犯多独自实施纵火行为，或者伙同其他男性共同实施纵火行为。哈蒙、罗斯纳和维德莱特（Harmon，Rosner，& Wiederlight，1985）对27名女性纵火犯进行了心理特征研究，结果发现女性纵火犯比男性年长，平均为30岁，多具有滥用酒精和药物的经历，她们多数没有接受高等教育、未婚、经济贫困。她们的纵火原因多是感到被欺负，为了报复实施纵火，地点多为居住地附近，纵火的手段也较为草率，不会经过严密考虑和研究。希克科和罗-赛博维茨（Hickle & Roe-Sepowitz，2010）对114名未成年女性纵火犯的研究发现，她们多来自混乱的家庭，学业成绩差，被同龄人排斥，有药物成瘾或离家出走的经历。

应用篇

犯罪行为与动机的复杂关系

各种动机理论都认为，动机是构成人类大部分行为的基础（彭聃龄主编，2018）。这就是说，人类的大部分行为，尤其是有目的的行为，都是由动机激发、推动并维持的。犯罪行为（特别是故意犯罪行为）也不例外。从本章的内容可以看出，犯罪行为与动机的关系是十分复杂的，不仅同一种犯罪行为不同的人具有不同的动机，而且同一个人实施的犯罪行为其动机还可能发生变化。比如下面的案例。

2019年7月10日，位于北京市北四环的一个居民小区的住户发现自家楼上传来阵阵恶臭，于是找来开锁公司将楼上的房门打开，竟发现一具男尸。根据尸体情况，判断该男子已经死亡10天以上。据邻居反映，该男子名叫张宇，40岁左右，独居，好像有癫痫或抑郁症。张宇的父亲在整理张宇的遗物时，发现他的手机聊天软件中有大量关于借贷、大师送药、债务往来等记录。经查，与张宇联系密切的人名叫王满玉，他与张宇相识于2008年，是在一个聊天群里认识的。当时张宇的母亲刚刚去世，张宇心情很差，因为两人都成长于单亲家庭，有很多共同话题，就成了朋友。他曾带张宇去看精神科，医生说张宇患有精神疾病，需要入院治疗，但张宇拒绝了，表示不相信医生的话。后来，王满玉为了安抚张宇，就假扮"大师"的身份，让张宇吃下王满玉之前吃过的安眠类药物。张宇服用后，果然可以睡觉，于是，张宇对这位"大师"深信不疑，王满玉继续以"大师"的身份定期在网上购买安眠类药物寄给张宇。王满玉说，最初，他只是想帮助张宇，安抚张宇，后来，因为知道张宇家境不错，便又以"大师"的身份告诉张宇，如果他和王满玉共同做生意，一定会很成功。于是张宇辞掉民办高校教师的工作，并卖掉了自己的一套房子，出资200余万元和王满玉开了一家饭店。可是过了大约半年时间，饭店就倒闭了，钱也全部亏掉了。在那之后，王满玉又编造了多种"大师""领导"的身份，让张宇帮忙借贷60余万元，供自己花销。王满玉还骗张宇说，有一个人可以在他紧急用钱的时候帮他申请扶助基金，因为这些"领导"和"大师"都是王满玉假扮的，他对张宇的情况了如指掌，再加上张宇一直以来精神状况不佳，所以对于王满玉冒充“大师”所编造的谎言，张宇始终深信不疑。直到2019年7月，张宇发现，自己借贷的钱王满玉始终无法还上，而且其也没有什么援助给他，他就开始不断地催促王满玉还钱，王满玉白天要应付张宇，晚上还要假扮“大师”安抚张宇的情绪，不胜其烦。为了摆脱这种困扰，他一次性购买了一瓶安眠药，共100片，并以“大师”的身份，让张宇全部吃下，告诉他这是在驱魔。张宇信以为真，服药中毒死亡。

案件中，犯罪人虽然都是在假扮“大师”欺骗张宇，但动机发生了多次变化，从开始可能是出于对朋友的关心和帮助，到诈骗钱财，再到最后为了摆脱其纠缠杀害张宇。

基本概念

攻击性行为　侵占性行为　控制性行为　破坏性行为

本章要点

1. 根据犯罪行为的基本形态，可以将犯罪行为分为攻击性行为、侵占性行动、控制性行为、破坏性行为，本章对这四种行为及其相关的犯罪类型进行了分析。

2. 在犯罪心理学领域，对攻击和暴力的心理学研究较多。攻击性行为的类型可以从攻击的方式、对象、性质以及攻击者的动机等不同角度进行划分。关于攻击性行为发生的理论主要包括心理动力理论、习性学理论、挫折-攻击理论、学习理论、认知理论等。

3. 侵占性行为是指非法占有国家、集体、他人财产的一切行为。这类行为在刑事案件中是发案率最高的。本章重点分析了侵占性犯罪行为的决策过程，主要包括风险知觉以及对成本和收益的权衡过程。

4. 控制性行为是指以拘押、禁闭等强制措施或者其他方法，非法剥夺他人身体自由或控制他人心理行为自由的犯罪行为。在刑法中，涉及控制性行为的罪名最典型的是非法拘禁罪。本章重点对邪教犯罪及其心理行为控制问题进行了论述。

5. 破坏性行为是指爆炸、投毒、纵火以及故意毁坏公私财物的犯罪行为。本章主要对恐怖犯罪及其心理行为特征和纵火犯罪及其动机进行了分析。

复习思考题

1. 风险知觉和权衡存在于所有犯罪行为中吗？
2. 邪教对人的心理控制与从众和服从有何区别及联系？
3. 攻击行为与暴力行为有什么关系？
4. 通过案例，分析学习理论关于攻击性行为发生的观点。
5. 通过案例，分析某种侵占性犯罪行为中的风险知觉及对成本与收益的权衡过程。
6. 分析邪教犯罪对心理行为控制的机制。

7. 举例分析恐怖犯罪及其心理行为特征。

8. 纵火犯罪的动机类型有哪些？

推荐阅读

1. 梁恒豪．宗教心理学．第六辑．北京：社会科学文献出版社，2021.

2. 陈永胜．中国特色个体宗教心理发展研究．北京：中国社会科学出版社，2019.

3. 葛鲁嘉．宗教形态的心理学：宗教传统和研究的心理学智慧．上海：上海教育出版社，2016.

4. 道金斯．自私的基因．卢允中，张岱云，陈复加，等，译．北京：中信出版社，2012.

5. 西尔克．反恐心理学．孙浚淞，刘晓倩，主译．北京：中国政法大学出版社，2017.

6. 李纾．决策心理：齐当别之道．上海：华东师范大学出版社，2016.

7. 魏真瑜．从众心理与亲社会行为．北京：社会科学文献出版社，2020.

8. 埃德蒙森．无畏的组织．薛阳，刘娜，译．北京：东方出版社，2020.

第六章
习惯性犯罪

【学习目标】

1. 理解什么是习惯性犯罪，了解日常生活中的习惯性违法犯罪现象及原因。

2. 掌握人格障碍类习惯性犯罪的内涵及表现。

3. 了解成瘾类习惯性犯罪的主要类型及表现。

4. 掌握毒品成瘾、酒精成瘾、赌博成瘾、网络成瘾的概念、特点及发生机制。

【章节导读】

日常生活中，我们经常会看到这些现象：过马路时，凑够几个人一起走，也不管红灯绿灯；驾车时占用应急通道，随意抛撒杂物；在旅游景点，有人随手刻上“到此一游”，有人随意踩踏草坪；在网络上，有人一时兴起，随手发布一条道听途说或者完全由自己臆造的信息，引起社会关注甚至恐慌……这些现象我们已经司空见惯，但却鲜有人知道这些带有“习惯性”的行为已经触犯了相关法律法规，给公共安全埋下了隐患，有的甚至已构成刑事犯罪。

在形形色色的犯罪行为中，有这样一些行为往往令人费解：有人盗窃财物并不是因为贪利，他把偷来的东西收藏起来或者还给失主，然后再去盗窃，乐此不疲；有人一次又一次地纵火，并不是因为报复，而是以此为乐，不可遏制；许多人一旦吸毒成瘾，就终生难以戒断，即使变卖家产甚至盗窃、抢劫，也要得到毒资，满足毒瘾……

在犯罪行为中，有一类行为不同于一般的故意或过失犯罪，行为人的动机似乎并不清晰，甚至是无意识的，行为的发生是“自动化的”，源于某种“习惯”，我们称之为“习惯性犯罪”。[①] 上面两个段落列举的各种行为都属于习惯性违法犯罪行为，从心理学意义上分析，第一部分行为发生在我们周围众多的“心理正常”的人身上，称为“常态”的习惯性犯罪；第二部分行为发生在那些“心理异常”的人身上，称为“变态”

---

① 犯罪心理学关于“犯罪行为”的理解，往往不是严格法律意义上的犯罪行为，而是包括广泛意义上的违法行为，这里提到的以及本章第一节讲到的一些行为就是在此广泛意义上而言的。

的习惯性犯罪。后者又可以分为人格障碍类习惯性犯罪（如反社会人格障碍、偷窃癖、纵火狂等）和成瘾类习惯性犯罪（如毒品成瘾、酒精成瘾、赌博成瘾、网络成瘾等）。

第一节 “常态”的习惯性犯罪

“常态”是相对于“变态”而言的，是指“心理正常”的状态。社会上那些占多数的心理正常人，在日常生活中会不自觉地做出一些习惯性行为，很多已经触犯法律法规，甚至构成犯罪。

一、一般性表现

社会上，有些违法行为随处可见，我们似乎已司空见惯，比如以下几类现象，就是当前我们经常遇到的。

（一）破坏公共设施行为

在景点墙上刻上“某某到此一游”、随意砸坏公用电话、踩踏公园的花草、破坏小区的护栏、损坏公共健身器材等，均属于破坏公共设施行为，已经成为人们公共生活中习以为常的现象。

在北京市花家地某小区，因为小区外有一家网吧，一道铁栅栏三番五次被破坏。为了抄近道，有人先是将其中三根铁栏杆掰断，后被物业补上。有人又在另一处破开一个更大的豁口。无奈之下，物业只能从别处搬来两扇大大的铁门焊接在破损的栅栏处。此类破坏公共设施行为常常会形成一种“破窗效应”。一间房子的一扇窗户的玻璃破了，没有人修补，不久之后，其他窗户的玻璃也会莫名其妙地被人打破；一面墙上出现一些涂鸦没有清洗掉，很快墙上就布满了更多五花八门的涂鸦。而在一个很干净的地方，人们会不好意思扔垃圾，但是地上一旦有垃圾出现，人们就会毫不犹豫地随地乱扔垃圾而不觉羞愧。而由最初一个小举措引发的一连串“破窗”反应，最终可能会产生十分严重的后果。有的是影响了城市形象，有的则会造成人们财产和人身的损害。

经典回顾

天之道，损有余而补不足；人之道则不然，损不足以奉有余。

——《道德经·七十七章》

破窗效应所描述的现象与马太效应有相似之处，但又不甚相同。马太效应来源于《圣经·马太福音》：“凡有的，还要加给他叫他多余；没有的，连他所有的也要夺过来。”这被社会心理学家用来描述强者愈强、弱者愈弱的现象。破窗效应经常在犯罪心理学中出现，而马太效应现在多被经济学家引用，反映赢家通吃的收入分配不公现象。

很多时候，这些行为已经触犯了法律法规，但是由于被追责者尚属少数，公众对这些行为的容忍度一再放大，以致它们成为许多人顺手为之的习惯性违法行为。根据相关法律规定，公共设施属于为国民经济运行、产业发展、居民生活提供交通、通信、能源等公共性服务的设施。盗窃、破坏公共设施的行为，如果严重影响公共设施的正常运转和公共安全的，应当给予刑事处罚。根据我国《刑法》第275条的规定，故意毁坏财物罪是指故意毁坏公私财物，数额较大或者有其他严重情节的，处3年以下有期徒刑、拘役或者罚金；数额巨大或者有其他特别严重情节的，处3年以上7年以下有期徒刑。此外，根据《最高人民检察院 公安部关于公安机关管辖的刑事案件立案追诉标准的规定》第33条，故意毁坏公私财物，涉嫌下列情形之一的，应予立案追诉：（1）造成公私财物损失5 000元以上的；（2）毁坏公私财物3次以上的；（3）纠集3人以上公然毁坏公私财物的；（4）其他情节严重的情形。

（二）侵占应急车道、消防通道行为

我们经常会观察到这样的情景：早高峰时段，许多司机驾驶着爱车，通过一次又一次并线，不时地行驶在应急车道上，为的是躲避车辆拥堵，早一点到单位上班。面对采访的记者，司机很坦然："时不时走一下应急车道，能把我上班通勤的时间压缩半小时。""你放心，我已经把上班路上所有摄像头的位置都记熟了，肯定不会被抓到。"（赵丽，邱超奕，2013－06－03）

车辆侵占消防通道，这是许多小区的通病。比如，某记者在北京市花家地某小区采访，看到一个出口处，铁门上贴着"消防通道，禁止停车"的标语，结果在标语前面就停放了两辆轿车。在该小区两座楼四周的消防通道两边，也停满了各式车辆，中间留出的道路宽度只有两米左右（赵丽，邱超奕，2013－06－03）。根据《建筑设计防火规范》，消防通道宽度不应小于4米，然而车辆占道停放后，根本达不到消防通道的行车宽度。

长期以来，高速公路应急车道、小区消防通道被侵占的现象一直存在，这种行为在平时可能没什么大碍，但一旦出现交通事故或发生火灾，应急车道、消防通道被占用，将直接影响救援，导致严重的后果。为此，相关法律已明确规定，应急车道、消防通道不得被占用。

（三）乘车人乱扔杂物行为

一辆公交车的车窗里"飞出"几张广告纸，落在了十字路口的中央。大风刮起来，广告纸不停地上下飞舞，其中一张正好贴在一辆驶过汽车的前挡风玻璃上，驾驶员由于视野受限，不得不紧急减速，想等废纸滑落后再继续行驶，可是后面紧跟着的车辆来不及刹车，直接撞了上去，造成严重追尾。这是笔者曾经在某十字路口看到的一幕。

其实，乘车人向外扔杂物的行为非常普遍。一位在北京开出租车十余年的老司机，在谈到机动车随意抛洒杂物的现象时说："见过不少，我自己也没少扔。""我见过的有扔果皮纸屑的，扔烟头的，扔玩具的，扔塑料袋的。"他还目睹过某司机扔烟头点燃别人车

上货物的险情。

乱扔杂物往往被认为是素质低、不文明的表现。而根据《中华人民共和国道路交通安全法》（2021 年修正）第四章第四节第 66 条规定，乘车人“不得向车外抛洒物品”。乱丢杂物实际上属于违法行为，只是人们司空见惯，再加上对此并没有严格的惩罚性措施，很多人就经常有意无意为之。

（四）随性编造网络言论行为

案例分析

小嘉是一名北京在读大四学生。2021 年一个短视频博主将她的照片和毫无关联的网络传言拼凑在一起，在多个社交媒体平台上发布名为“海王中的女霸王”的短视频，声称一名女生“恋爱一年花费男友 20 万元，并与上百位男生有染”。点赞量高达 10 多万。自短视频社交软件流行之后，利用短视频造谣的事件时有发生。经天眼查搜索发现，某短视频平台受到的名誉权纠纷起诉就多达近百起。

人们之所以会在未经核实的情况下就“随手发布”网络信息，主要是因为网络空间的匿名性与易传播性。这些特征让随意谩骂、随意发布虚假信息成为一些网友的一种习惯性行为，使之不会太多去关注后果。

事实上，网络上的不文明言论已有相关法律对其做出约束。不文明发言者可能面临承担民事责任、行政责任甚至刑事责任的后果。如果所发布的言论侵犯了公民个人的名誉权或者侵犯了法人的商誉的，依据我国《民法典》的规定，要承担停止侵害、恢复名誉、消除影响、赔礼道歉及赔偿损失的责任。如果所发布的言论谎报险情、疫情、警情或者以其他方法故意扰乱公共秩序的，或者公然侮辱他人或者捏造事实诽谤他人的，尚不构成犯罪的，要依据《治安管理处罚法》等规定给予拘留、罚款等行政处罚；而如果所发布言论构成犯罪的，则要依据《刑法》的规定追究刑事责任。2015 年，《中华人民共和国刑法修正案（九）》在《刑法》第二百九十一条中增加规定：“编造虚假的险情、疫情、灾情、警情，在信息网络或者其他媒体上传播……严重扰乱社会秩序的，处三年以下有期徒刑、拘役或者管制；造成严重后果的，处三年以上七年以下有期徒刑。”

二、原因和对策分析

为什么习惯性违法行为比较常见？一是态度。虽然绝大多数的公民对于这类违法问题的危害有明确的认知，但是依然觉得不是大问题，没有杀人、放火这类严重的犯罪行为值得关注，甚至一些人把这类行为归结为素质不高或者道德方面的问题。二是原因。这类违法行为的成本相对较低，甚至有时因为受害人不明确，违法成本更低，加上法不责众等心态，让很多人甚至对这类行为置若罔闻、明知故犯。

如何减少此类习惯性违法或者犯罪的发生？关键是贯彻党的二十大报告中全面推进依法治国的精神，要“深入开展法治宣传教育，增强全民法治观念”，“弘扬社会主义法治精神，传承中华优秀传统法律文化，引导全体人民做社会主义法治的忠实崇尚者、自觉遵守者、坚定捍卫者”，“发挥领导干部示范带头作用，努力使尊法学法守法用法在全社会蔚然成风”。

第二节　人格障碍类习惯性犯罪

《中国精神疾病分类方案与诊断标准》对人格障碍的定义为：“人格障碍是人格特征显著偏离正常，使得患者形成了特有的行为模式，对环境适应不良，明显地影响其社交和职业功能，或者患者自己感到痛苦。”具有人格障碍的人精神上既没有疯癫，也无智力缺陷，但他们都不同程度地具有道德观念、理智、情感、性格等方面的缺陷，如情绪不稳定、不近人情、性格怪僻、人际关系不适应等。日常生活中，人们常常认为这类人性情古怪或有怪癖行为。

变态心理学研究发现，人格障碍与犯罪行为有较为密切的关系。国内外大量的调查研究发现，人格障碍者的犯罪率是较高的。根据西方一些学者的调查，在西方一些国家，人格障碍者占总人口的 0.2%～2%，而其在犯罪群体中所占的比例却高达 15%以上，特别是在累犯、惯犯以及原发性犯罪者中，人格障碍者竟达到 40%以上（引自刘邦惠主编，2009）。与犯罪行为相关的人格障碍有多种类型，其中与本节讨论的习惯性犯罪密切相关的主要包括人格障碍中的反社会人格障碍、习惯与冲动控制障碍中的偷窃癖和纵火癖。

什么是适应障碍？

一、反社会人格障碍与习惯性犯罪

（一）什么是反社会人格障碍

反社会人格障碍（ASPD），属于变态心理学或精神医学的术语，特指在个人行为中普遍存在的无视和侵犯他人权益的模式。在历史上，很早就有关于“道德白痴”“悖德狂”的称谓，他们被描述为“从不安分，肆意妄为，从不为别人的爱和真诚所感动，也很难通过司法矫治回归正常行为的犯罪人”，实际上就是现在所谓的反社会人格障碍者。在人格障碍的各种类型中，反社会人格障碍是研究最多，最为心理学家、精神病学家和犯罪学家关注的类型之一。

关于反社会人格障碍的特征，国内外均有许多学者做过研究与概括。比如，西方研究这一问题的专家克莱克利（Cleckley）在其著名的《正常的假面具》一书中，在大量的临床经验基础上，系统地描述了反社会人格障碍者的 16 个明显特征（引自陈仲庚，张雨新编著，1986，426 页）：

（1）外表迷人。具有中等或中等以上智力水平；初次相识时能给人很好的印象，能帮助人解除忧虑、解决困难。

（2）没有通常被认为是精神病症状的非理性和其他表现，没有幻觉和其他思维障碍。

(3) 没有神经症性焦虑，使一般人心神不宁的情境，让他们不以为然。

(4) 他们是不可靠的人，对朋友无信义可言，对妻子（丈夫）不忠实。

(5) 对事情不论大小，都无责任感。

(6) 没有后悔之心，也无羞耻之感。

(7) 有反社会行为但缺乏契合的动机；叙述事实真相时态度随便，即使其谎言被识破也能泰然自若。

(8) 判别能力差，常常不能吃一堑长一智。

(9) 病态的自我中心，自私，心理发育不成熟，没有爱和依恋能力。

(10) 麻木不仁，对重要事件的情感反应淡漠。

(11) 缺乏真正的洞察力，不能自知自己的问题的性质。

(12) 对一般的人际关系无反应。

(13) 酗酒或不酗酒，做出幻想性的或使人讨厌的行为，对他人给予的关心和善意无动于衷。

(14) 无真正企图自杀的历史。

(15) 性生活轻浮，方式与对象都与本人不相称，有性顺应障碍。

(16) 生活无计划，除了老是和自己过不去外，没有任何生活规律，没有稳定的生活目的。他们的犯罪行为是在突然出现的诱因下发生的，而且多数不是在严密计划和准备下进行的。

我国犯罪心理学专家李玫瑾（2010）曾经通过对大量典型案例的研究，概括出反社会人格障碍者的以下几个特征：（1）异常表现始于早年；（2）家庭背景基本正常；(3) 缺乏自然情感力；(4) 聪明且善于谋划；(5)“道德白痴”不可教化；(6) 肆意犯罪不会中止。

（二）反社会人格障碍者的犯罪行为

反社会人格障碍者在发生犯罪行为方面具有较高的发案率和重新犯罪率，以及犯罪行为的极端残暴性、无道德性，使得其成为犯罪学家以及人格刑法学家关注的对象。无论从学者们关于反社会人格障碍内涵与特征的描述中，还是从众多的案例分析中，都可以看出反社会人格障碍者产生犯罪行为的“习惯性”特征。

首先，其异常出现始于早年，并且以品行障碍为少年期的表现。不是所有被诊断有品行障碍的孩子最终都会发展出反社会人格障碍，但是有反社会型人格障碍的个体在15岁之前必须符合品行障碍的诊断。有学者认为：“反社会人格是一种早年即开始表现的人格障碍，这是一种带有先天因素或与生理问题有关的一类人格障碍。因此，他们早年出现心理上或行为上的问题时（包括违法或犯罪）就具有顽劣特点，没有理由但不断重复或让周围人感到困惑。”（李玫瑾，2010，63页）比如，发生于北京的某绑架案的主犯王某，在面对媒体的镜头时说：“我这人从小就坏，九岁就开始偷家里的钱。我爸爸说我，周围没有坏人呀，你怎么这么坏？我也纳闷，真的没有人教我……”这类似于意大利医生龙勃罗梭所描述的“天生犯罪人”的某些特征：“某些犯罪人之所以犯罪并不是出于理性选择，而是有着不由自主的生理性问题。”当然，这种始于早年的异常表现是否与遗传有关，目前尚未得到证实。

其次，他们肆意犯罪，不会终止。这类犯罪人在策划犯罪后只会因故暂缓计划或改变计划，永远不会停止其犯罪行为，他们重复犯罪几乎具有必然的特点。这类似于意大利犯罪学家加罗法洛（B. R. Garofalo）所描述的“异常犯罪人”的某些特征：“没有什么会触动他们，也没有什么能使他们洗手不干。”“他们无法抑制某种愿望，只能被愿望驱使。当他们渴望什么东西时，什么事情也无法阻止他们。”（加罗法洛，1885/1996，85页）他们可以毫不犹豫地偷同伙的东西，甚至残杀同伴；可能玩弄一个又一个女人，生下许多孩子却一个也不抚养；他们并不十分认真地对待其犯罪行为，只是重复某种侵害行为。

需要强调的是，反社会人格障碍者反复出现犯罪行为，似乎是不能自控的。其实他们绝不是智障者，他们有正常的认知能力，甚至比一般人更聪明。其犯罪行为的“习惯性”特征，是由于情感缺陷使他们“难以自控”，或者是由于“有案在身”使他们“不控制”。“情感缺陷”是这类人的突出特征，他们缺乏自然情感力，没有正常人的亲情、爱心乃至孝心。“凶狠、嫉妒、可怕的自负、傲慢、敏感和过分地拘泥……虚荣永远是他们突出的标志。他们没有一丝悔恨的迹象。”（加罗法洛，1885/1996，86页）

反社会人格障碍者王立华如何走向毁灭？

二、习惯与冲动控制障碍与习惯性犯罪

习惯与冲动控制障碍的主要特点是存在一种顽固、以内心体验为目的、常人难以理解的怪癖。常见的有偷窃癖、纵火癖、谎言癖、怪恋癖等，其中前二者更容易发生习惯性犯罪行为。

（一）偷窃癖与习惯性犯罪

偷窃癖的盗窃行为与一般盗窃行为有很大的不同，其突出特点是不以攫取金钱等物质利益为目的，而是在一种无法控制的偷窃冲动的驱使下，以盗窃他人或集体财物为乐趣，从中获得某种特殊快感。在行窃的行为模式上，他们有的在行窃之后将东西又送还失主，下次再偷；有的偷了张三的东西转送给李四；有的则将偷来的东西扔掉或登记储藏，供以后独自欣赏；等等。

为什么很多“社会精英”喜欢偷窃？

案例分析

某大学一名19岁的男生偶尔一次从女生宿舍楼下经过，拾到一件从阳台掉下来的内衣，颇为好奇，见左右无人，便捡起揣在衣兜里。晚上就寝时，他拉起床帘反复欣赏，产生了性兴奋和性满足。此后便有了经常难以克制的类似举动。他时常有意从女生宿舍楼下走过，顺便捡起掉下来的女生内衣，带回宿舍抚弄、欣赏。后来发展到溜进女生宿舍、水房偷拿女生晾晒的内衣。某日，因不慎被同宿舍一男生看到所藏物品，受到嘲笑。

渐渐传到女生那里，有人在背后骂他流氓，而且都尽量回避他，使他受到很大压力，于是他决心痛改前非。但不足一月，他又感到心神不宁，一见到女生内衣就有一种强烈的占有欲，焦灼难耐。一天深夜，他潜入女生宿舍，在偷拿衣物时被一女生发现，落荒而逃。事后他深感惶恐、羞愧。第二天，该女生给校方写信要求查处。于是当地派出所民警和学校保卫部工作人员每天到女生宿舍巡查，但一直没能发现异常。一个月后，他终于控制不住冲动，再一次来女生宿舍作案，结果被抓获，并且在他宿舍的箱子里搜出许多女性用品。

该学生性格内向、不善言辞，很少与女生交往。事实上，他每次偷东西之后都产生强烈的自责感甚至犯罪感，可是充满幻想的性兴奋和无比的快感让他不能自拔。显然，他的习惯性盗窃行为不同于一般的盗窃犯罪，也与不良的道德品质存在显著的差异。

（二）纵火癖与习惯性犯罪

纵火癖的特点是，不以报复与有意破坏为目的，也不是过失失火，而是以纵火为最大乐趣。这类人一般先是在家中进行小规模放火、烧东西，继而到外面“无目的”地随意纵火。有的人在进行这种纵火行为时，还会产生一种特殊的性快感，这通常被称为“色情纵火狂”。

此类纵火犯罪人一般要经历纵火前的紧张状态，而一旦火灾发生就感到特别兴奋、冲动与满足。犯罪人对纵火的过程十分沉迷，即使事后存在某些罪过与悔意，对于纵火过程的快乐、兴奋体验也会持续地驱使他们再次进行纵火。其犯罪行为具有明显的周期性、强迫性、冲动性特征。精神分析学家认为，纵火狂的纵火行为是以火焰燃烧代表其性本能的力量释放，其间行为人仿佛体验到一种强烈的“性快感”。犯罪人往往能从火焰的颜色、温度及受害人的紧张、危险状态中感受到快乐，这是一种原始性本能置换而产生的变态性乐趣。显然，这种纵火动机与常态纵火犯罪的报复、愤怒、获得物质利益或掩饰动机存在本质的差异。

拓展阅读

有研究者认为，纵火也可能是犯罪人社会适应不良的一种表现，他们也许在儿时受到过与火有关的虐待。有一位反复型纵火犯在儿时曾被父亲严重烧灼双脚，作为对他玩火的惩罚，另一位纵火犯曾被父亲用烧热的铁铲子打，还有一位纵火犯的母亲曾把他的双手放在火炉上烤。蕊特芙（Ritvo）等推测，可能是这样的惩罚措施让纵火犯相信：火是一种可以接受的报复方式。

第三节　成瘾类习惯性犯罪

成瘾（addiction）是与人类文明共生的一种现象，至少已有 5 000 年的历史，现已发展成为影响人类身心健康的全球性灾难。成瘾是指在一定的人格基础和外界条件下，反复使用某种致瘾源或反复刺激中枢神经所引起的一种周期性或慢性中毒状态，以及所导致的特有的嗜好和难以舍弃的习性。

成瘾的共同特点是具有满足需要的强烈渴望，对物质和行为缺乏控制和节制。较长时间滥用致瘾源之后，身体会出现一些有特征性的病理生理改变，从而给成瘾者个体和社会造成严重的危害。成瘾者往往存在对致瘾源的强烈渴求，这导致他们不顾后果继续滥用致瘾源。

成瘾行为既是一种由生物、行为和环境因素共同作用引起的非常复杂的脑疾病，同时也是一种违反现有社会规范的偏常行为，有的还会进一步派生出盗窃、抢劫、卖淫、绑架等违法犯罪行为。

成瘾包括物质成瘾和精神成瘾两类，主要有毒瘾、酒瘾、烟瘾、赌瘾、网瘾等行为。本节主要对其中的毒品成瘾、酒精成瘾、赌博成瘾、网络成瘾进行讨论。

一、毒品成瘾与习惯性犯罪

1990 年 12 月 28 日，第七届全国人民代表大会常务委员会第十七次会议通过的《关于禁毒的决定》规定：“毒品是指鸦片、海洛因、吗啡、大麻、可卡因以及国务院规定管制的其他能够使人形成瘾癖的麻醉品和精神药品。”针对后来甲基苯丙胺类药物被滥用的情况，1997 年《刑法》中所列举的常见毒品又增加了“甲基苯丙胺（冰毒）”。麻醉药品和精神药品在医疗上是不可少的药品，它们只有在违反药品管理法规的情况下被滥用才被称为毒品。从药理性和法律性的双重地位分析，毒品具有药理作用、毒理作用、耐受性、依赖潜力、相对性和危害性等特征。

拓展阅读

毒品主要包括四个类型：迷幻剂、兴奋剂、镇静剂、阿片类麻醉剂。（1）迷幻剂：包括俗称迷幻药的 LSD、俗称天使粉的 PCP、克他命、酶斯卡灵、大麻等，其中大麻较为温和，而天使粉属于强力致幻剂。这类毒品能让吸食者产生幻觉，用幻觉世界代替现实世界。（2）兴奋剂：这类药物能刺激中枢神经系统，包括安非他命、摇头丸、可卡因、咖啡因、尼古丁和临床上使用的抗抑郁剂。因为公众认为摇头丸和可卡因与犯罪有关，所以这类药物受到的关注较多一些。（3）镇静剂：能缓解焦虑和紧张，主要包括酒精、抗焦虑药和一些“俱乐部毒品”。（4）阿片类麻醉剂：通常可以镇静止痛，最常见的就是海洛因。

（一）毒品成瘾的概念及特征

毒品成瘾在国际上的通用术语叫药物依赖。《精神疾病诊断与统计手册》将依赖定义为一组认知、行为和生理症状群，个体尽管明白使用成瘾物质会带来明显的问题，但还会继续使用。自我用药结果表现为耐受性增加、戒断症状和冲动性觅药行为。由于反复使用成瘾性药物（毒品），机体与毒品的相互作用会导致形成一种特殊的精神和躯体病态状况。作为一种涉及认知、行为、生理的内在征候群，无论文化、地域、种族及社会经济背景如何，毒品成瘾患者都有同样的病程、体征及症状，表现为不顾药物对身体的危害和严重的社会后果而反复自我给药，因此这种成瘾往往与犯罪囚禁和社会遗弃及自我沦落相伴共生。吸毒成瘾后会出现如下一些明显的特征。

1. 生理依赖性

这是指在某一段时间内不断地使用某种能使人产生瘾癖的药物而导致的生理变化，需要继续使用该药才能维持机体的生理功能。生理依赖性是中枢神经系统对长期使用依赖性药物所产生的一种适应状态，机体必须在足量药物维持下才能保持正常状态，一旦断药，生理功能就会发生紊乱，导致出现一系列严重反应，即戒断反应，表现出与药物原来作用相反的症状。

2. 心理依赖性

心理依赖性俗称“心瘾”，又称精神依赖性，是由于使用依赖性药物而产生的一种欣快感觉，并且用药者在精神上表现出一种连续用药的渴求和强制性用药行为，以获得心理上的满足和避免精神上的不适。精神依赖是依赖者产生顽固性复吸的一个最重要的原因。

3. 戒断症状

戒断症状指成瘾者一旦停止原来的成瘾行为，就会出现的特殊的心理生理症状群。如海洛因成瘾者停药 8～12 小时即可出现戒断症状，最初表现为打哈欠、流泪、流涕、出汗等类似感冒的症状，随后陆续出现瞳孔扩大、打喷嚏、起鸡皮疙瘩、寒战、厌食、恶心、呕吐、腹绞痛、腹泻、肌肉酸痛等症状。

4. 稽延性戒断综合征

许多药物成瘾者在急性戒断综合征消退之后，仍有各种各样的不适反应，如浑身无力、感觉过敏、失眠、食欲低下、胸闷、易激惹、心境恶劣等，且可持续数月甚至数年之久。这些稽延性戒断症状的存在不仅影响毒品成瘾者的功能恢复，更会导致相当一部分人故态复萌，最终复吸。

（二）毒品成瘾与犯罪行为

毒品成瘾除影响身心健康之外，也可能引发偏差与犯罪行为。关于毒品成瘾与犯罪行为的关系目前在理论上并不十分清楚，尤其在因果关系上存在不同的看法，但是二者之间具有密切的相关已经被许多研究证实。

吸食毒品容易刺激中枢神经，导致幻觉，甚至激起犯罪的胆量，或者造成神志不清的状态而引发攻击性的犯罪行为。同时，毒品成瘾者为了支付日益庞大的购药费用，避免戒断症状的痛苦，很可能以非法手段（如盗窃、诈骗等）从事犯罪行为。为了确保毒品的来源，甚至可能与涉毒群体为伍，久而久之，吸毒者开始进行贩毒活动，转售毒品谋取利益。

案例分析

2020 年 5 月，被告人谢彭、叶楚骏经预谋，在云南省租赁土地种植大麻。同年 9 月至 10 月，二人收获大麻后，由谢彭通过 Telegram 软件联系毒品订单，以比特币形式收取毒资，由叶楚骏使用虚假姓名，通过快递将大麻邮寄给浙江等地的毒品买家。二人贩卖大麻约 10 次，非法获利 4 万余元。后公安人员将二人抓获，并从叶楚骏处查获大麻 3 332.96克。经浙江省诸暨市人民法院审理，被告人谢彭判处有期徒刑三年六个月，并处罚金人民币一万三千元；被告人叶楚骏判处有期徒刑三年三个月，并处罚金人民币一万元。

资料来源：最高法发布：2021 年十大毒品（涉毒）犯罪典型案例．澎湃新闻，2021－06－28.

（三）毒品成瘾的机制

应当说，毒品成瘾的确切机制迄今尚未明了，目前人们对毒品成瘾的基本认识是：毒品进入体内后会麻醉大脑的痛觉中枢，使疼痛反应迟钝或消失，产生强烈的欣快感和松弛宁静感，如焦虑感、罪恶感、自卑感、疲劳感和饥饿感消除，出现肉体上和感觉上安静，使人有一种飘飘欲仙的美妙舒适感、陶醉感与解脱感，并伴有愉快的幻想驰骋。这种感觉能满足依赖者的心理需要，为了重复这种感觉，他们会产生相当强烈的反复用药的病态欲望。这种精神依赖性构成了毒品滥用的基础，称为正强化。由于停药后会产生难以忍受的痛苦，依赖者只有继续追求毒品，称为负强化。这两种强化使戒毒人员为了重新体验这种快感，减轻停药后的痛苦，不顾一切后果强烈渴求再次吸毒。

成瘾者在吸毒初期，往往出于好奇、模仿、解闷、追求享乐等原因而使用致瘾源，但是一旦成瘾，他们的行为就完全受致瘾源的支配，甚至彻底丧失理智。现代医学研究证明，这是因为成瘾后脑的功能（如受体亲和力、递质释放、氨基酸代谢等）发生了改变，并且脑的结构也发生了改变。

如果进一步探究精神依赖和复发的本质，那就是在医学上被称为“代偿性适应”的形成。简言之，就是在精神活性物质作用下，机体的某些组织细胞，特别是神经元的结构和功能发生了一系列的代偿性变化。生理心理学研究发现，是致瘾源使突触前神经细胞的多巴胺释放增加，而使突触后神经细胞的兴奋提高。精神依赖源自“欣快”这种感觉，“欣快”通过人体中的“奖赏环路”产生。复发基于“终生不忘的欣快感”，它是一种病理性记忆，人脑中的海马、杏仁核、小脑等是其“生理基地”。

生物学因素如遗传、生化、神经递质等在药物依赖中起重要作用。如遗传因素与药物依赖易感性有关，大脑的犒赏中枢及多种神经递质系统与阿片类药物的药理作用、耐受性、躯体戒断反应、心理渴求等密切相关。毒品的欣快反应可以解释最初使用毒品的动因，却难以解释吸毒成瘾后已无欣快作用，吸毒者仍然强制性使用毒品的行为。后者其实是毒品的长期作用使得多巴胺等神经递质系统和奖赏通路发生病理改变所导致的。简言之，毒品已经改变了他们的大脑机能。

我们该如何应对毒品问题？

（四）毒品成瘾者的心理特征

1. 价值观

价值观是人的精神心理活动的中枢，影响着人的行为取向，决定着人生道路的选择和人生轨迹。研究表明，吸毒成瘾者的价值观总体上是扭曲的，表现为：(1) 以吸毒为荣的价值取向。认为自己是生活的强者，是时代的弄潮儿；认为吸毒是富贵的象征，是挑战传统、拒绝平庸、蔑视法律的表现。(2) 以吸毒为快乐的人生追求。享乐主义作为一种人生态度，主要表现为对感性欢愉的崇尚和追求，他们认为感性欢乐是人生中最高的最重要的快乐，是最大的幸福。(3)“视毒如命，视死如归”的生死观。世界上很多事物的价值都无法与生命相比，然而对吸毒者来说，毒品比生命更重要，他们明知自吸毒那天起就进入了生命的倒计时，然而因为有了不惜一切代价享受短暂人生的坚定信念，依然选择让毒品送自己上路。

2. 认知特征

(1) 认知方式直观片面。大多数吸毒成瘾者的文化水平较低，抽象思维能力较差。他们看问题直观，一般只能看到事物的表层，难以上升到理性水平，不善于分辨事物的表面现象和本质特征，不善于揭露事物产生的内因和外因，更缺乏了解事物的发展规律和准确预见事物发展进程和后果的能力。

(2) 认知水平低下。大多数吸毒成瘾者初次吸毒是在青年初期，思想意识尚未完全成型，分辨是非能力差，但对新生事物反应极为敏感，心理和生理各方面的需要都很强烈，易产生强烈的好奇心。“好奇和尝试”很好地反映了其轻率、主动追求的态度。而且他们错误地认为吸毒花的是自己的钱，即便有害身体也是自己的事，和他人、社会无关，政府强制他们戒毒是“多管闲事”。因此，在戒毒期间，明显表现出法制观念淡薄、不认罪错、不识大体、不积极配合戒毒机关的教育改造，甚至想方设法获取毒品，重温久违的麻醉与刺激。

(3) 认知活动易受影响。毒品和吸毒人群的客观存在是其感染吸毒行为的客观因素。在未成年时期或成年早期，他们的交往环境，特别是家庭成员、好朋友的观念和行为对其影响是最直接、最明显的。由于价值观偏离，认知水平低下，他们很容易染上毒品。

3. 情绪情感特征

(1) 消极情绪突出，依赖心理顽固。吸毒成瘾者的主导心境是悲观低沉，他们深知“一旦吸毒，终生难戒”，即使戒断后回到社会上，也会面临就业、婚姻家庭等方面的问题。于是，很多吸毒成瘾者悲观厌世，破罐破摔，自暴自弃，缺乏戒断的决心和信心。当他们被强制戒毒后，客观上毒品来源被阻断，这中止了其早已习惯的吸食行为。但是，他们由于早已形成了非常稳固的生理和心理依赖，对毒品表现出强烈的渴望。毒瘾使他们情绪异常低落，经常出现焦虑、抑郁、烦闷、身心疲惫、精力虚弱、忧心忡忡等征象，特别是戒断反应症状让他们非常痛苦。

(2) 情绪不稳定，具有两极性。吸毒成瘾者的情绪表现具有明显的两极性，他们多数能认识到毒品的危害，有时也会产生戒毒的决心和信心，出现积极的情绪体验。但是这种体验往往是微弱的、短暂的，一旦发生戒断反应或受到诱惑，积极的情绪体验就会消失，消极的情绪就会油然而生。

（3）情感偏激扭曲。吸毒成瘾者的理智感狭隘而肤浅，他们所关心的只是割舍不掉的毒品。其美感和幸福感是扭曲的，对世间一切事物都熟视无睹，不屑一顾，只认为"毒品是最好的物品，罂粟花是最美的花朵"，沉浸在所谓如云似雾的仙境中是其人生最大的快事。吸毒成瘾者为满足吸食毒品的需要，不惜花费大量的钱财，坑蒙拐骗，卖淫偷抢，甚至杀人越货，表现出自私、虚伪、嫉妒、损人利己、冷酷无情的人格特征，他们考虑问题完全以自我为中心，缺乏对社会和公益事业的义务感，对家庭、集体、他人的责任感。

4. 意志特征

（1）缺乏戒断毒瘾的自信心。吸毒成瘾者往往缺乏对戒断毒瘾目标的坚定追求。虽然有些吸毒者在遭受毒品的摧残之后，也曾树立戒断毒瘾的目标，但是一旦出现戒断反应症状或外界诱因刺激，就不能自控，从而改变原有的追求，表现出缺乏自信心。对戒毒所的调查表明，大多数吸毒成瘾者表示，出所后如果遇到过去的"毒友"，难以保证不再吸食。

（2）缺乏戒断毒瘾的毅力。吸毒成瘾者往往缺乏自制力，对控制自己的欲望明显毅力不足。当欲望同外界诱惑合拍的时候，他们更加不能自制，以至于出现越轨或违法犯罪行为。这是影响他们彻底戒除毒瘾的一个重要心理因素。当然，他们缺乏毅力的原因与他们对前途悲观失望、主观上夸大困难、缺乏自信心等有着密切的联系。

5. 人格特征

吸毒行为与吸毒者的人格特征有着紧密的联系，同时人格特征也是影响戒毒效果的一个重要因素。国外有研究表明，海洛因成瘾者在吸食之前就存在某些典型的人格缺陷。他们是显性或潜在的精神病患者，当遇到威胁和挫折时，趋向于退缩到自恋的适应状态以及无所不能的幻想之中。其特征是信奉享乐主义和缺乏自我控制，并缺乏对未来筹划的能力，精神和情绪常常处于抑郁状态。而且，特定的人格类型感染吸毒行为的危险性较高。有关研究发现，依赖性人格者易于染毒。具有依附性人格的人从快乐原则出发在吸毒中获得满足。他们只追求短暂的、即时的满足而放任吸毒的后果（引自章恩友，姜祖桢主编，2008）。

不仅如此，毒品还使吸毒成瘾者的人格发生了深刻的变化，严重影响其思维、情绪和行为，对其意志力、注意力、记忆力、耐受力、持久力等都具有明显的破坏作用。毒品的依赖性使成瘾者丧失了效率、兴趣、责任感、羞耻感等，表现出反社会性、情绪不稳定、易冲动、缺乏有效的防御机制、追求立即的满足、缺乏羞耻感、伦理道德扭曲等。还有少数成瘾者出现精神抑郁、自卑感、无能感、性心理和性行为异常、喜好刺激、逃避现实、自恋等病态心理特征。

二、酒精成瘾与习惯性犯罪

酒起源于远古，据考证，人类造酒迄今已有七八千年的历史。《诗经》中就有"八月剥枣，十月获稻，为此春酒，以介眉寿”的记载。酒与人的生活密切相关，酒的消费因风俗习惯、地理区域、气候条件以及经济状况，在世界各地不尽相同。适量饮酒能够活跃生活，缓解紧张情绪，减轻焦虑，克服睡眠障碍，解除疲劳，舒筋活血，增进食欲，促进消化，等等；而过量饮酒或者形成酒精依赖却具有严重的危害性。

（一）酒精成瘾及其表现

酒精成瘾又称酒精依赖、酒精滥用，基本上是药物滥用的一种形态，目前还没有一个公认的定义。这“主要是因为考量的角度不一，例如饮酒量、频率、机能的受损、妨害正常活动等，均为界定的重要指标”（杨士隆，2012，131页）。世界卫生组织认为，超越社会上一般饮酒习惯的任何饮酒形态，或不论个人的遗传体质、后天的生理疾病因素、新陈代谢及其他因素如何，凡导致个人健康及社会关系受损的饮酒，均为酒瘾。美国国家酗酒标准委员会认为，酗酒的认定标准是：具有酒精断除症、对酒精的容忍度越来越高、持续性饮酒以及饮酒导致了重大的疾病等。从心理学意义上讲，酒精成瘾是饮酒所致的渴求酒精的一种心理状态。饮酒是为了体验酒精所带来的欣快感，或者是为了避免不饮酒所致的不适感。这种渴求常常很强烈，以致成瘾者无法控制自己的饮酒行为。

酒精成瘾的主要表现是：

一是饮酒的强迫感。酒精成瘾者多数在饮酒初期心情愉快，饮酒后喜欢交往，能缓解紧张、焦虑或苦闷。随着饮酒量的增加和饮酒时间的延长，他们慢慢被酒精俘虏，不能自拔。此时的体验不再是愉快感，而是一种被称为戒断反应综合征的症状。他们会感到全身难受，无法忍耐。为了避免这种不适感，他们强烈渴求饮酒，甚至会不择手段地获取酒精。

二是戒断综合征。酒精成瘾者停止饮酒后，早期可出现焦虑、不愉快、抑郁情绪，同时伴有恶心、呕吐、食欲缺乏、恶寒、出汗、心悸和高血压等自主神经系统症状，还有入睡困难、睡眠浅或早醒等睡眠障碍；晚期则可能出现癫痫发作、意识不清等。震颤是酒精成瘾者戒断的典型症状之一，常表现为手指及眼睑震颤，严重者可出现不能咀嚼和站立不稳的情况。这种戒断症状可在再次饮酒后数分钟得到缓解或消失，也可在戒断饮酒一周左右消失。

三是耐受量增加。酒精成瘾者的血液酒精水平的变化对其影响不大，这一点可能是普通饮酒者所不具备的。因此，耐受量增加是依赖增强的一个重要标志。不过，依赖形成后期耐受量反而会下降，即使少量饮酒也会导致身体损害。

四是超越一切的饮酒需要。对酒精成瘾者来说，得到酒是高于一切的大事，饮酒成为一切活动的中心。为此他们可以置健康、家庭、职业、社会及生命于不顾。一个严重的酒精成瘾者可以在戒酒一段时间后很快恢复饮酒，而且不用几天，就会回到原来的样子。

（二）酒精成瘾与犯罪行为

酒精成瘾不仅会对人体的身心健康造成伤害，造成经济损失，还会使酗酒者的社会、家庭功能受损，甚至诱发各种意外事故或犯罪行为。

虽然饮酒并不必然引起犯罪，但众多的实例表明，饮酒与犯罪的相关度是很高的。在酒精的作用下，个人自我控制力与明辨是非能力会降低，冒险的意念会增强，进而出现违法犯罪行为，如寻衅滋事、伤害、性侵害等。许多犯罪学研究发现：（1）失业、被社会隔离及慢性中毒的酒鬼，为了饮酒，可能在神志清醒的状态下窃取财物和酒类；（2）惯窃犯时常在行窃之前少量饮酒，以达到壮胆的目的；（3）不良少年常常与一群同伙共饮，进而产生不良后果；（4）男性大多会在酗酒的愤懑状态下，施暴于他人；（5）抢劫犯为达到犯罪目的，常痛饮烈酒以坚强意志（引自杨士隆，2002）。

学术前沿

罗伊森（Roizen）总结了关于酒精和暴力行为的研究后发现，86%以上的杀人犯在实施杀人犯罪时喝过酒，60%的性侵害犯罪人、37%的伤害犯罪人、57%的男性婚后暴力行为者，以及13%的虐待儿童者在实施犯罪时喝过酒。暴力犯罪中的犯罪人在实施暴力时饮酒的比例超过其他犯罪类型。大约有70%的与酒精相关的暴力行径发生在家里，此类案件大多（约2/3）是简单的伤害类犯罪。有2/3遭受过亲密关系暴力伤害的人认为，酒精是一个重要因素。校园暴力中涉及酒精因素的也占90%。

资料来源：科特·巴托尔，安妮·巴托尔，2016/2017，510页。

有研究者调查发现：全国因打架斗殴被拘役教养或判刑的青少年中，63%的人与酗酒有直接关系，在流氓（寻衅滋事、性犯罪等）犯罪中，有38%的人与酗酒有直接或间接关系（引自师建国主编，2002，99页）。同时，每年因酒精而发生意外事故者不计其数。

（三）酒精成瘾形成的机制

酒精成瘾的形成机制相当复杂，有许多理论尝试做出解释，但目前还没有一个理论能够充分说明酗酒的成因。下面从生理因素、心理因素、社会因素三方面介绍相关的理论观点。

1. 生理因素

（1）遗传说。遗传学检查结果显示，酒精成瘾的家族聚集性非常明显，那些有家族酒精中毒史的人通常较早开始饮酒，其终生酒精依赖的可能性为60%，而无家族史的人这种可能性仅为30%。父母嗜酒的双生子中，同卵双生子发病率高于异卵双生子；寄养儿的发病率与养父母无关，而与亲生父母相关。德国科学家发现，嗜酒癖好取决于遗传基因。科学家在调查了92名嗜酒者之后，发现这些人身上编码血清素的基因存在缺陷。另外还有研究发现，酒精依赖与性别和种族有关（引自章恩友，姜祖桢主编，2008）。

（2）生理因素说。该理论认为部分嗜酒者身上有适合饮酒的生理因素。例如，对酒精有过敏反应、会产生特殊变化或生理需求者，较易沉溺于酒精。当大量饮酒时，人体内乙醇和乙醛的浓度均会增加，从而使氧化能量的代谢过程加速，大脑兴奋性和器官功能暂时增强。时间一长，机体的这种反应逐渐变得常规化，并在大脑中形成优势固定下来，导致需要不断补充乙醇和乙醛。如果停止定时饮酒，那种已建立起来的反应方式就会遭到中断，从而导致各器官和系统综合性功能出现紊乱。而饮酒之后，原来那种反应方式重新恢复，机体功能得以平息，症状消除。

（3）神经适应机制说。有研究者认为，神经适应是酒精成瘾的主要机制，酒精能抑制伏核神经元的传入电活动，此作用可能与酒精依赖的形成有关。还有人认为，在酒精及药物成瘾的发生及维持过程中，存在共同的适应过程，而N-甲基-D-天冬氨酸（NMDA）受体在其中起中介作用。

（4）药理说。酒精具有特殊的药理性质，小剂量饮用可以使人产生兴奋和轻松的感觉，从而诱导人们经常饮用。时间长了，只有增加饮酒量才能保持上述状态。所以，越饮酒，量越大，进而形成心理上的强烈渴望，导致喝不到酒时就不舒服，甚至会出现震颤、焦虑不安、出汗、烦躁易怒、心动过速，以及身体各部位疼痛等症状，更甚者可出现幻觉、错觉等精神症状。这些都导致对饮酒的控制能力显著降低，从而形成酒瘾。

（5）年龄说。成年之后的酗酒行为和少年时期就开始饮酒有关。研究表明，13岁开始饮酒的青少年成年后染上酒瘾的可能性是20岁以后开始饮酒者的4倍。开始饮酒的时间越早，以后对酒精产生依赖的可能性就越大（引自章恩友，姜祖桢主编，2008）。

2. 心理因素

（1）人格发展缺陷说。精神分析学家认为，酗酒者在幼童时期，常因母亲的放任、父亲有时禁止有时满足孩子的需求这种矛盾的管教方式而无法习得自我控制能力。对于这些人而言，酒精给他们提供了一种接受外在现实或自我评价的机会。此外，也有精神分析学家指出，在儿童早期因无法解决许多内在的冲突而对成年生活造成影响的行为中，就包括大量饮用并且极端依赖酒精。总之，幼年时期的需求没有得到满足，是酗酒的主要原因。

（2）人格特质说。酗酒者的某些人格特质为形成酒精成瘾提供了基础。这些人格特质包括高度焦虑、欠缺成熟的情感、感情冲突、孤独、冲动、罪恶感强、性别角色混乱等。这些特质导致特别需要依赖酒精以减轻焦虑。一些调查显示，酒精成瘾常与其他精神障碍共存，近80%的酒精依赖患者至少合并一种其他精神障碍，其中以抑郁、焦虑和反社会型人格障碍最为常见。有研究资料报告，在男性酗酒者中，50%曾被诊断有反社会人格障碍（引自章恩友，姜祖桢主编，2008）。

3. 社会因素

（1）环境因素。酒精成瘾不仅与遗传因素有关，也与环境及社会因素有关。长期生活在寒冷和潮湿地区的人群以及从事重体力劳动的工人，酒精依赖的患病率最高，其中绝大部分是与家人、同事一起饮酒，或由于体力劳动借酒解乏，或以酒促进睡眠、借酒消愁，等等。

案例分析

高某深夜酒后与尚某在电话中发生争吵，两人相约见面后发生推搡，高某拿出随身携带的约15厘米长的弹簧刀，将尚某面部、颈部、腹部、腰部捅伤，构成轻伤二级。案发后，高某主动投案。湖滨区法院审理认为，被告人高某的行为已构成故意伤害罪，依法判处其有期徒刑一年八个月，并附带赔偿尚某 45 564.1 元。

卢某凌晨醉酒后步行至一个小区时，与驾车出小区的李某相遇。为发泄不满情绪，卢某辱骂李某并用拳头将其车前挡风玻璃砸裂，后又辱骂任某并将其驶停在路边的出租车后挡风玻璃砸碎。案发后，卢某自首，分别赔偿李某和任某 5 400 元、160 元。湖滨区法院审理认为，被告人卢某的行为构成寻衅滋事罪，依法判处其有期徒刑八个月，宣告缓刑一年。

资料来源：典型案例丨都是酒精惹的祸．澎湃新闻，2023-06-25.

（2）家庭因素。对于酗酒，家庭因素影响非常大。严重酗酒者的父母、兄弟常常也是酗酒者。这与遗传、角色模仿密切相关。此外，酗酒者通常是家中的幼子，因为幼子在过度保护的环境中成长，较为依赖，并表现在饮酒的行为上。

（3）学习理论。根据学习理论的观点，酗酒者借饮酒来减轻内在紧张，并获取愉悦的经验，此种情形与行为的奖励及强化有关。

（4）文化因素。大部分人是在社会习俗中学习喝酒的，如果长时间在有喝酒的文化背景中成长，就可能受文化的影响而饮用更多的酒。不同民族的酒文化不同，朝鲜族酒精成瘾者比例最高，满族比朝鲜族低，汉族又比满族低。这与对酒的态度及认识上的差异有关，朝鲜族认为豪饮见知己，而汉族受儒家文化的影响，对饮酒持克制或保留态度。

案例分析

2017 年 6 月 19 日广东某知名高校大一学生王某，参加了酒吧推出的“三分钟内喝掉六杯，消费免单”的活动。在一片加油与喝彩声中，这个 19 岁的青年喝下了六杯混有多种烈酒的“特调鸡尾酒”，总饮酒量 1 800 毫升。第六杯酒后倒地昏迷，40 分钟后被送往医院，医院诊断为酒精中毒。送进抢救室已无心跳，最终抢救无效死亡。有媒体评论，是畸形的酒桌文化害死了这个重点大学的 19 岁青年。酒，成为勇气、胆量和诚意的检验品，酒吧会推出这种活动，王某会自告奋勇，旁观者会加油、呐喊，是酒文化这一推手的体现。

三、赌博成瘾与习惯性犯罪

早在人类的史前期，赌博就成为人类行为的有机组成部分。古埃及人在公元前 3500 年便开始制造由机会决定胜负的游戏。我国从唐朝开始用骰子进行赌博，随着印刷术的发展，又发明了“叶子戏”，以后演化为麻将和纸牌等。赌博有广义和狭义之分。广义的赌博是指具有明确的欲求目的，但其全部结果或部分结果是以机会来决定的任何行为。诸如商业投资、股票买卖、职业选择、购买福利彩票、参与赛马，以及军事、外交策略的选择过程等，均被称为赌博。狭义的赌博则是指以输赢钱财为目的，参与由机会决定其结局的游戏或类似游戏的活动。法律上所禁止的赌博，主要是指涉及钱财输赢的狭义赌博。赌博活动本身随着人类物质文化水平的提高而变得形式多样，世界各地都可以见到各种各样的赌博活动。

（一）赌博成瘾及其危害

在参与赌博的人中，有些人已经发展到了病态的程度，即赌博成瘾，又称病理性赌博、赌博癖、强迫性赌博。所谓赌博成瘾，是指赌博者有难以控制的赌博欲望和浓厚兴趣，参与赌博已经成为强迫性行为，并有赌博行动前的紧张感和行动后的轻松感，其目的不在于获得经济利益。由于沉迷于赌博不能自拔，赌博时常达到影响职业甚至伤害家庭的地步。赌博成瘾分别于 1980 年在美国《精神疾病诊断和统计手册》（第 3 版）（DSM－Ⅲ）、1990 年在《国际疾病分类》（第 10 版）（ICD－10）草案中被列为冲动控制性障碍的一种。我国则在 2001 年 4 月出版的《中国精神疾病分类方案与诊断标准》（CC-MD－3）中，将其列入了精神障碍的诊断系统。

赌博成瘾具有严重的危害性。首先，病态的赌博行为极易使个体呈现出上瘾行为形态，导致持续地麻痹自己，逃避压力，并出现身心症状及说谎行为。在性格上还会表现出冲动、自恋的特点，容易出现极端的情绪变化，并有忧郁、人格异常、人际关系不良，甚至自杀倾向。有学者研究发现："赌博癖是一种慢性进行性精神障碍，患者中的企图自杀率达 20%。"（引自师建国主编，2002，156 页）其次，参与赌博必然占用大量的时间，不仅严重影响工作，而且妨碍休息，损害健康，导致失业。再次，造成经济损失，小者丧失钱财，大者造成家庭不和、夫妻分居离婚、子女教育不良，甚至倾家荡产。最后，诱发各种犯罪行为，包括因赌博行为而在赌场争斗，或者演变为诈骗、贪污、偷盗、抢劫、杀人放火等，触犯法律，危害社会。

（二）赌博成瘾的特点

1. 赌博成瘾的临床特点

赌博成瘾者和以赌为业的职业赌家有着明显的区别。职业赌家是以生意的眼光及态度从事赌博，不仅具有丰富的赌博知识、纯熟的技巧和科学的理财观念，关键还在于他们对输赢的状况掌握清楚，坚定不移地执行战胜赌场的正收益率原则。而赌博成瘾者通常迷信或过于相信自己的赌技，废寝忘食地思考有关赌博的过程与信息，然后处心积虑地找钱翻本，对于周围的人和事已经感觉麻木。有的人也曾想戒赌，但对输掉钱财不甘心，总想捞回本利，不料越赌越大，越陷越深，情绪变得急躁易怒，身心不堪重负，到了濒临崩溃的地步。

2. 赌博成瘾者的心理特点

（1）赌博成瘾者怀有一种不可抑制的强迫性冲动，如果试图戒赌，则会出现戒断症状如焦虑、失眠等。

（2）赌博成瘾者一般人格偏离正常。以反社会人格、自恋性人格及边缘性人格居多。

（3）赌博成瘾者和物质依赖者（如毒瘾与酒瘾）在心理表现上极其相似。例如：两者都有抵制这种行为的欲望，但最终又难以抵制；在行为开始之前有逐渐增强的紧张和焦虑感；在行为过程中或行为结束后这种紧张与焦虑感减轻或消失，并伴有心理上的愉快感和满足感；这种行为的冲动和欲望在间隔一段时间后又会重现。

（4）有较高的精神障碍倾向。容易并发精神疾病，以躁郁症、忧郁症、注意力缺失过动症、酒（药）瘾为主。罗伊斯（Roys）等采用艾森克人格测验对赌博成瘾者进行测查后发现，他们的 P 分和 N 分较高，提示有精神质和神经质倾向，心理素质较差（引自章恩友，姜祖桢主编，2008）。

（三）赌博成瘾的成因

1. 生理学解释

英国科学家的研究表明，赌博成瘾的原因并非来自金钱，而是人体内可能产生的能引起异常兴奋的一种化学物质。英国科学家曾对 15 名经常参加赌博和 15 名偶尔参加赌博的人进行了实验，测试这两组人在玩吃角子老虎机后的各种反应。结果表明，偶尔赌博的人因刺激而心跳加快，赌博后心跳恢复正常，而赌博成瘾的人心跳在较长时间后才恢复正常（引自师建国主编，2002）。心跳加快时，人体内会产生一种被称为“内啡肽”的化学物质，正是这种化学物质使得参加赌博的人获得一种异常兴奋的快感。

2. 心理学解释

（1）人格因素说。有学者曾提出倾向于感官刺激的人格倾向者，较易从事冒险刺激的活动（含赌博）。赌徒在人格特质上倾向于追求权力、成就与获得肯定。但值得注意的是，这是否为赌博的本质因素，或赌博行为是否容易受情境与机会的影响，仍有待进一步研究。

（2）精神分析学说。精神分析学家认为，赌博行为在大多数情况下涉及一种神经症性发展过程，尤其是与自恋性和恋母情结性冲突有关。赌博成瘾的心理机制与他们对父母的认同感有关。还有人认为自恋素质以及患者试图控制一切的幻想与赌博成瘾也有一定关系。赌博是生殖器前期性驱力和攻击本能的发泄所选择的一种无意识的取代形式，是罪恶感寻求自我表现惩罚的方式，是内心冲突的反复扮演，是受虐心理在作祟，是强迫性手淫欲望的转换，等等。

（3）行为主义学说。行为主义学派根据巴甫洛夫与斯金纳的条件反射和动物实验，认为赌博和其他人类行为一样，是一种后天习得的行为。对赌博活动的耳濡目染是参加赌博的契机，赌博活动中的强化是一种间歇强化。

（4）危机和压力说。赌博就像其他活动一样可以提供缓解压力的机会。其生命中呈现的危机不应被视为促使赌博的因素，而是可能会增加赌博的强度。例如，亲人的死亡或婚姻生活不和谐等。赌博满足了个人的许多需求，使个人转移压力源并提供逃避社会责任的机会。因此，危机与压力对赌博具有催化作用。

（5）综合因素说。行为人经常在几年正常范围的赌博后出现赌博癖，有时是连续性的，有时是片段性的。赌博成瘾的原因很多，与个人的生活经历、生活环境、性格特点等都有某种关系。赌博成瘾者往往具有程度不同的心理缺陷或障碍，或是其成长过程中存在性格发育不完善，等等。另外，赌博成瘾的形成与嗜赌者大脑神经系统出现异常变化也有某种关系。

3. 社会学解释

（1）历史文化因素。文化对赌博机会的影响可分为三个方面：不同历史文化背景下具有不同类型与范围的赌博，不同文化的态度与风俗鼓励或禁止赌博的发展形态，法律的制定与文化规范决定了某类赌博形态是否须受处罚。例如，在白人尚未殖民前，澳大利亚原居民是不会赌博的，因为当时没有赌博。此外，新形态赌博的引进与立法对赌博人口的增加也有推波助澜的作用，宗教信仰的差异与赌博程度的不同也有相当关联。例如，在澳大利亚不赌博被视为一种“古板”的代表。因此，历史和文化因素是影响一个人是否赌博的重要因素。

（2）环境因素。参考团体对个人赌博的态度影响很大。所谓参考团体，是指会使个人产生某种程度认同的团体，而不论此人是否为该团体的一员。比如在传统上，男性是家中经济的主要来源，而赌博被视为一种赚钱养家的方法，男性参考团体就会因此鼓励赌博。工作团体可能也是影响赌博的重要参考团体。许多文化和阶层因素通过参考团体间接影响个人的赌博行为，例如通过商业的接触，中产阶层可能会购买股票，而劳工阶层则可能会对体育比赛下注。

（3）社会学习。这表现为通过观察和模仿的过程学习赌博行为。即使是最简单、直接的赌博也需要学习，例如初赌者须了解其游戏规则。社会学习主要发生于参考团体内，而家庭则是训练赌博最重要的参考团体。孩子通常是通过观察父母赌博来习得赌博的。另外，父母也常常通过孩子的协助使孩子参与赌博，比如叫小孩子拿钱及寻找彩券等。此外，许多西方媒体中充斥的多种赌博广告，也常教导受众通过赌博寻求刺激。因此，社会学习似乎是影响个人是否赌博及鼓励赌博的一个重要因素。

（4）社会酬赏。一般来说，赌博者周围通常有一群同好者，他们在频繁接触中会发展出友谊与赌博的社群，并会通过赌博进一步获得认可。此种酬赏对赌博者而言是一种正向的回馈，进而导致其持续赌博行为。

（四）赌博成瘾的过程

赌博成瘾是一种渐进式的行为失调，与其他瘾癖一样，个体一旦染上就会渐渐失去自制能力。这一演变过程大致分为以下四个阶段。

1. 赢钱阶段

“输钱皆因赢钱起”，有病态性赌博倾向的人，开始时跟大多数人一样，参与赌博只是为了娱乐或出于好奇。不过，普通人赢了钱，只会当自己好运，高兴一时。而对有病态性赌博倾向的人来说，这种满足感会异常强烈。一有机会，他们就想再去捕捉那种刺激。久而久之，这种强烈的渴望就成为理智的障碍。赌博的刺激、以小博大的心理及他人的赞美，令他们不自觉地增加赌博行为。他们也自认为赌术高明，幻想能够一朝发达。这样，赌博的次数越来越频繁，注码也越来越大。

2. 追逐阶段

这个阶段的特点是“放不下”，赢了就加大注码，希望把以前输掉的钱赢回来。输了就更觉不忿，认为只要有赌本，终有一天会扭转乾坤。这种追逐思想渐渐占据了他们的生活，不管自己是否有能力偿还债务，都要不断向人借钱，欠债越多，想在赌局上赢回所失的意念越强。为了隐瞒事实，他们更要编织许多谎言，期望能够在短时间内扳回，不计后果，有的甚至不惜用非法的手段去获得金钱。

3. 危机阶段

在这个阶段，债主临门，家庭面临破裂，有些更会因违法而受检控。在绝望中，有些人会以最后的精力及金钱，孤注一掷，结果走投无路，情绪变得极度抑郁，甚至会有自杀的念头或行为。“一了百了”的念头在许多人的心中挥之不去。

4. 放弃阶段

经过反复的折腾之后，赌徒们终于认命，放弃了能捞回来的想法，但并不停止赌博。此时，他们情绪更加低落，不少人“借酒浇愁”，从而染上了酒瘾，还有人开始吸食毒品。

四、网络成瘾与习惯性犯罪

互联网被称为继报纸、广播、电视之后的“第四媒体”，它拥有三大媒体都不具有的丰富信息资源和灵活快捷的传播方式。随着我国电信事业的发展，电脑进入千家万户，“上网”也在很多城市家庭“热”了起来，“网上家庭”越来越多。互联网给人类的生活、工作带来了前所未有的便捷，更吸引了无数“网虫”在浩如烟海的信息世界里如痴如醉地遨游。与此同时，上网成瘾并深陷其中者亦与日俱增。

（一）网络成瘾及其危害

网络成瘾，临床上也称病理性网络使用、网络成瘾障碍、强迫性网络使用等，是指由于过度使用互联网而导致明显的社会、心理损害的一种现象，是一种与上网有关的包括病态行为和认知适应不良的心理障碍。有学者认为，网络成瘾是由于重复地使用网络而导致的一种慢性或周期性的着迷状态，它会使个人产生难以抗拒的再度使用欲望，并导致其对上网所带来的快感一直有生理及心理依赖。有关专家将“网瘾”分为强迫性信息搜集症（信息超载）、网络交际成瘾症、网络色情成瘾症、网络强迫症、游戏成瘾等几种。

网络成瘾是一种冲动控制性障碍，是随着互联网发展而产生的一种普遍的社会现象。网络成瘾不仅影响学业和前途，危害身体健康，还会导致心理障碍，诱发犯罪行为，具有严重的社会危害性。

案例分析

2012 年 4 月 13 日，湖北省衡阳县 12 岁侄子杀死姑姑一家三口案震惊社会。肖志在广州出生，父母都是外来打工者。肖志 3 岁那年，父母离异，父亲肖剑军不得不将他送回老家，由爷爷奶奶照看，肖志在家乡读完小学，每个学期都能从学校拿回奖状，其中最多的就是“三好学生”奖状。小学毕业后，肖志被送到衡阳的一所中学读书。肖志进城后，姑姑肖林玲承担了教育的责任。初一第一个学期，肖志依旧拿到了“三好学生”奖状。初一下学期，肖志的成绩降到了第 26 名，之后一路下滑。到初二时，肖志已经被老师归为表现很差的学生。肖志沉迷网络，在电脑上学会了网络游戏，比如《洛克王国》

《穿越火线》等。肖志在游戏中枪法很准，有时还会在他人面前炫耀一下自己，从此以后便一发不可收拾。此外，肖志偷家里的钱、撒谎、打架、在校犯错误、爱攀比，姑姑发现后曾打过恨铁不成钢的侄子。

资料来源：痛心悲剧：湖南省衡阳县12岁少年杀害姑姑一家3口：3岁父母离异曾是三好生．搜狐网，2018-12-06.

（二）网络成瘾的主要理论观点

1. 生物学理论

研究表明，成瘾行为与6种不同的神经递质有关，包括γ-氨基丁酸、乙酰胆碱、去甲肾上腺素、多巴胺、5-羟色胺、β-内啡肽，其中最主要的是去甲肾上腺素和多巴胺。上网持续时间过长会使大脑中的多巴胺水平升高，令人在短时间内高度兴奋，但之后则令人更加颓废、消沉。

2. ACE模型

有美国学者认为，在网络交往中有三个特点，即匿名性（anonymity）、便利性（convenience）、逃避现实性（escape），这些特点使上网者易于成瘾。匿名性是指在网络交往中隐匿自己的真实身份，可以不负责任，为所欲为；便利性是指参与网络活动所付出的代价很小，只要坐在电脑桌前，世界就掌握在“自己手中”；逃避现实性是指网络用户遇到烦心的事情时，可以不顾现实社会的约束在网上尽情发泄、倾诉。

3. 网络游戏特性说

目前我国运营的网络游戏主要是多人在线的角色扮演类游戏。这类游戏具有容易导致成瘾的特点：一是持续性，无限升级使游戏玩家尤其是自控能力弱的玩家很难控制自己的上网时间；二是互动性、仿真性和竞技性，游戏者参与其中，在虚拟社会中实现抱负。多人在线角色扮演类游戏将众多玩家在同一时间连接到共同创造的虚拟世界中，使他们各以不同的游戏角色参与其中，游戏强调个人在虚拟社会中的地位和成就。玩家往往把自己在现实中的不愉快、挫折，通过游戏角色来宣泄，并把难以实现的理想寄托在游戏角色上，花费大量时间、精力和金钱于游戏角色的练功升级，长时间沉迷于网络游戏之中。

4. 行为主义的解释

这主要是通过巴甫洛夫的经典条件反射理论和斯金纳的操作条件反射理论来解释网络成瘾。这种观点认为青少年尚不能适应社会，他们常有无助、依赖、挫败感。他们在现实生活中遭遇生理或心理上的困难或挫折时，就会将情感满足和压力释放转向网络，逃避现实生活而换取“网络人生”的幸福。随着多次使用网络，他们就会逐渐形成行为的动力定型和依赖心理的定势。

5. 精神分析学理论

这一理论认为网络成瘾的起因应追溯到口唇期。婴儿通过哺乳得到精神上的满足，并保留了代表母爱的温暖、关怀、安全等美好的感觉回忆和思念，而网络成瘾者通过上网重新获得这种在口唇期结束后就似乎消失而又隐藏在潜意识中的满足感。数以百万计的电脑联成一体的网络，在物理上和逻辑上与无边无际的海洋有相当多的相似之处。他们在茫茫网海中的冲浪行为，就好像口唇期的婴儿在摇篮里舒适、安静、幸福地入睡，从而使归属感得到暂时的满足。还有学者认为，患者在童年期受到了过分的娇惯、放纵，成年后遇到挫折如下岗、失恋、离婚、破产等无力应付，不敢面对现实，为了寻求解脱，便以沉溺于网络生活的方式退行到幼年期而不能自拔。

6. 人格特质理论

我国台湾大学林以正教授研究指出，网络成瘾现象的产生是网络使用者的个人特质与网络功能交互作用的结果。他通过研究发现，高焦虑、低自尊、忧郁、自我概念不明确者容易网络成瘾，这四项程度越深者成瘾程度越严重。美国卡内基·梅隆大学及匹兹堡大学的研究都显示，网络成瘾者往往具有以下人格特点：孤独、敏感、抑郁、倾向于抽象思维、警觉、不服从社会规范（引自章恩友，姜祖桢主编，2008）。事实表明，青少年网络成瘾者其自我概念、人际技巧等方面都不健全，寂寞感、忧郁感较强。

（三）网络成瘾的心理机制

1. 闭锁性与交友意向的矛盾影响下的交往心理

青少年期是个体交往需要最强烈的时期，交往也是青少年社会化和心理健康发展的必要条件。但由于心理不成熟、交往经验和交往技巧缺乏等原因，青少年在交往过程中往往会出现一系列的心理问题。这主要表现为自闭与防御心理、自卑心理、交往恐惧等，这些都会导致在现实中交往的失败，交往需要得不到满足。而在网络上的交往则具备人际交往的所有条件与特征，又主要是通过电子邮件、网上聊天等手段进行联系与交流。这就使交往双方可以逃避在现实交流中必须面对面的压力，而且可以向对方隐瞒真实的身份、年龄甚至性别，以一个“虚拟”的“我”来与对方进行交往。部分青少年觉得这种交往方式更随意、没有压力，既避免了现实中交往的紧张、不适应，又满足了交往需要，于是逐渐地乐此不疲。

2. 性冲动与自控力的矛盾影响下的性好奇心理

青少年正处于性意识从萌发到日渐明确和成熟的阶段，且时常为性意识和性冲动所困扰。同时，由于心理幼稚，意志力不坚强，自觉抵制不良信息的能力较差，再加上在当前获得健康性知识和性教育的渠道不畅，他们会有一种强烈的性好奇心理。而互联网上却充斥着各种与黄色、暴力有关的内容，并且与其他媒体的相关内容不同的是，互联网上的这些内容几乎是对任何对象都不加限制的。这就会使青少年有意无意地接触到有关信息后而不能自拔。

3. 求知欲与认识水平的矛盾影响下的“信息占有”心理

青少年求知欲旺盛，获得和占有信息的需要较强烈。而互联网上的信息丰富、直观，形式多样，易于理解和接受。这一切都会吸引求知欲旺盛的青少年，使他们成为“天然的网民”。但如果分不清这些信息的实质，不加选择地接受和占有，就容易走入误区。这种心态所致的网络成瘾症主要有两种类型：一种类型是每天从网上搜集大量并不重要的信息，或下载和学习使用尽可能多而实际并不急需的软件，登记注册大量的免费信箱，尝试从网上购买商品和服务，参加与互联网有关的活动，严重者甚至表现出一种类似强迫的症状；另一种类型是对网络技术与安全具有强烈的探究欲，并以攻击和破坏网站、非法进入机密网站来显示自己的能力，获得成就感，成为网络“黑客”。

4. 理想与现实的矛盾影响下的幻想、玩乐心理

处于青春期的青少年好幻想，但容易脱离现实，看不到现实与幻想之间的距离，从而有可能沉溺于幻想不能自拔。网络游戏给他们的这种心理提供了一个很好的表现渠道。部分青少年之所以沉溺于网络游戏，是因为他们在玩游戏的过程中始终存在一种“自居”心理，即把自己想象成为游戏中具有超强本领的英雄人物，最终能通过努力完成伟大的使命，以此获得成就感。再加上网络游戏中多媒体和三维技术的运用，更符合青少年的接受心理，他们也就对此乐此不疲，达到痴迷的程度。而且，网络上的游戏资源更为丰富、获得更为方便，还可以通过联机，从传统的电子游戏的人与电脑的互动变为双方各操纵一台计算机，扮演不同角色的人与人之间的互动，且不受空间距离的限制。

应用篇

网络成瘾的诊断

美国学者金伯利·杨（Kimberly Young）根据修改后的病态赌博诊断标准，提出了互联网成瘾的评定项目：

1. 你是否迷恋互联网或其他网上服务，并在下线后仍然念念不忘？
2. 你是否感到有必要花更多的时间去网上寻求满足感？
3. 你是否无法控制自己上网？
4. 如果减少了上网时间或停止上网，你是否会感到不安和愤怒？
5. 你上网是否为了逃避问题或减轻无助感、犯罪感、焦虑、抑郁？
6. 你是否欺骗家人或朋友以隐瞒你上网的频度和在线时间？
7. 你是否为了上网而不惜冒失去某个重要关系、工作、受教育机会或谋职机会的风险？
8. 你的上网时间是否总是比原先预计的要长？

金伯利·杨指出，被试如果对其中的五个问题答“是”，就被认为是“上瘾”。这一标准符合病态赌博的诊断标准，因此可以区分出正常的互联网使用和病态的互联网使用。但是，这些测验标准仍然有待进一步考察。

基本概念

习惯性犯罪　反社会人格障碍　习惯与冲动控制障碍　毒品成瘾　酒精成瘾　赌博成瘾　网络成瘾

本章要点

1. 从心理学意义上分析，习惯性犯罪可以划分为“常态”的习惯性犯罪和“变态”的习惯性犯罪。

2. 当前在社会上经常见到的“常态”的习惯性违法犯罪主要有破坏公共设施行为，侵占应急车道、消防通道行为，乘车人乱扔杂物行为，随兴编造网络言论行为，等等。

3. “变态”的习惯性犯罪可以分为人格障碍类习惯性犯罪和成瘾类习惯性犯罪。

4. 关于人格障碍类习惯性犯罪，本章主要讨论了反社会人格障碍和习惯与冲动控制障碍中的犯罪行为。其中，习惯与冲动控制障碍部分主要讨论了偷窃癖和纵火癖的习惯性犯罪问题。

5. 关于成瘾类习惯性犯罪，本章主要讨论了毒品成瘾、酒精成瘾、赌博成瘾、网络成瘾的特点、发生的机制，以及与犯罪有关的问题。

复习思考题

1. 什么是习惯性犯罪？你对日常生活中的习惯性违法犯罪现象有何看法？

2. 选择典型案例，分析反社会人格障碍者犯罪的特点。

3. 选择典型案例，分析习惯与冲动控制障碍者犯罪的特点。

4. 通过案例，分析毒品成瘾、酒精成瘾、赌博成瘾、网络成瘾的特点及发生机制。

推荐阅读

1. 朱光潜．变态心理学．北京：中国文史出版社，2021.

2. 巴洛，杜兰德．变态心理学：整合之道．黄峥，高隽，张婧华，等，译．北京：中国轻工业出版社，2017.

3. 皮亚扎．人性的基础：21 世纪的生物学新发现．北京：世界图书出版有限公司，2021.

4. 王国芳．后现代精神分析：拉康研究．福州：福建教育出版社，2019.

5. 刘新民，杨甫德．变态心理学．3 版．北京：人民卫生出版社，2018.

6. 张丽欣．监狱心理矫治现状与效果评价研究．北京：中国人民公安大学出版社，2020.

7. 胡泽卿．法医精神病学．4 版．北京：人民卫生出版社，2016.

第七章

青少年犯罪心理

【学习目标】

1. 掌握青少年犯罪的概念，了解青少年犯罪心理研究的历史和发展趋势。

2. 了解当前青少年犯罪的类型和特点。

3. 学习领会环境因素与青少年犯罪心理形成的关系。

4. 学习掌握青少年犯罪行为产生的心理背景。

【章节导读】

1999 年，在日本发生了轰动全世界的福田孝行凶杀案。该案件成为学界和民众深入探讨刑法处罚年龄的重要推动力。当时 23 岁的本村洋先生下班回家，四处不见妻子和女儿的踪影，家里一片凌乱。他在柜子里发现了妻子的尸体。报警后，警察在收纳柜最上层发现才 11 个月大的夕夏的尸体。4 月 18 日，警方逮捕一名 18 岁的少年。据犯罪人供述，他于 4 月 14 日当天下午两点左右，乔装成检查排水管的工人，按门铃顺利进入被害人家中，目的是强奸被害人。犯罪人将被害人压在身体下面，遭到被害人激烈的反抗，于是动手掐死被害人，被害人窒息死亡后，再用事先准备好的胶带将被害人双手捆绑，并在口鼻处也黏上胶带，防止其苏醒，对死去的被害人进行奸尸。当时 11 个月大的婴儿夕夏一直在妈妈的旁边哭泣不休，犯罪人将婴儿抛往别处，可是婴儿还是挣扎着，哭着往已死去的母亲遗体处爬去。犯罪人怕婴儿的哭声引起邻居的注意，于是将哭闹不止的夕夏从母亲遗体旁边拉开，重摔地面数次之后再用绳索勒毙。由于日本的法律以 20 岁认定为成年，一审的判决结果是无期徒刑。由于有多条青少年保护法规，如果犯罪人表现良好，七八年便可出狱。被告代理律师在听到法庭宣判时，比了胜利的手势。福田孝行在入狱后写给友人的信件中，充满了侮辱被害人以及其家属的言论，其中还有藐视司法的部分。最终，由于被害人家属本村洋不断的上诉和检察官等的努力，最终在案发后的第九年福田孝行被判处死刑。

第一节 青少年犯罪概述

世界各国都十分重视对青少年犯罪问题的研究，不同学科领域对此有不同的认识和研究重点。从心理学角度对青少年犯罪的研究有较长的历史，当前已出现一些新的研究趋势。

一、青少年犯罪的概念

青少年这个概念在犯罪学中一般是指已满 14 周岁不满 25 周岁的人。这个概念包含“青年”和“少年”两个年龄段的人群，横跨了未成年人和成年人两个年龄区域。在英文中，与“青少年”相类似的概念是“juvenile”（少年）和“minor”（未成年人）。两者往往用于不同的场合：“juvenile”通常用来指青少年犯罪人；“minor”通常用来指法律上不负责任的未成年人，与此相对应的是“majority”（法定成年）。西方国家一般使用“少年”一词，俄罗斯、东欧一些国家往往使用“未成年人”一词，也有的国家两者并用，如德国法律规定，已满 14 岁不满 18 岁的是少年，已满 18 岁不满 21 岁的是未成年人。在有些国家，单独使用这些概念时往往用“少年”，而与成年人相对使用时，往往用“未成年人”。各国规定的少年的最高年龄从 14 岁到 21 岁不等，这与中国青少年的最高年龄相差较大。许多国家的少年犯罪是一个法律术语，有特定的内容，而且少年的年龄也是由法律明文规定的。所以，英文“juvenile delinquents”一词与中国使用的青少年犯罪概念实际上是有差别的。不过，在理论研究中，两个概念是可以相通的。

在我国，理论界对青少年犯罪的概念有狭义和广义之分。狭义青少年犯罪的概念，是从刑事法学观点出发给青少年犯罪所下的定义，一般是指 12～25 岁年龄段的人所实施的依法应当受刑事处罚的行为，以我国开始追究刑事责任的年龄 12 岁为起点。广义青少年犯罪的概念，是从犯罪学的角度出发给青少年犯罪所下的定义。有学者认为，它是指 6～25 岁年龄段的人实施的犯罪行为、触犯治安管理的违法行为和违反道德规范的不良行为。这种定义是从犯罪预防的角度，将矫治的行为扩大到违法行为和不良行为（不道德行为或可能引起犯罪的行为），并将这个年龄段的下限予以降低。对这个下限存有不同意见，如有学者提出，应当定在 10 岁比较合适。其理由在于，从实证的角度，青少年犯罪人口中一般从10～12岁开始有劣迹，十三四岁开始走向社会进行违法犯罪，14～17 岁进入犯罪的第一个高峰期。这样可以有针对性地进行预防犯罪研究。

拓展阅读

很多犯了罪的未成年人被认为是品行障碍（conduct disorder，CD）患者。品行障碍是一个诊断术语，指的是那些习惯化的品行不端行为（有的是违法的，有的不是），如偷盗、纵火、离家出走、逃学、破坏公物、打架、虐待动物、频繁说谎等。可根据初次肇事年龄的不同把品行障碍分为两类：10 岁以前开始肇事的是“儿童品行障碍”，预后较差；青少年时期发作的是“青少年品行障碍”，预后较好。

本书也认为，青少年犯罪是指 10～25 岁的人实施的具有严重社会危害性的行为。这一概念包括未满 18 周岁的少年犯罪和已满 18 周岁不满 25 周岁的青年犯罪。前者和《刑法》上规定的“未成年犯罪”的范围是一致的，只不过“未成年犯罪”是一个准确的法律概念，而“少年犯罪”则是一个宽泛的社会学、犯罪学概念；后者的“青年犯罪”也指年轻的成年犯。

二、青少年犯罪心理研究的历史

对青少年犯罪心理的研究，起源于对青少年与成年人之间存在的心理、生理等方面的差别的认识。这种认识最初反映在对青少年危害社会行为的不同处理上。早在公元前 2270 年，古巴比伦的《汉谟拉比法典》就已经把青少年的犯罪行为与成人的犯罪行为区别开来，具体规定了对那些申明同父母脱离关系或逃离家庭的孩子的惩罚。希伯来人把青少年划分为不同的阶段，年龄越大，处罚越重。古老的英国法律也规定对 16 岁以下的少年犯罪从轻处罚。随后，人们进一步认识到，由于青少年的身心特点，对犯罪青少年在处罚措施的执行方面，也应加以区别对待。因此，在 16 世纪，荷兰、意大利等国的慈善团体纷纷设立不良少年感化院，从事对犯罪及不良少年的感化工作。16 世纪以后，对犯罪及不良少年的感化教育问题逐渐引起了世界各国的关注。1704 年，罗马教皇克雷芒十一世在罗马设立圣米迦尔教养院，收容 20 岁以下的犯罪及不良青少年，对他们进行感化教育。此后，各国少年感化机构纷纷成立，从而推动了对青少年犯罪及其心理的研究。

对青少年犯罪心理的比较科学的研究始于 19 世纪末 20 世纪初。西方社会工业化和都市化的发展，引起了包括家庭结构及职能在内的一系列社会变动，使得青少年犯罪现象更加引人注目。由此，对青少年犯罪问题的研究变成一项迫切的社会任务，许多学者开始探讨青少年犯罪及其心理问题。具有代表性的研究包括：1896 年，英国犯罪学家 W. D. 莫里森在伦敦出版的著作《少年犯罪人》，被看作第二次世界大战前青少年犯罪研究领域中的标准著作。1929 年，美国芝加哥学派成员 F. M. 思雷舍出版《帮伙》一书，在其中绘制了芝加哥地区的少年犯罪帮伙分布图。1929 年，芝加哥学派的 C. R. 肖出版《少年犯罪区》一书，完整地将生态学的方法运用于犯罪研究，后来他与 H. D. 麦凯合作，于 1931 年出版了这一领域的经典著作《少年犯罪与城市地区》。1921 年，美国犯罪心理学家 H. H. 戈达德出版了《少年犯罪》一书，认为智力落后是少年犯罪产生的原因，甚至认为几乎所有的犯罪人都是智力落后者。1926 年，希利和心理学家 A. F. 布朗纳测查了波士顿和芝加哥的犯罪青少年的智力，发现至少有 47%的人低于正常水平。这方面的研究持续了很长时间。1929 年，德国精神病学家 J. 朗格出版了《命运的犯罪：犯罪孪生子研究》，对犯罪与遗传的关系进行了开创性的广泛研究。1931 年这本书的英文版在美国出版后，吸引了许多学者用生物学、遗传学的观点研究犯罪。以此为开端，美国、苏联、荷兰、日本、英国的许多学者都对这一问题进行了大量的研究。1938 年，T. 塞林出版《文化冲突与犯罪》，用文化冲突的观点来解释少年犯罪。1939 年，美国犯罪学家 E. H. 萨瑟兰出版了《犯罪学原理》（第 3 版），提出了著名的不同接触理论，用社会心理学中的交往理论来解释犯罪及少年犯罪的形成原因，产生了广泛的影响。进入 40 年代后，美国学者 W. H. 希尔顿出版了《青少年犯罪者的种类》一书，研究了青少年犯罪与体型之间的关系。美国著名的青少年犯罪学家格卢克夫妇出版了《揭开少年犯罪之秘》（1950）和《体型与少年犯罪》（1956）等书，发展了希尔顿的理论，全面论述了少年犯罪及其心理问题，对青少年犯罪心理的研究做出了贡献。1955 年，A. K. 科恩出版《少年犯罪人：帮伙文化》一书，从文化-心理角度研究少年犯罪，将这一领域的研究向前推进了一步。1961 年，W. C. 雷克利斯发表了题为《少年犯罪与犯罪的一种新理论》的论文，提出了犯罪的遏制理论，认为内部遏制和外部遏制的缺乏是少年犯罪产生的原因。进入 70 年代后，对于青少年犯罪及其理论的研究进一步深化，有些学者用社会生物学与心理学的观点研究青少年犯罪，如美国乔治敦大学心理学家 J. B. 科蒂斯等发表的《少年犯罪与犯罪：生物社会心理学的探讨》（1972），从生物学、社会学和心理学方面研究了少年犯罪问题；有些学者运用认知心理学的观点探讨少年犯罪，还有的学者运用道德发展理论分析少年犯罪等。

经典回顾

1964 年，美国学者 H. C. 奎伊从心理学角度对少年犯罪人进行分类。他从矫治角度出发，将少年犯罪人分为 5 类：（1）能力不足——未成熟型。这种犯罪少年的特征是被动、沉默寡言，容易受到别人的愚弄，精神能力未充分发育，行为举止幼稚，能力不足，不能应付环境的变化。（2）神经症——冲突型。这种犯罪少年的特征是焦虑、郁郁寡欢，自卑感和罪恶感较深，常常对自己的行为感到懊悔，服从权威，攻击怯弱，不会像其他类型的人那样一犯再犯。他们的主要问题是心理方面的，违法犯罪问题大多是由情绪问题引起的。（3）未社会化——攻击型或精神病态型。这种犯罪少年的特征是蔑视权威，富于攻击性。他们易激动，好争吵，常常有被害感，不能从惩罚中吸取教训，缺乏责任感，不可信任，没有悔恨和羞愧感。（4）已被社会化或亚文化犯罪型。这种犯罪少年的特征是参加帮伙活动，容易受同辈群体的规范的影响。（5）亚文化——不成熟型。这种犯罪少年的特征是，不适应社会要求，缺乏能力，往往通过隶属帮伙来满足自己的需要。奎伊的这种分类在美国得到广泛的重视，成为少年犯罪矫治改造的重要根据。

当前，青少年犯罪及其心理的研究趋势具有这样几个特点：（1）综合性。将多种理论流派的有关观点结合起来，运用多学科的视角来解释少年犯罪及其心理问题，而不再注重学派之争。（2）实用性。几乎所有的对青少年犯罪及其心理的研究，都与刑事司法、犯罪青少年的矫治、青少年犯罪的防治相结合。（3）广泛性。目前除了在传统的研究领域中继续探索外，还拓展了研究范围，从所能设想到的各个方面，借助所能运用的一切手段，对青少年犯罪及其心理进行研究。（4）新颖性。目前的研究除继续运用传统的方法外，还根据现代科学的发展，运用新的方法论和先进的仪器设备进行研究。（5）精神病学化倾向。将青少年犯罪看成一种精神病态现象，用精神病学的观点来分析青少年犯罪的形成原因和矫治方法。

我国的青少年犯罪研究作为犯罪学研究的先导，开始于20世纪70年代末80年代初，青少年犯罪心理学也因此有了迅速的发展，先后出版了《青少年犯罪心理学》(1985)、《中国青少年犯罪学》(1987)、《青少年犯罪心理学》(1989）等。在此期间和此后出版的不同版本的《犯罪心理学》对青少年犯罪心理也都做了大量论述。

第二节　青少年犯罪的类型与特点

从世界范围来看，当前青少年犯罪类型呈现多样化的特点，我国的情况也不例外。当前我国青少年犯罪特别是未成年人犯罪出现暴力化、团伙化、低学历等特征（刑东伟，吴晓峰，李洪，2013－05－30)。

一、青少年犯罪的类型

关于青少年犯罪的类型划分，历史上有不少学者进行过研究，下面“经典回顾”中介绍的是从心理学研究的角度进行的类型划分，具有一定代表性。

经典回顾

关于少年犯罪分类的体型理论是在20世纪四五十年代，由美国学者希尔顿提出，并由格卢克夫妇加以发展的。该理论认为少年犯罪的产生与其具有一定的体型有关。希尔顿将人的体型分为4种类型，并认为每种体型都有相对应的性格特征：(1）内胚层体型。这种人身体圆润肥胖，其性格特征为喜爱娱乐、外向、柔顺，几乎对任何体育活动和冒险活动都不感兴趣。(2）中胚层体型。这种人骨骼发达、肌肉健壮，其性格特征为喜欢冒险、爱好运动、专断大胆、争强好胜。(3）外胚层体型。这种人身体单薄、身材瘦长，其性格特征为精神抑郁、沉思内向。(4）均衡型。这是一种综合型体型，没有任何单一类型的突出特征。希尔顿在研究了波士顿的200名少年犯罪人之后，发现有60%的人属于中胚层体型，而在作为控制组的一般少年中仅有30%的人属于中胚层体型。此后，格卢克夫妇又根据希尔顿的人体类型说，对少年犯罪人进行了大量的研究，发现：在犯罪少年中，中胚层体型者最多，占60.1%（在非犯罪少年中为30.7%)；其次为外胚层体型者，占14.4%（在非犯罪少年中为39.6%)；接着为均衡型者，占13.5%（在非犯罪少年中为14.7%)；内胚层体型者最少，占11.8%（在非犯罪少年中占15.5%)。格卢克夫妇谨慎地解释这种现象，认为就体型、性格和气质是一个稳定不变的整体来看，它并不是使某人成为犯罪少年的犯罪人格。不过，由于中胚层体型者体格健壮，血气旺盛，不愿受约束，因此在处于不利的环境时，如果其他条件相同，中胚层体型者更有可能采取犯罪行为，而成为犯罪少年。

目前在国外，青少年犯罪的类型除盗窃、抢劫、杀人、伤害等常见犯罪以外，还有一些在中国较少发生的犯罪类型，如利用现金自动支付机或金钱自动出纳机进行的犯罪、利用信用卡进行的犯罪、少年交通肇事等。此外，少年团伙进行的违法犯罪活动也受到研究者的重视。

中国学者对青少年犯罪类型的划分没有比较一致的观点，通常都是以刑法典中的犯罪分类为基础。从当前青少年犯罪的现实情况与发展趋势看，犯罪类型呈现多样化的特点。2022 年 6 月 1 日，最高人民检察院发布《未成年人检察工作白皮书（2022）》（以下简称白皮书）。白皮书显示，修订后的未成年人保护法、预防未成年人犯罪法深入实施，家庭教育促进法正式施行，最有利于未成年人原则更加深入人心，未成年人成长的环境更加友好，保护未成年人的氛围更加浓厚。同时也应看到，侵害未成年人犯罪数量仍处于高位，未成年人犯罪数量有所上升，且呈现低龄化趋势，家庭监护缺位问题依然比较突出，网络对未成年人的影响巨大，未成年人保护社会治理还存在薄弱环节，未成年人保护工作依然任重道远。

从未成年人犯罪情况看，白皮书显示总体呈上升趋势。2020—2022 年，检察机关受理审查逮捕未成年犯罪嫌疑人数分别为 37 681 人、55 379 人、49 070 人，受理审查起诉未成年犯罪嫌疑人数分别为 54 954 人、73 998 人、78 467 人，总体呈上升趋势。2022 年，受理审查逮捕、受理审查起诉人数较 2020 年分别上升 30.2%、42.8%。

数据显示，低龄未成年人犯罪占比上升，同时未成年人犯罪类型更加集中。2022 年，检察机关受理审查起诉未成年人犯罪居前五位的分别是盗窃罪、聚众斗殴罪、强奸罪、抢劫罪以及寻衅滋事罪，占比共达 67.4%。

需要注意的是，未成年人涉嫌帮助信息网络犯罪活动罪明显上升。2022 年，检察机关审结（含起诉、不起诉）未成年人涉嫌帮助信息网络犯罪活动罪犯罪人数，较 2021 年同比上升 82.41%。

同时白皮书显示，未成年人毒品犯罪占比、校园欺凌和暴力犯罪数量、未成年人重新犯罪率都呈持续下降趋势。

从侵害未成年人犯罪情况看，白皮书显示，侵害未成年人犯罪案件总量有所下降，但性侵案件仍呈上升趋势。2022 年批捕、起诉侵害未成年人犯罪人数较 2021 年分别下降 14.07%、3.54%，但起诉强奸、猥亵儿童等性侵未成年人犯罪人数同比上升 20.4%。

此外，组织未成年人进行违反治安管理活动犯罪数量上升，侵害不满 14 周岁未成年人犯罪有所上升。2020—2022 年，检察机关起诉侵害不满 14 周岁未成年人犯罪人数分别为 27 234 人、31 213 人、34 066 人，2022 年较 2021 年同比上升 9.1%，反映低龄未成年人保护亟须加强。①

二、青少年犯罪的特点

关于当前我国青少年犯罪的特点，综合近年来的调查研究资料，研究者们认为以下几方面比较突出。

---

① 最高检发布《未成年人检察工作白皮书（2022）》. 光明日报，2023-06-03.

（一）暴力犯罪倾向明显

青少年正处在成长发育阶段，生理发育很快，但心理发展相对滞后，思想不成熟，容易走向歧途。而且他们易受外界感染、刺激，产生感情冲动，走向极端。近年来，受社会不良风气的影响，青少年犯罪特别是其中的未成年人犯罪的案件类型，从之前的“温和型”犯罪发展到暴力性犯罪的状况逐渐凸显。绑架、毒品犯罪逐渐增多，为抢劫而杀人、杀人后碎尸等行为时有发生。

案例分析

湖南邵阳的邓某，14 岁，父母常年在外打工，是典型的农村留守少年。2011 年 6 月 17 日晚，邓某在网吧上网至凌晨 2 点左右，趁网吧没人，便想从吧台的抽屉里偷钱。但刚下手，就被网管刘某发现。刘某上前阻拦，邓某立即拿出随身携带的弹簧刀朝刘某猛刺，一共在其胸腹部刺了 4 刀，并在其咽喉部割了 3 刀。让人震惊的是，年仅 14 岁的邓某在杀人后竟然混在人群中，淡定地围观了警察办案的全过程。

（二）团伙犯罪特征突出

近年来，青少年犯罪中的共同犯罪特别是团伙作案增势明显，带有“黑帮”性质的团伙犯罪亦有增加趋势。这是由年龄小、思想不成熟和依附性强等特点决定的。他们在实施犯罪时往往有胆怯心理，总感觉一个人作案势单力薄，所以就纠集多人，形成“作案氛围”，一哄而上，既能互相壮胆，又能分工合作。一些犯罪团伙专门组织“屡抓屡放”的未成年人，肆意实施盗窃犯罪，唆使其打架斗殴或为赌场望风、维护秩序等。某市公安局对 2018 年、2019 年本地籍 1 100 多名未成年违法犯罪人员进行梳理，发现未成年人走上犯罪道路的原因之一，是一些犯罪团伙如开赌场的黑恶势力，有意雇用未成年人，利用其身份实施违法犯罪活动。

更有甚者，近几年来不断有青少年组成的带有封建帮会色彩和黑社会性质的违法犯罪团伙，从事打架斗殴、寻衅滋事、侮辱妇女、抢劫、敲诈钱财等违法犯罪活动，有的甚至称霸一方。

案例分析

2013 年 2 月 19 日，北京市海淀区酒吧内 17 岁的少年李某某与其他四人将被害人带至一宾馆内轮奸。次月，李某某等人因涉嫌轮奸被依法批捕。据悉，其父亲是著名男高音歌唱家，母亲系国家一级演员，家庭老来得子，对李某某十分宠爱。其余三名未成年犯罪人中，两名魏某某系表兄弟，家境殷实，从小娇生惯养。北京市海淀区人民法院以强奸罪分别判处被告人李某某有期徒刑 10 年；王某（成年人）有期徒刑 12 年，剥夺政治权利 2 年；魏某某（兄）有期徒刑 4 年；魏某某（弟）有期徒刑 3 年，缓刑 3 年；张某某有期徒刑 3 年，缓刑 5 年。

（三）文化程度普遍较低

众多的调查资料显示，大多数青少年犯罪人特别是未成年犯罪人都集中在未完成义务教育的文化层次，文化程度普遍较低。失学辍学对未成年人影响明显，在涉罪未成年人中，初中及以下学历占比达九成以上（瞭望官方媒体网站，2023），这类人员的普遍特点是厌学，过早进入社会，但由于心智未发育成熟，且无一技之长，难以找到固定工作，经常混迹于网吧等公共场所，盲目讲求哥们义气，急需得到伙伴认同，一旦受到成年人或同伙的怂恿诱惑，就极易参与打架斗殴、抢劫侵财等犯罪案件。

（四）突发性犯罪和无明确动机的犯罪较多

由于青少年社会经验少，考虑问题比较简单，动机单纯，预谋性不强，突发性犯罪和动机不明的犯罪比较多。有的只是因小事一时焦躁，动怒动武；有的一时逞强，难以忍受“羞辱”，出气报复，坠入犯罪深渊；有的因一时意气，不顾后果，引发犯罪行为。例如，17 岁的杀人犯赵某由于骑车与他人相撞，在遭到殴打和辱骂后，失去理智，掏出随身携带的水果刀，向对方连砍数刀，致人死亡。被判无期后，他深感后悔，并希望用自己的例子启示他人。

（五）经过干预，再犯率下降明显

10 年前有学者提出，未成年犯在刑满释放后重新犯罪的可能性较高，3 年内再犯率超过 70%（张茜，2008）。近 5 年来，通过开展对于未成年人的保护处分机制，落实训诫、观护帮教等保护处分措施，未成年再犯率显著下降。上海市检察机关发布《2016—2020 年上海未成年人检察工作白皮书》，显示近年来上海未成年人检察工作构建了“捕、诉、监、防、教一体化”的特殊工作模式，形成了涉未成年人刑事、民事、行政、公益诉讼“四大检察”工作格局，取得了良好效果，2016—2020 年未成年人犯罪率同比减少 27.8%，98.4%涉罪未成年人无再犯（夏天，2021）。但目前国内外未成年人犯罪问题中，再犯问题依然相对突出，其受关注程度也较高，依然是国家、社会关心和亟待解决的问题。

如何预防青少年犯罪？

案例分析

2016 年 1 月 18 日，广州市番禺区 11 岁女孩陈某遭到奸杀，凶手是 19 岁的韦某。韦某曾于 2010 年在其家乡掐死一名男孩，但因为当时他未满 14 周岁，所以不负刑事责任。2011 年，他在广西家乡又因持刀伤害小女孩被判刑 6 年。2015 年 11 月，韦某“减刑”释放后来到广州市番禺区，至案发前无业。案发当天，韦某骑自行车途经韦涌村，见被害女童独自一人行走，便捂住其口鼻拖到桥底处实施了性侵，后将女童杀害。

资料来源：“少年犯”减刑出狱再犯大案，谁当反思．新华网，2016-01-21.

第三节 青少年犯罪心理形成的环境因素

与个体犯罪心理形成有关的环境因素，是指社会生活中足以影响个体犯罪心理形成的各种因素的总称，包括宏观社会环境和微观社会环境。宏观社会环境主要有政治环境、经济环境、文化环境、精神环境及法制环境等，它影响着犯罪心理的性质和类型，以及全社会犯罪率的高低；微观社会环境指个体生活的具体环境，主要有家庭环境、学校环境、同伴关系、社区环境、大众传媒等。对青少年犯罪心理的形成而言，微观社会环境因素起着更为直接的作用。

一、家庭环境

家庭在个体社会化过程中有着重要作用，良好的家庭环境能促使个人健康地成长，抑制犯罪心理的产生和发展。反之，不良的家庭环境则会妨碍个人的健康成长，甚至导致犯罪心理的产生。家庭环境中与青少年犯罪心理形成关系最为密切的因素主要有家庭结构的缺陷和教养方式的不当。

（一）家庭结构缺陷对青少年的影响

就家庭教育而言，理想的家庭应该是父母双全，并且能够承担对子女的教育责任。而家庭结构缺陷，比如由于死亡、离婚、分居、遗弃等原因，缺损父母一方或双方，这些情况造成了对家庭结构的完整性、稳定性的破坏，使家庭的功能受到削弱。以章节引导中福田孝行案为例，犯罪人的母亲在其孩童时期自杀身亡。在这样的家庭中，亲子关系遭到破坏，子女从小受到心灵创伤，爱与被爱的需要得不到满足，有的甚至遭受歧视和虐待，得不到家庭应有的温暖，很容易形成孤僻、冷漠、自卑等不良性格和反叛心理。在这些家庭中长大的孩子比那些生活在结构完整的家庭中的孩子更容易受到不良环境的影响和坏人的教唆与引诱，并由此走上犯罪的道路。《中国国民心理健康发展报告（2021—2022）》显示，青少年群体有14.8%存在不同程度的抑郁风险，高于成年群体。同时，住校、父母外出工作等缺少父母照顾与陪伴的青少年有更多抑郁、孤独、手机成瘾的问题；此外，家庭关系紧张、父母不和睦的青少年的心理健康风险更高。报告还指出，总体上有四成左右的青少年有时或经常感到缺少伙伴、被冷落或与别人是隔绝的。未成年人犯罪，“脆弱”不是主因，“缺爱”才是核心（瞭望官方媒体网站，2023）。由此推断，生活在破损家庭中的子女违法犯罪率明显高于一般正常家庭。

（二）家庭教养方式不当对青少年的影响

家庭的教养方式直接关系着家庭教育的成败。教养方式不当很容易使子女在感情上与父母疏远，有的甚至造成子女与家庭对立，导致十分严重的后果。从实际生活来看，容易导致青少年产生违法犯罪心理的家庭教养方式主要有以下几类。

1. 溺爱型

即对子女过分娇宠，情感过剩，理智不足。一种情况是想方设法满足子女的各种欲求，即使是不正当的欲求也无原则地满足，对其过错甚至是违法行为，不但不进行批评教育，反而迁就、放任，甚至袒护、包庇、纵容，长此以往，使子女养成了自我中心、好逸恶劳、贪图享乐、自私自利、任性、骄横、藐视权威等消极心理品质。这种情况在隔代教养中表现得更为明显。另一种情况是过分保护，即父母代劳帮助孩子解决一切问题，其实质也是溺爱。在这种溺爱下长大的孩子，有的自我意识偏离，自我评价过高而又缺乏独立自主能力；有的依靠父母的权势、地位为所欲为，其优越感、特权思想严重，当社会不能使其意愿在正常范围内得以满足时，他们就可能通过非法方式来实现。

2. 粗暴型

即对子女采用简单、粗暴的方法进行管教，要求子女无条件地顺从家长的意志，稍有过失，非打即骂。这种教养模式一方面会对孩子的性格产生不良影响，使其容易走向极端，或是变得自卑、孤僻，或是变得固执、叛逆，崇尚权威和武力，抑或兼而有之；另一方面，长期看到父母对待自己的方式，让这些孩子习得问题应对的模式，即粗暴解决。那些在学校里欺凌弱小的“小霸王”，究其家庭成长环境，很多都曾是家庭暴力的受害者，而这些孩子成人后，又往往会采用粗暴型的方式对待他们的子女，这就容易形成从受虐者到施暴者的恶性循环。

拓展阅读

语言暴力对青少年的影响近年来逐渐受到重视。不少家长都曾说过“就没见过你那么笨的”“猪脑子”类似的言语，这些言语有的甚至成为口头语。这些家长或者教育者，无论是恨铁不成钢，还是习惯性侮辱训斥，都是对孩子不同程度的精神虐待，甚至成为他们走向犯罪的导火索。

沈阳看守所的六名青少年罪犯在《暴力语言会变成武器》公益广告中这样说道：他们听到最多的话是“没用”“丢人”“猪脑子”“怎么不去死”。这些16岁的少年最后举起刀，结束了他人的生命，也葬送了自己的人生前途。

3. 放任型

即家长抱着“树大自然直”的观念，或认为教育子女是学校的事情，对子女放任不管，任其自由发展，导致家庭教育职能丧失。由于父母双方均工作繁忙、家务繁重，或长期上夜班或在外地工作，与孩子见面机会少，他们对子女的教育在时间和精力上不足或根本无暇顾及，或者虽由祖父母或外祖父母代管孩子，但由于年老体弱，他们往往心有余力不足，因而只能放任孩子自由发展。在这些情况下，由于子女缺少家长的有效指导和监督，加上自身认识水平不高，缺乏正确辨别真善美与假恶丑的能力，在社会上各种不良因素的影响下，他们就容易形成犯罪心理，走上违法犯罪的道路。当前，日益增多的留守儿童犯罪问题就说明了这一点。

4. 矛盾型

即父亲与母亲之间，或者父母与祖父母或外祖父母之间对子女的教育、褒贬不一致，形成矛盾，致使子女无所适从，久而久之，也会使孩子在认识、情绪、好恶、道德观、价值观等方面混乱，是非颠倒，行为偏常，甚至可能形成“两面性”人格。这种不良的人格特点就成为今后产生违法犯罪心理的基础。

5. 奢望型

心理学研究表明，适当的期望能够给人带来动力，促进被期望者不断进步。但是，如果把期望变成奢望，如家长不适当地对子女提出过高的要求，子女尽自己最大的努力也难以达到，孩子就会产生极大的心理压力，甚至焦虑不安，产生逃避心理。当下，不少父母期盼孩子“一代优过一代”。从小学阶段，甚至幼儿园时期，就要求孩子“不输在起跑线上”。大量地做题、做卷、提前学习，让不少孩子小学阶段就戴上了近视眼镜。这样的“内卷”极易产生严峻的后果。一方面，当孩子能力不足未能达到父母的期望时，容易产生自卑、厌学，甚至习得性无助，严重的还有自残自伤行为。另一方面，即使在父母的严格管教下，学习成绩优异，成了让人羡慕的“别人家的孩子”，一旦高考结束，进入大学，失去了老师、家长的管控和环境的压力，不少优秀高校的大学生不知道为什么学习、不知道如何安排时间，甚至不知道活着的意义何在，出现了“空心病”等问题。所以，如何让孩子在成长的过程中获得内驱力，让孩子拥有一个美好、有一定自由、可以游戏的童年，对于孩子的身心健康、一生的长远发展更为重要，这可能也是国家提出“双减”政策的目的所在。

教育内卷的根源是什么?

案例分析

毛先生系博士毕业，与郑女士婚后育有一儿一女。2021年，儿子小明（化名）7岁，在读小学一年级，女儿小佳（化名）5岁，在读幼儿园。郑女士称，丈夫毛先生经常向小明、小佳教授中学、大学的知识，让两个孩子学习文言文和高等数学，并要求子女学习至深夜，其在教育子女的过程中经常使用侮辱性字眼进行谩骂，有时甚至出现殴打行为。在公安民警、妇联工作人员和学校老师介入协调的过程中，毛先生一直未能认识到其教育方式不当的问题，反而认为其管教孩子仅为“家务事”，拒绝接受相关人员的协调，对两个孩子的身心造成了严重伤害。郑女士遂向法院申请：禁止被申请人毛先生打骂申请人及申请人子女小明、小佳；禁止被申请人毛先生限制申请人及申请人子女的人身自由。江苏省南京市建邺区人民法院依法签发人身安全保护令，禁止被申请人毛先生对郑女士、小明、小佳及其相关近亲属实施家庭暴力。

本案中，庆幸两个年幼的孩子有一位像郑女士一样明智和勇敢的母亲，否则在如此高压的揠苗助长下，孩子学业不敢期待，身心肯定受损。

资料来源：博士父亲逼7岁、5岁儿女学高数至深夜，母亲申请人身保护令．“CCTV今日说法”微信公众号，2021-12-20.

二、学校环境

学校是青少年从家庭走向社会、顺利实现社会化过程的重要场所。学校通过各种教育活动使青少年形成正确的世界观、人生观、价值观，掌握做人的行为规范，获得各种知识和能力。良好的学校教育可以对不良的家庭教育起到矫治和弥补的作用，帮助青少年抵制和消除社会不良因素的影响。但是，学校教育中的某些缺陷与失误却不利于青少年的社会化，对青少年违法犯罪心理的形成具有重要影响。

（一）学校教育内容的缺陷对青少年的影响

改革开放以来，科技进步带来了经济的飞跃发展，“尊重知识，尊重人才”成为人们的共识，学校教育也朝着“多出人才，快出人才”的方向发展。因此，知识、智力教育被放在了首位。但是，由于片面追求升学率，在一些地区，考试成绩成为衡量学生及学校优劣的主要甚至唯一标准，因而只注重发展学生的智力因素，却忽略了非智力因素的培养，道德教育也不同程度地被忽视，甚至出现了用智育课取代德育课的现象。“重智轻德”的结果是，学习成绩相对差的学生自尊心受到极大挫伤，失去进取心和自信心，一些青少年开始厌学、辍学，流失到社会上。他们无所事事，从事有损身心健康的活动，有的甚至被他人引诱加入犯罪团伙，进行违法犯罪活动。更为严重的是造就了一批知识、智力上的高能者，但在人格上、品德上却是低下者。他们有的幼稚、天真，缺少社会经验，承受挫折能力差；有的对社会上的不良风气、不良文化和腐朽思想抵抗力脆弱，容易受到消极影响，在某些外界诱因的作用下，极易产生违法犯罪心理。

此外，学校在法治教育上的误区对青少年犯罪心理的形成也有很大的影响。对在校学生普遍进行法治教育，其目的是要使他们认识到社会主义法治在整个国家政治生活、经济生活、文化生活中的地位和作用，认识到人人遵纪守法的重要性和违法犯罪的危害性，进而培养他们的法律意识和守法行为习惯。虽然当前许多学校都开设了法治教育课程，普及了法律常识，但效果并不理想。有这样一个实例。未满 12 岁的少年小东（化名）杀害了 4 岁女童，案发后他不止一次撒谎且态度从容、平静，还非常坦然地对母亲说：“你不用担心，我不会死的。”当地派出所的民警讯问时，他说：“一抓我时，我就想到以前学过的法律常识，未满 12 岁不负刑事责任，因我未满 12 岁，可以不去坐牢。”由此看来，法治教育只停留在法律知识的传授上是远远不够的。如果只传授法律知识，没有使青少年形成与法律规范要求相适应的价值观，将法律规范的要求内化为自己的需要和行为动机，从而不能用法律规范约束自己的行为，形成守法的行为习惯，这样的法治教育很难对青少年犯罪起到预防作用，甚至反而可能让一部分青少年钻法律的空子，逃避法律惩罚。

（二）学校教育方法和态度的偏差对青少年的影响

在学校教育中，不适当的教育方法、不正确的教育态度，不仅不利于学生对知识的掌握，反而会对受教育者的心理发展产生不利影响。对学生进行体惩、给学生贴“标签”等不适当的教育方法，都会在一定程度上打击学生的学习积极性，甚至使某些学生产生消极情绪而厌学、弃学、逃学，流入社会后极易受消极因素的影响而出现违法行为，某些学生还可能由于对老师的误解而产生过激的报复行为。此外，在对学生的思想品德教育方面，许多学校和老师不仅方法简单，而且内容空洞、脱离实际，对学生缺乏吸引力，再加上某些老师本身言行不一，就会更加削弱教育的权威性，使品德教育形同虚设。这样就很容易使成长中的青少年排斥社会主流文化，而对不良的社会亚文化产生认同。

案例分析

2021 年 7 月底至 8 月中旬，不到一个月的时间里，四川省广元市剑阁县发生了十几起盗窃案。经查，这十几起案件都是同一伙人所为，这伙人年纪都很小（团伙中只有一人刚满 18 岁，其他都是未成年人），大到几千块钱的现金，小到衣服、零食，都是这伙人盗窃的目标。在调查中，警方发现，他们大都很早就辍学，家中父母要么外出打工，要么离异，长期无人看管。他们居无定所，没有固定收入，有的打过工，但嫌工资低，干活辛苦，很快就不干了，几个人混在一起，吃吃喝喝。这伙人胆子很大，不计后果，在行窃时并不是非常在意监控设施，有时甚至不对自己做遮挡伪装，偷盗后及时行乐挥霍一空，然后再继续偷，似乎已经放弃了自己的未来。

这伙年轻人属于典型的学业受挫、过早离开学校的人群。在“抱团取暖”形成了一个小团体后，他们不崇尚传统的社会价值观，而是形成了自己的亚文化，比如好勇斗狠、及时行乐等。由于他们对客观物质的需求、无所事事的状态，以及强壮的身体和社会技能匮乏的反差，加上亚文化价值的导向，这个未成年人的小团体不断参与犯罪活动。

学术前沿

20 世纪 20 年代，研究者开始关注智力与青少年犯罪的关系，并认为几乎所有青少年犯罪人都有智力问题。但是之后有段时间很多犯罪学家和心理学家又极力否认这种联系，甚至只要提及两者的关系就会被嘲笑。后来到了七八十年代，智力因素又开始被重视，并且发现了“学业成绩”“对学校所持的态度”两个中介变量。到了 90 年代，又有研究者发现智力与犯罪之间的联系不但存在，而且不受社会阶层、种族甚至年龄的影响。关于两者之间的关系，现在一般认为，青少年犯罪人比同龄人更容易出现学习困难问题，而有学习困难的孩子更容易在智力测验中得分较低（但这并不说明他们就一定智力低下），因此智力会与犯罪呈现出关联。但是青少年犯罪与学习困难之间到底具有怎样的联系目前仍不清楚。

在教育态度方面，过去学校和老师往往人为地把学习成绩不同的学生分为三六九等。这种态度无论对于所谓的“优等生”还是“差等生”都不利于其身心发展。近年来，随着学校对于素质教育的重视，以及“双减”政策的落实，这种现象在很大程度上得到了改变。从长远来看，这对青少年的身心健康十分必要。

（三）学校管理工作的失误对青少年的影响

有的学校和老师忽视学生日常管理工作的重要性。许多学生在校学习期间就有打架斗殴、故意扰乱课堂秩序、相互攀比生活学习用品、搞游戏性质的赌博活动等不良行为，但学校对此却放任自流。其结果是不良习气在校园内盛行，不仅打乱了学校正常的教学秩序，影响教学活动的顺利进行，使学生无心学习，而且使有不良行为的学生没有及时得到矫治，进而演变成恶习，最终走向堕落。

三、同伴关系

青少年在成长过程中，对于家庭的依恋和依赖呈现缓慢下降趋势，而对于同伴、朋友的依恋呈现明显的上升趋势。到了青春期，同伴关系在个体心理和行为的发展中开始成为非常重要的因素。对于部分个体，其作用甚至超过家庭因素。同伴关系涉及三种水平：友谊、朋党、团伙。随着年龄的增长，青少年逐渐会发展出可以给予他们支持和帮助的一对一的友谊形式，朋党通常是由 6～12 人组成，团伙是指更大的群体。在建立不同水平的同伴关系过程中，青少年逐渐明确和认识到自己是什么样的人、自己将要成为什么样的人。

同伴关系对于个体的成长至关重要，对于个体心理和行为也会产生非常大的影响。从这个意义上说，这也是如此多的家长想了解孩子交往的朋友的原因，因为担心他们跟着“坏孩子”会学坏。

学术前沿

2005 年，心理学研究者加德纳（Gardner）和斯坦伯格（Steinberg）做了一个同伴对冒险行为影响的实验。他们招募了三组被试：青少年（13～16 岁）、年轻的成人（18～22 岁）、成年人（24 岁以上）。三组被试均被要求玩一个“胆小鬼”的游戏，在游戏中被试扮演司机，当信号灯由绿变黄时，停下车，目标是在红灯前和撞墙前将车开最远的距离。研究者让其中的一半被试单独进行游戏，另一半被试三人一组，一人进行游戏时，其余二人旁观。结果发现在游戏情景中，青少年群体在同伴在场时，更多地表现出冒险倾向和行为。

四、社区环境

社会是由若干社区组成的。所谓社区，是指聚集在一定地域范围内的社会群体和社会组织，根据一套规范和制度结合而成的社会实体，是一种地域性的社会生活共同体。社区是我们社会中相对独立、完整的社会生活单位，它具有人口、经济、政治、文化、生活方式等方面共同的基本的社会要素。社区对人的影响是巨大的，所有的人都要在社区中完成其社会化过程，而且社区文化、价值观念、社会活动等都会对人产生影响。因此，社区内的一些消极因素，如不良的居住环境、不良的人际交往等，不可避免地会对青少年违法犯罪心理和行为的形成产生一定影响。

（一）不良居住环境对青少年的影响

社区居住环境作为基本的生活环境，是人们休闲、娱乐的重要场所。不良的居住环境会对青少年的个性形成产生消极影响，或者会进一步发展他们在家庭环境中已经形成的不良个性品质，使其逐渐形成犯罪心理。

首先，复杂、恶劣的居住环境会对青少年的社会化过程产生消极影响。例如：成分复杂的大院容易成为犯罪分子隐蔽、销赃的窝点，这些地区的犯罪人像散发毒菌一样感染着周围的人，甚至还可能明目张胆地教唆、拉拢、腐蚀青少年，使他们走上犯罪的邪路；流动人口聚集区，人员复杂而且素质较低，居住条件差，亚文化盛行，这些消极因素的存在，不仅为犯罪行为的发生提供有利条件，而且会对生活于其中的青少年产生不良影响，极易诱发犯罪心理。

其次，社区居住环境中，正气不足，歪风邪气盛行，也会对生活于其中的青少年产生不良影响。例如：在社区中若有人赌博，街坊邻居也会跟着赌博，致使赌风盛行；有人搞迷信活动，大家也跟着拜祭鬼神；有人进行盗窃活动以改善生活，别人也可能会将此作为“生财之路”，更有甚者以居住地为单位结成盗窃团伙；一人搞不正当经营发了财，别人也纷纷效仿；等等。一项调查表明，某市犯罪青少年的居住环境多数比较混乱，有57.2%的人其居住地经常发生吵架、骂街、打架斗殴事件，有46.5%的人其居住地有赌博、酗酒或其他不良行为，有26.4%的人其邻居中有因违法犯罪被公安机关处理过的情况（引自刘邦惠主编，2009）。

（二）社区中不良的人际交往对青少年的影响

在社区内的不良人际交往，特别是青少年群体内的不良交往，不仅会使错误的社会意识、不良的个性品质和行为习惯等得到强化，而且可能导致形成地域性的不良群体或犯罪团伙。在不良群体内，青少年更容易受“坏朋友”的引诱、教唆而走上违法犯罪的道路。正如古语所说：交友如染丝，“染于苍则苍，染于黄则黄。所入者变，其色亦变。五入必而已，则为五色矣。故染不可不慎也”。社区中的不良人际交往会使有些人出现“从恶如崩”的情况。例如，对某省未成年犯管教所195名违法犯罪青少年的调查表明，他们中多数人的违法犯罪与不良人际交往有密切关系，170名犯有强奸、偷窃、斗殴等罪的青少年中，经常与“坏朋友”有交往关系的占96.68%，其中因“坏朋友”引诱而直接犯罪的占61.17%，因支援同伙而犯罪的占32.93%。

五、大众传媒

随着网络、自媒体的迅速发展，传媒对于个体行为和心理的影响越来越大，而青少年群体相比成年人，更易受到外界的影响。当心智未成熟的未成年人面对充斥着暴力、色情的影视、游戏，甚至媒体报道时，一方面他们通过观察学习，习得用暴力解决问题的行为模式，另一方面他们会对色情、暴力脱敏，甚至当现实生活中也发生类似的行为或犯罪时，他们也认为没有什么大不了，导致约束和抑制其越轨行为的因素减弱。

早在1961年，心理学家班杜拉就用实验说明了观察到暴力行为，对于儿童后续行为的影响。班杜拉将儿童被试随机分成两组，每组儿童都与一个成人待在一个有充气玩偶的屋内。成人先装配其他玩具，然后实验组的成人开始对充气玩偶拳打脚踢，嘴里不时有“揍你脸”“打倒你”的叫喊；控制组则由成人装配玩具而不侵犯玩偶。孩子目睹了全过程。结果，实验组儿童表现出许多成人的攻击行为，包括身体攻击和言语攻击，这些攻击行为要显著多于控制组的儿童。

1984年齐尔曼和莱恩特以大学生为被试，研究了色情电影对于大学生的影响。研究者让实验组大学生在6个星期内每周观看6个直接表现性行为的短片，而控制组则观看6部无色情内容的电影。6周以后，要求所有被试都读一份报道某男性强奸一位搭便车的女孩而被定罪但尚无判决的报纸，并要求被试量刑。结果发现，那些看过色情片的学生给予的刑期只有没有看过色情片学生的一半。大量接触暴力、色情信息的青少年会对这些刺激脱敏，进而认为这个世界就是这样污浊暴力，从而对待犯罪行为更宽容，更没有界限和底线，当自己身处其中，或者在紧急情况下更容易出现违法犯罪行为。

“偶像”违法犯罪的自信心从何而来？

第四节　青少年犯罪的心理背景

任何认识主体都要以一定的背景为基础才能成为现实的主体。社会生活环境是认识主体的外部背景，已经形成的心理模式则构成认识主体的内部背景或心理背景。在心理背景里，又有表层背景和深层背景之分。青少年作为社会生活中的重要群体，其违法犯罪行为的产生必然有一定的背景，其中对外部背景犯罪学者做过全面深入的分析研究，关于内部心理背景的研究主要是犯罪心理学的任务。很多学者更倾向于分析青少年的世界观、价值观、认识特征、有意识动机（如报复、金钱物质欲望等）对犯罪行为产生的影响，这固然是必要的。但是，青少年之所以比其他年龄阶段的人更容易违法犯罪，其根源还在于他们深层次的心理背景。这类似一种群体无意识，它在不知不觉中影响着青少年的认识选择、对情感的需求、审美的价值标准，以及个体意识控制调节的方式与能力等。显然，研究和揭示青少年犯罪的深层次的心理背景，对预防青少年犯罪具有不容忽视的作用。本节从以下几方面讨论青少年犯罪的心理背景。

一、逆反心理

青少年时期是由儿童到成年的过渡时期，处于一种半幼稚、半成熟的状态。由于自我意识的发展，青少年渴望从“襁褓”中摆脱出来独立支配自我的欲望非常强烈，出现强烈的成人感，发展心理学称之为“心理断乳”。他们要求与家长、老师取得平等的地位，不希望成年人再把自己当小孩子看待；要求自己独立地思考问题、处理问题，不愿意家长、老师过多地干涉和管束。“心理断乳”之后，大人的“喋喋不休”总让他们感到厌烦，从“顶撞”到离家出走都一再表现了青少年的逆反心理，也显示了他们内在的“成人感”和“独立性”。

对于青少年的逆反心理，不能简单地将之等同于故意对抗或“人格偏常”，不能用“倔”“犟”等词来做相似的概括，它实际上是这一年龄阶段普遍存在的心理现象。心理学研究表明，真正意义上的逆反心理是态度引导的结果，表现为对于应该接受的立场和观点却持怀疑、厌烦、抵触等态度。其直接的诱因是引导者（教育者）及其引导内容、形式、引导情境的相关特征，如对引导者的反感所致的平衡逆反、简单禁止所致的禁果逆反、施加压力所致的自主逆反、过量反复所致的超限逆反、时机不符所致的情境逆反等。比如，一个小孩拒绝父母的劝说，不肯进食，这是逆反心理的表现吗？不一定。这里有两种情况：一种是小孩本来就厌恶这种食物或者已经吃饱了；另一种是小孩本来是喜欢吃这种食物的，只是由于对父母劝说的态度、方式、时机等抱有消极或否定的定势，因而拒绝进食。前一种不属逆反心理，后一种则是。因此，对于青少年的教育和引导，家长和老师必须充分考虑他们逆反心理产生的特点，选择恰当的内容、方法、形式、时机。

其实，虽然青少年有强烈的成人感和独立愿望，但事实上他们对家长、老师还存在很大的依赖性，不能完全依靠自己的力量去解决一系列复杂问题，还希望得到成年人的理解、帮助和支持，他们常常陷入这种独立性和依赖性的矛盾状态之中。如果家长、老师的教育引导得当，就完全能够帮助青少年健康成长。相反，如果教育引导不当，诱发了青少年的逆反心理，甚至使情绪激化，导致他们与家长、老师的人际关系疏远，感到在家庭、学校得不到温暖，从而走向社会去寻找新的依附对象，他们就容易被一些不良群体甚至犯罪团伙接纳，把对家长、老师的依附关系转移到不良群体的“哥们儿”身上。在不良群体中，青少年之间频繁的交往和“平等”“自由”的人际关系，最容易相互影响，发生相互模仿、暗示、从众等行为，形成不良的心理品质和行为习惯，最终演变为违法犯罪行为。

二、模仿心理

模仿是指仿照一定榜样做出类似动作和行为的过程，其发生均以榜样的存在为必要前提和重要起因。青少年求知欲旺盛，好奇心强，善于模仿。但由于缺乏成熟的道德识别能力和自我控制能力，他们对感到新奇的行为总是无批判地加以模仿，而且往往能从中体验到莫大的乐趣和满足。他们中的一些人在接触到电影、电视、小说中的暴力、淫秽情节后，就竞相模仿，进而沾染上不良的行为习惯。在一定的条件下，这些接触就会诱发犯罪行为，见前一节“大众传媒”部分。

青少年的模仿心理既有盲目性的一面，又有选择性的一面。青少年容易模仿的对象主要有：（1）感到新奇的对象；（2）最初接触的对象；（3）经常接触、耳濡目染的对象；（4）钦佩、羡慕的对象；（5）有艺术魅力的对象；（6）类似境遇中类似人物的行为（引自罗大华主编，1994）。此外，青少年的模仿心理还受个体的年龄、性别、个性特点、个体生活史、具体经历及日常习惯等因素的影响，表现出一定的个别差异。

三、易受暗示心理

暗示是在无对抗的条件下，用含蓄、间接的方法，对他人的心理和行为产生影响，从而使他人自然而然地接受一定意见、观点或按一定方式去行动的过程。暗示只要求受暗示者接受现成的信息，并以无批判的接受为基础。暗示对人的心理和行为的影响是很大的，尤其是正在成长发育的青少年更容易受暗示的影响。因为青少年思维敏捷，接受能力强，但自我意识不完善，缺乏思维的独立性和批判性，总体心理水平较低。

国外有位心理学家曾做过一个实验，他让大学生对两段作品进行评价。他告诉学生说，第一段作品是英国文豪狄更斯写的，第二段作品是一个普通作家写的。其实这两段作品都是狄更斯所写。受了暗示的大学生却对这两段作品做了悬殊的评价：第一段作品获得了宽厚而又崇敬的赞扬，第二段作品却受到苛刻而又严厉的挑剔。两段作品出自同一作者，只不过受到的暗示不同，就得到了迥然不同的评价。可见，青少年是很容易受到暗示影响的。

一些社会心理学家的调查研究发现，许多社会问题包括一些青少年的犯罪问题，经常是由大众媒介的暗示性引起的，如过多地介绍犯罪行为，过于详细地披露犯罪行为的细节等（引自刘宗粤，1991）。从社会引导的角度看，即使是从正面对某一事物提出一种立场、观点，也会有意无意地产生暗示作用，因为评价本身即提示了事物的存在。在这种情况下，当有关的立场、观点不能充分引导对象时，反而会起到消极的暗示作用，使对象把注意集中到这一事物上，甚至可能受到消极的影响，产生适得其反的效果。

四、性困惑心理

在青少年时期，随着性生理发育的逐渐成熟，性意识开始出现，由朦胧到清晰，青少年对异性产生了特殊的好奇与好感，性冲动很容易出现。近年来的研究成果表明，由于物质文化生活条件的改善，青少年的生理发育提前。特别是由于社会上的性信息刺激的增多，青少年性生理成熟的年龄明显提前。相反，社会的进步，要求个体社会化过程的时间相对延长，需要学习和掌握更多的科学文化知识，才能适应现代社会的需要，因此结婚的年龄相对推迟。从十四五岁性生理成熟到二十四五岁结婚，要经历10年左右的时间。在此期间，如果家庭、学校、社会不对青少年进行正面的性知识、性道德教育，不做正面引导，他们就会缺乏正确的道德、法治观念的制约和调节，一味追求性生理需要和对异性好奇心、探求欲的满足，就很容易发生越轨的性行为，甚至产生违法犯罪的性行为。

青少年由于生理成熟而产生性困惑心理是完全正常的，关键的问题是如何进行引导和调节。人类的性行为并不是纯生理行为，而是经过社会化的，性的满足方式要受现实社会道德、法律规范及风俗习惯的制约。青少年在社会化过程中，必须在头脑中建立起适合现实社会道德、法律规范、风俗习惯要求的性道德观念，并依此来抑制、调节自身的性生理需要和性心理困惑，才能健康地适应社会。相反，有些青少年没有形成与现实社会道德、法律规范相适应的性道德观念，甚至接受了错误的性道德观念（如性自由、性解放、及时行乐等），导致以违法犯罪手段去满足性生理冲动，或是在错误性道德观念的支配下，放纵自己的性冲动，导致违法犯罪行为。

相关链接

2004年，一本名为《藏在书包里的玫瑰》的书悄然摆在了广州不少书店的显眼位置。这是一本由两名青少年问题研究专家对北京13个有过性行为的中学生所做的调查报告。作者对这些学生发生性行为的原因与过程逐一剖析后，发现了至少5个事实：(1) 他们半数以上是师生公认的好学生；(2) 1/3来自重点中学甚至是名声显赫的学校；(3) 所有学生初次发生性行为时都不用安全套；(4) 所有父母与老师对他们有过性生活经历的事实都不知道；(5) 他们对学校与家庭的性教育100％不满意。

资料来源：严圭，吴宁编著，2005，65页。

五、从众心理

心理学意义上的从众是指在社会认知和社会气氛的压力下，个人采取与大多数人一致的态度和行为。许多实验证明，个人如果在知觉、判断、信仰和行为方面与大多数人不一致，就会感到有很大的压力，以至于不由自主地否定自己，而保持与多数人的一致。他甚至不相信自己感官得到的证据，哪怕这种证据确实可靠。

青少年与成年人相比，意志比较薄弱，在外界压力的影响下，常常会放弃自己的意见而采取与众多人一致的行为。这种从众心理使青少年特别容易在缺乏正确指导的小群体里一哄而起，做出异常的举动。此外，在群体中，害怕成为偏离者也是青少年从众行为产生的重要因素，因为偏离者往往会受到众人的排挤。为了避免成为群体中的偏离者，他们就可能形成或转变相应的态度，以从众作为人际适应的策略。一位年轻的球迷在聚众闹事中被警察拘捕，当警方询问他闹事的原因时，他坦然供认："别人都在吼，如果我安安静静地坐着，他们的拳头就会对准我。"许多青少年在团伙中做出的违法犯罪行为，就是由这种从众心理导致的。

六、显众心理

青少年精力充沛、体力旺盛，喜欢在同伴中显示自己的能耐，逞强好胜，有一种强烈的自我表现欲望，这就是显众心理的表现。他们在社会交往中，往往因为一件自认为有损自己权益、情面或尊严的小事，如一句不顺耳的话、一个看不惯的动作、一句轻微的批评和指责等，就大打出手，造成伤人甚至杀人的严重后果。有的青少年在与他人的较量中，为了显示自己的胆量，威慑对方，不惜自伤、自残。例如，在天津发生过一起犯罪团伙自伤、自残案。两个犯罪团伙在某餐馆相遇，因话不投机出现对峙，双方头目均不示弱，决定"单挑"，他们分别拿菜刀砍下自己的一个手指，并当众把断指吞下。另两个次要头目也各显胆识，一方拿菜刀朝自己头部猛砍两刀，鲜血直流；另一方拿起砖头将自己的两个手指砸得粉碎。其显众心理可见一斑。

七、嫉妒心理

嫉妒，就是看到别人某方面取得成功，或某方面超过自己，而产生的一种既羡慕又不甘心，并为此而迁怒别人的狭窄且卑劣的心理。一般说来，轻微的嫉妒心理有可能经过主客观的调节自然化解，不会导致不良的后果；但强烈而难以自抑的嫉妒心理往往使人丧失理智，进而滋生和外化出不道德甚至违法犯罪的行为。大量青少年犯罪的资料表明，嫉妒是青少年违法犯罪的主要心理原因之一。从内容上看，有的是嫉妒别人事业上的进展，有的是嫉妒别人经济上的冒富，有的是嫉妒别人婚恋上的幸福，等等。

青少年阶段之所以容易产生嫉妒心理，进而导致违法犯罪行为，主要原因有：

（1）当前独生子女家庭由于教养方式不当，造成众多的青少年唯我独尊，缺乏起码的宽容心和必要的道德修养。

（2）青少年好胜心强，但人生阅历浅，自我控制能力差，产生嫉妒心理后不能自我化解和调节，容易外露。

（3）青少年相互之间存在的共同点比较多，而双方条件的相似或接近，恰恰是诱发嫉妒心理的重要原因。

（4）我国社会长期以来形成的“大锅饭”“平均主义”思想，对青少年也产生了很大影响，这是目前在市场经济条件下面对多方面的竞争产生嫉妒心理的深层根源。

八、戏谑心理

当前有不少青少年因缺乏生活目标和人生理想，精神生活贫乏，甚至连接受高等教育的大学生群体，也常常觉得空虚、孤单、没有意义，得了时代的“空心病”。他们出于追求刺激的需要，会产生戏谑动机。因缺乏自控力，又常常不计后果，置道德与法律于不顾，他们很容易由制造“恶作剧”而演变为违法犯罪。有的甚至把违法犯罪活动作为一种娱乐方式，以抢劫、殴打、辱骂、残害被害人，看到被害人求情、告饶、挣扎的可怜相而感到开心和满足。许多青少年就是在这种戏谑心理的影响或支配下，不知不觉走上犯罪道路的。

案例分析

“感动中国”人物丛飞的妻子邢丹，在 2011 年 4 月 13 日乘车出行，行至深惠沿海高速公路时，不幸被突然飞来的混凝土块击中身亡。4 月 16 日，该案件告破。犯罪嫌疑人林某、蔡某和黄某均为惠东县捻山镇某村村民，小学辍学，无业。案发时，三人的年龄分别为 14 周岁、16 周岁、18 周岁。他们完全是为了取乐，在高速公路边捡小石块和混凝土块，然后向高速路上行驶的汽车投掷。

应用篇

未成年人犯罪新特点

国家统计局 2021 年 12 月发布的《中国儿童发展纲要（2011—2020 年）》终期统计监测报告结果显示，十年间我国未成年人犯罪率大幅降低。最高人民法院相关数据也显示，近年来，全国法院每年判处的未成年罪犯人数呈现相对平稳、整体数量下降的趋势。

最高人民检察院统计数据显示，2018—2022年，全国检察机关受理审查起诉未成年人犯罪32.7万人，年均上升7.7%。其中，不满16周岁的未成年人犯罪从2018年的4 600多人上升至2022年的8 700多人，年均上升16.7%。

各地公安、检察院、法院在办理未成年人犯罪案件中，坚持未成年人保护法确立的"最有利于未成年人原则"已成共识。特别是在2021年《刑法》修订后，未成年人犯罪不捕率、不诉率大幅上升，当年分别达到39.1%、50.4%。

未成年人涉网犯罪人数呈现上升趋势，线上线下涉网犯罪类型明显增多。2018—2021年，起诉未成年人利用网络实施犯罪从1 127人上升至2 853人，年均上升36.3%。2019—2021年，在陕西省受理审查起诉未成年人犯罪案件中，涉嫌电信网络新型犯罪人数分别为19人、61人、150人，3年增长了近7倍。这些案件涵盖了帮助信息网络犯罪活动罪，妨害信用卡管理罪，窃取、收买、非法提供信用卡信息罪，侵犯公民个人信息罪，诈骗罪，等等。

资料来源：瞭望｜未成年人犯罪呈新特点，如何防治？如何挽救？. 腾讯网，2023-05-17.

基本概念

青少年　青少年犯罪　社会环境因素　心理背景

本章要点

1. 青少年犯罪一般是指12～25岁年龄段的人所实施的依法应当受刑事处罚的行为。世界各国都十分重视对青少年犯罪问题的研究。从心理学角度对青少年犯罪的研究有较长的历史，当前已出现一些新的研究趋势。

2. 当前，青少年犯罪的类型呈现多样化的特点。我国青少年犯罪特别是未成年人犯罪呈现出暴力化、团伙化、文化程度低、突发性和无明确动机的犯罪增多与再犯罪率高等特征。

3. 就青少年犯罪心理的形成而言，微观社会环境因素起着更为直接的作用。本章主要对家庭环境、学校环境、同伴关系、社区环境、大众传媒与青少年犯罪心理的关系进行了讨论。

4. 青少年之所以比其他年龄阶段的人更容易违法犯罪，其根源在于深层次的心理背景。本章从逆反心理、模仿心理、易受暗示心理、性困惑心理、从众心理、显众心理、嫉妒心理、戏谑心理8个方面，讨论了青少年犯罪行为产生的心理背景。

复习思考题

1. 不同国家、不同学科领域对青少年犯罪的概念是如何定义的？
2. 通过查阅最新资料，分析当前青少年犯罪心理研究的现状和发展趋势。

3. 通过查阅最新资料，分析当前青少年犯罪的心理行为特点。

4. 通过调查，分析家庭、学校、社区等社会环境因素与青少年犯罪心理形成的关系。

5. 研究青少年犯罪的心理背景有何意义？

推荐阅读

1. 瞿丰，陆才俊．未成年人犯罪研究．北京：中国人民公安大学出版社，2016.

2. 王焱，魏慧静，赵希，等．社会变迁与未成年人犯罪：基于跨度三十年的犯罪实证调查．北京：法律出版社，2022.

3. 张淼．重生：未成年人犯罪与心理矫治．北京：知识产权出版社，2017.

4. 赵军．未成年人犯罪相关因素定量研究．北京：人民日报出版社，2017.

5. 王争艳．儿童发展．北京：中国人民大学出版社，2019.

5. 齐建芳．儿童发展心理学．2 版．北京：中国人民大学出版社，2018.

6. 洪秀敏．儿童发展理论与应用．北京：北京师范大学出版社，2015.

7. 王海桥，杨洁，李婧，等．我国未成年人刑事司法实践探索与机制完善．北京：中国政法大学出版社，2023.

8. 于阳，等．青少年违法犯罪的犯罪规律与防治对策研究．北京：法律出版社，2022.

9. 袁希．现代社会背景下青年学生犯罪原因及其预防研究．北京：光明日报出版社，2022.

第八章

职务犯罪心理

【学习目标】

1. 了解职务犯罪的概念与犯罪构成。

2. 认识职务犯罪与一般刑事犯罪的差异，特别是产生职务犯罪的社会环境因素、文化因素和个人角色特点。

3. 结合社会心理学角色理论、需要理论，掌握分析职务犯罪心理形成过程的角度与方法。

【章节导读】

“1959年1月，我出生在一个农民家庭，父亲双目失明，以算命为生，母亲参加农业生产劳动。我有两个双目失明的弟弟，当时父亲的生意不好，家里比较困难。我16岁高中毕业后参加农业生产劳动，深切体会到做农民的辛苦。1975年下半年，我到镇中心学校担任民办教师，1979年我考上大专。自从我走上工作岗位后，有了一份固定工作，拿国家工资，医药费可以报销，自己感到很欣慰，很自豪，所以工作也很安心，也很努力，对安逸的生活很满意。但由于我从小家里的经济条件就差，生活比较苦，左邻右舍、亲戚朋友也没人帮忙，所以我时常担忧，不知今后家里还会不会再次出现困境。再加上两个弟弟均双目失明，特别是侄女出生后也是双目失明，我的担忧与日俱增，经常考虑经济上如何有保障，如何解决后辈的生存问题，不让后辈再次受苦。所以，我在如何打好经济基础的问题上考虑得比较多，有着根深蒂固的小农意识。

“随着我到外地出差、出国的机会越来越多，对外面精彩的世界没有正确的认识态度，自己的世界观、人生观、价值观偏离了正确的轨道，改变了初衷。我逐步认同了‘人不为己，天诛地灭’‘人为财死，鸟为食亡’的观点，把私利和金钱看重了。与此同时，我看到与我打交道的老板，一个个都很富有，看着他们的财富迅速增长，我也存在着心态不平衡和红眼病，认为他们的能力也不比我强多少，凭什么有那么多财富。我在经济上总不满足于现状，心态不平衡，时常有一种攀比思想，与老板比，与高收入阶层比，越比差距越大，越比心态越不平衡。我认为，人生不仅要为自己考虑，也要为后人考虑，虽然地位、职务、荣誉不能传承，但金钱、资产、物品可以继承，应该多积蓄点财富给后人。因而，金钱第一的思想在我的头脑里越来越深。”

写下上述话的人是杭州市原副市长许迈永，他还有一个“许三多”（钱多、房多、女人多）的外号。1995 年 5 月至 2009 年 4 月间，许迈永利用担任萧山市副市长，杭州市西湖区代区长、区长、区委书记，杭州市副市长等职务的便利，收受、索取他人财物共计折合人民币 1.45 亿余元。利用担任国有公司杭州金港实业有限公司董事长的职务便利，侵吞国有资产共计人民币 5 300 万余元。在任杭州市西湖区区长、区委书记期间，还徇私舞弊滥用职权，违规退还有关公司土地出让金 7 100 万余元。

2011 年 5 月 12 日，浙江省宁波市中级人民法院对杭州市原副市长许迈永受贿、贪污、滥用职权案做出一审判决，决定判处死刑，剥夺政治权利终身，并处没收个人全部财产。许迈永不服一审判决，提起上诉。浙江省高级法院二审裁定，维持宁波市中级人民法院此前对许迈永做出的死刑判决。

一个从小奋斗并得到组织和群众认可的“苦孩子”，因为什么一步步沦为被钉在耻辱柱上的巨贪？许迈永的犯罪具有职务犯罪心理演变的典型特征。该类案件与普通刑事犯罪有一定的区别，但深层次的社会危害性更大。

第一节 职务犯罪概述

职务犯罪是一种因犯罪人有着特定的职务、权力而被归纳出的犯罪类型。在我国，职务犯罪由于涉及公权力的滥用，涉及权力寻租和营私舞弊，极大地伤害党和政府的公信力，是重点打击的犯罪类型之一。

一、职务犯罪的概念

与一般刑事犯罪不同，职务犯罪有着特定的犯罪人特征。它专指国家机关、国有公司、企事业单位、人民团体工作人员利用已有职权，贪污、贿赂、徇私舞弊、滥用职权、玩忽职守，侵犯公民人身权利、民主权利，破坏国家对公务活动的规章规范，依照刑法应当处以刑事处罚的犯罪。

在西方国家，职务犯罪被称为白领犯罪（white-collar crime）。美国犯罪学家萨瑟兰在其 1949 年出版的《白领犯罪》一书中首先提出这一概念。他认为白领犯罪构成因素包括：

（1）为社会所尊重者所为的破坏刑法的行为。

（2）行为人大多拥有较高的社会地位与经济地位。

（3）违法行为是在行为人职业领域或职业活动中实施的。

（4）通常情况下违法行为会造成对职责的侵犯。

案例分析

2021年11月，经中共中央批准，中央纪委国家监委对江西省政协原党组成员、副主席肖毅严重违纪违法问题进行了立案审查调查。经查，肖毅背弃初心使命，破坏“两个维护”政治原则，落实党中央重大决策部署出现严重偏差，违背新发展理念，滥用职权，引进和支持企业从事不符合国家产业政策要求的虚拟货币“挖矿”活动，违规举债上项目、搞建设，造成恶劣影响；无视中央八项规定精神，违规收受礼品礼金，接受可能影响公正执行公务的宴请；不按规定报告个人有关事项；纵容、默许特定关系人利用其职务影响谋取私利，违规从事营利活动，搞权色、钱色交易；不正确履行职责，随意决策实施重大项目，干预、插手司法活动；不重视家风建设，寡廉鲜耻、道德败坏；与不法私营企业主沆瀣一气、以权谋私，利用职务便利在职务晋升、工程承揽、项目开发等方面为他人谋利，并非法收受巨额财物。

肖毅严重违反党的政治纪律、组织纪律、廉洁纪律、工作纪律和生活纪律，构成严重职务违法并涉嫌受贿、滥用职权犯罪，且在党的十八大后不收敛不收手，性质严重，影响恶劣，应予严肃处理。依据《中国共产党纪律处分条例》《中华人民共和国监察法》《中华人民共和国公职人员政务处分法》等有关规定，经中央纪委常委会会议研究并报中共中央批准，决定给予肖毅开除党籍处分；由国家监委给予其开除公职处分；终止其党的十九大代表、江西省第十四次党代会代表资格；收缴其违纪违法所得；将其涉嫌犯罪问题移送检察机关依法审查起诉，所涉财物一并移送。

资料来源：江西省政协原党组织成员、副主席肖毅严重违纪违法被开除党籍和公职．中央纪委国家监委网站，2021-11-13.

二、职务犯罪的犯罪构成

我国职务犯罪主体包括四类人：一是国家机关工作人员，二是国有公司、企事业单位中的国家工作人员，三是人民团体中的工作人员，四是受国家机关、国有公司、企事业单位、人民团体的委托管理而经营国有财产的人员。

职务犯罪的客观要件在我国法律规定中主要有以下三种形式：一是利用职务之便；二是滥用职权；三是严重不负责任，不履行或不正确履行职务。

与一般刑事犯罪的犯罪人相比较，从心理学的角度看，职务犯罪人往往有一定的社会地位，掌握专门的权力或技能，有着良好的社会化经历。有些职务较高的领导干部不仅有过辉煌的政绩，在群众中颇具口碑，而且经受过组织部门的考察或纪检监察部门的监督、审计。他们一般不似个别暴力侵犯社会的刑事犯罪人那样对社会抱有仇视与敌意；

由于具备相当的知识、技能，懂得权力滥用所可能产生的后果，他们对违纪、违法、犯罪行为的危害性有着清晰的认识，其犯罪决策过程更加具有侥幸或者无知的特点，其犯罪心理的演化过程特别具有研究的价值和现实的必要性；在犯罪行为方面，职务犯罪主要以贪污、挪用、行贿受贿、渎职等侵占和控制性行为为主。

与一般刑事犯罪不同，职务犯罪的危害不单纯是侵占了多少公私财物，它更体现在对社会法治秩序的破坏、对执政党执政能力特别是公信力的破坏、对统治者统治基础的破坏方面。可以想象，如果立法者、社会管理者、执法者、司法人员等要求公众守法的公职人员自己不守法，肆意践踏法律，腐败之风大行其道，执政者就不再具有威信，不能得到群众的拥护与支持。

三、反腐败斗争的压倒性胜利

党的十八大以来，党和国家在反腐败问题上实现了“历史性变革”，得到了国内外的广泛认可。反腐败斗争以两大关键转折实现了“历史性变革”。第一个关键转折是，实现了对腐败增量的明显遏制，从而终结了持续多年的反腐败的严峻局面。第二个关键转折是，在反腐败力量和腐败势力的较量中，首次实现了力量对比的逆转，形成了反腐败斗争压倒性态势。党的十九大报告充分肯定了过去 5 年反腐败工作所取得的进展和成绩，“不敢腐的目标初步实现，不能腐的笼子越扎越牢，不想腐的堤坝正在构筑，反腐败斗争压倒性态势已经形成并巩固发展”。巩固发展反腐败斗争压倒性胜利，继续推进党风廉政建设和反腐败斗争，需要做到“一刻都不能放松，一刻也不会放松”。

第二节　职务犯罪的原因分析

贪腐之行古已有之，可视为社会的顽疾。在分析职务犯罪的原因时，必须结合当时社会的具体环境和历史传承，总结职务犯罪人的自身特点，重视归纳因素之间的相互关系。

一、职务犯罪与社会环境

不同时代的职务犯罪总是可以投射出当时社会的制度缺陷和历史现实。只有对职务犯罪产生的社会环境因素有充分的了解，才有可能把握职务犯罪的原因与规律。

（一）历史发展的阶段性

研究当下中国腐败现象与职务犯罪的成因必须结合社会发展的阶段性特点，因为这类行为与杀人、盗窃等传统的一般性刑事犯罪不同，它更能体现社会大环境中法律、道德、管理、人际交往模式等因素对该类行为产生的影响。

自 1978 年中国改革开放以来，经济基础与上层建筑均发生了重大的转型，其对社会各方面的影响是巨大的。

首先，在总体方针上实现了从以阶段斗争为纲到以经济建设为中心的历史性转变。中国社会由以计划经济为主转型为以社会主义市场经济为主。公有制为主体、多种所有制经济共同发展的基本经济制度得到确立的同时，个人在社会中经济资源的占有状况现实地影响到个体的社会地位。地区差距、资源差距、个体起点差距也会导致城乡差距和贫富差距等社会问题的出现。当社会中的个人利用合法手段无法公平地得到社会承认时，社会学中所提出的失范现象就会出现。在心理层面，因社会比较产生的相对剥夺感，因各种压力导致的焦虑感，都无可避免地对公众需要产生影响。众所周知，与20世纪90年代之前的中国社会相对比，经济发展导致了社会分层的加剧，由于不同社会阶层占有的经济、文化、权力资源的差距拉大，事实上形成了贫富不均的社会格局。在资源总量不变的前提下，每一个阶层及其中的个人在追求资源拓展的同时，势必产生相互间的角力与竞争，形成巨大的以情绪积累为表征的社会张力，这种情绪又在相对剥夺感的促动下上升为阶层之间的主观对立，形成社会偏见和群体排斥。当某些群体或阶层中的个体对今后的发展难以预期也就是希望渺茫时，特别是当他们认为阻碍自己发展的障碍是利益既得者和权力掌控者时，社会的不公平、不公正也就势必反映为心理上的不协调和不平衡。阶层与社会矛盾逐渐形成，公众以紧张、焦虑等不安全感为表征的社会心理状态不断升级，形成了广泛的脆弱、浮躁之势，影响社会的和谐。

拓展阅读

失范指现代化过程中，传统价值和传统社会规范遭到削弱、破坏乃至瓦解所导致的社会成员心理上失去价值指引、价值观瓦解的无序状态。特别是当社会中的个人无法凭借自己的努力采用制度化手段实现公众认可的一元化文化目标时，心理上的紧张、焦虑、无助、无奈等情绪体验以及行为上的越轨就会产生。

其次，市场经济是法治经济，它要求社会规范建立一套适合市场的秩序。在市场经济的发展中，权利义务作为秩序的必备条件不断被公众接受，并在实践中被内化为处理人际关系的标准。在个人开始讲求私权意识的同时，权钱交易也在权力寻租的过程中发挥着作用。

最后，权力往往意味着具有更加广泛的选择性自由，并表现为特权。从古至今，拥有特权也就同时拥有扩大资源的可能性，个人的社会身份能够使其在排队的人群中具备插队的条件。比如，公务员是大学毕业生心仪的岗位，其原因有三点：一是在公众眼中公务员具有较高的社会地位；二是该类工作由于相对稳定，收入水平可以预测；三是由于具有掌控权力的机会也就同时具备了使用特权插队的可能性。

（二）互惠传统

互惠是熟人社会的人际交往基础，人与人的关系定位不是以法律上的权利义务，而是以相互间的亲情、友情、互利关系为参照的，它特别能够体现集体主义的农耕社会的人际特点，也是我们国家的文化环境。与狩猎民族不同，农耕社会有几个强调人际联系的规定性因素，它们决定了个体对群体的依赖关系。一是农耕社会的生产方式靠集体合作完成。二是社会分工明细化，为组织目标而整合，导致缺一不可的联系性。三是靠天吃饭的生产方式，需要在荒年、灾年相互接济。在该种生产方式下，互惠表现为人际中的即时满足和延时满足，在互动、互助的同时还可以减少群体排斥可能性。

互惠在中国社会中是以人情的方式体现出来的。“中国的‘人情’概念，虽然可以视为普遍性的‘均等法则’之一例，但以之与其他文化比较，‘人情’的含义却更为复杂，它与相互性的‘报’之观念也有更为紧密的联系。”（黄国光，胡先缙等，2004）从职务犯罪的案例总结中不难发现，由于互惠在道德层面具有高尚性，它实际上在人际中发挥了心理契约的作用，有时能够以心理绑架的方式影响个人特别是公职人员的行为。

中国式的互惠往往是以资源交换的方式完成的，包括即时性交换与延迟性交换。任何生活在现实中的人都拥有属于自己的资源，这是实现生存与发展的保障。我们每个人所掌控的资源可能有许多种，但最基本的是身体资源、人际资源、能力资源、权力资源和经济资源等。虽然在法律上人人生而平等，但现实中每个人所占有资源的范围、权重是千姿百态的。身体资源以健康、年龄、相貌为表现；人际资源与家庭、情感、社会关系、社会支持相关联；能力资源不仅从受教育程度、个人技能上体现，也会在交往能力、社会地位上反映出来；权力资源的占有既可以表现为公权力如级别的高低、权限的大小，也可以表现为私权力即对自己资源的掌控；经济资源的多寡不是简单的个人能力的体现，它事实上是其他资源占有状况的综合表现。由于个人的社会地位，主观与客观社会阶层都是由资源占有的状况决定，资源的交换也就事实上成为个人发展的手段之一。在大多数情况下，个人的生存与发展是依靠资源的交换完成的。凭借身体资源和正常的家庭人际资源、经济资源，我们不断提升个人的能力资源，并依靠能力与人际资源去积累和扩展经济资源与权力资源。从反面来看，所谓权色交易也是在资源交换中实现的，表现为以色相和个人的性权利为筹码交换他人拥有的权力、经济、人际、信息等资源的过程。

（三）权力分享

“一人得道，鸡犬升天”能够表述权力分享的内涵。熟人社会的互惠传统在资源紧张的环境中具有特别的作用。每一个获得了较高社会地位的个人，在其个人发展的道路上不仅曾经得到众人的帮助，如父母的资助、伯乐的协助、朋友的帮助，而且机会的把握也与领导的信任有关。而一旦掌握了能够回馈与帮助他人的公权力资源，为亲人、朋友谋取利益也就成为对官员平衡能力的考试。如果害怕被自己的首属群体排斥，不愿失去面子而屈从于亲朋好友的请求，以权谋私就成为违法者的答卷。

（四）竞争压力

资源尤其是优质资源有限，而竞争无限是当前我们国家的社会问题。社会趋于个人化，中国社会从传统的熟人社会步入生人社会的事实使传统社会支持系统的效能下降。市场经济是利益经济也是法治经济，它让每个人都体会到法律原则下的竞争选择。在压力面前，无助感是我们经常可以听到的心理诉求。讲求利益最大化、个人化的市场经济进一步加剧了社会的个人化。开放和社会分层带来社会价值观的多元，人们在思想上更加独立。从发展的角度看，这是社会进步的必然；从现实的弊端看，由于从无序到有序、从冲突到包容是历史的过程，当我们在信仰、目标、需要上未能达到相对的包容与共存时，社会凝聚力也就难以获得稳定的支撑点。个人主义的价值取向引发社会中广泛的责任意识缺失，在职务犯罪中，它体现为抛弃符合职业操守的价值观理念，更重视个人利益，更希望通过获得权力，拓展资源领地。

二、职务犯罪与个体需要

贪官贪了钱不花，只是因为不敢花吗？

在职务犯罪案件中，虽然犯罪的目的往往围绕着经济利益展开，但单纯为满足低层次的生理需要而产生犯罪动机的情况比较少见。职务犯罪人的需要经常与个人的体验有关。

（一）寻求安全感

社会支持系统与你我是否具有安全感相关，在职务犯罪案件中，犯罪人获得安全感的个人体验有下列特点。

一是从占有财富中获得安全感。海南省东方市原市委书记戚火贵利用职务之便受贿187.6万元、3.5万港元，其妻符荣英受贿20万元，两人不能证明其合法来源的财物有1 014万元、61万港元、3万余美元、4 700新加坡元、1 500马来西亚林吉特及一大批金条首饰。贫寒家庭出身的戚火贵虽然腰缠万贯，但并不舍得花钱。这种现象在许多出身于低社会阶层家庭的职务犯罪人中特别普遍。他们拥有财物的主要目的在于获得安全感。简言之，因为有钱而“踏实”，其原因往往与少年时期的欲求不满和低自尊有关。这类高物质主义价值观和行为取向与匮乏假设的解释相一致。那些在以往生活经历中基本需求未曾得到满足的人，倾向于认为财富和物质拥有可以给他们带来快乐和幸福。此时，个体所体验到的不安全感促使他们把物质主义作为一种补偿策略来减少痛苦和焦虑（Kasser，Ryan，Zax，& Sameroff，1995）。疯狂敛财属于过度补偿现象，与被内化为不安全感的早期物质匮乏、相对剥夺、低自尊有关，财富能够减轻焦虑感。

二是从得到他人尊重、服从当中体验安全感。而这种安全感的获得与地位的上升、权力的扩大呈正相关。孙力军政治团伙案是党的十九大以来最严重的案件之一，涉及孙力军、龚道安、邓恢林、王立科、刘新云“政法五虎”。2011年，王立科在孙力军到辽宁出差期间，首次送上一张存有100万元的银行卡，孙力军毫不推辞就收下了。此后，王立科多次专程到北京等地“看望”孙力军，送上银行卡、美元、公司股份。孙力军说，王立科每年到北京四五次，每次送30万美元，放在海鲜盒里面，每次来就说送“小海鲜”。截至案发，“小海鲜”累计折合人民币9 000多万元，而孙力军“投桃报李”，帮助王立科一路升迁，从江苏省副省长、公安厅厅长到江苏省委常委、政法委书记。有关父母教养模式研究的发现，父母对孩子照料较少的教养方式，使孩子对其存在价值感到不安。由于缺乏家长的充分关怀，孩子对外部的物质主义信息更加敏感，并希望寻求他人的赞赏从而使自我感觉良好，通过追求外部目标获得自我价值感（Kasser，Ryan，Zax，& Sameroff，1995）。

三是从权力中获得安全感。这属于权宜性自尊，依赖于通过权力体现自我价值，而获得权力后，满足性体验往往是暂时的，又会寻求更高的权力获取安全感。当这类人的需求与高物质主义价值观相统一时，他们也会受到高物质主义的特点的影响。高物质主义者身上表现出的三个特点分别为："（1）无时不在的差距。似乎都拥有关于财富和地位的理想。（2）过于理想化。对财富和物质的占有拥有过于膨胀的、不现实的理想。（3）社会比较的基线不断提高。"（杨宜音，王俊秀等，2013，222页）这类职务犯罪人十分乐于通过行贿等跑官要官的方式不断提升自己的权力，以获得特权带来的选择自由。

（二）追求成就感

显示成绩是自我效能感的表现形式之一。班杜拉认为自我效能感是人们对自身能否利用所拥有的技能去完成某项工作行为的自信程度。职务犯罪当中，对成就感的追求主要表现为三种情况。

首先，希望拥有广泛的社会关系，也就是强大的社会支持网络。在以熟人社会为传统人际交往模型的国家，人际资源具有"领地"的作用。如果采用社会生物学的解释，领地的大小决定了动物获得生存资源的可能性。许多职务犯罪人热衷于拉关系、建立裙带网络的主要目的，是他们能够从中感受成功体验。

其次，因能够得到异性的附庸而获得成就感。自我效能感与目标设置相互影响，两者基本存在正相关，而对异性的控制与占有在拥有权力的职务犯罪人中是一种自我实现的满足。因受贿、贪污、介绍贿赂、巨额财产来源不明罪被判处死刑缓期二年执行的湖南省建工集团总公司原副总经理（副厅级）蒋艳萍（女），是以权色为手段攫取财富和扩大社会关系的典型，她关于"男人玩弄女人可以不讲档次，女人玩弄男人就不能不讲档次。在男人当权的社会，只有懂得充分开发利用男人价值的女人，才能算是真正高明的女人"的论断颇具代表性。

最后，以实现个人抱负为成就感的体现，有较高的个人期望值。特别是一些职务相对较高的职务犯罪人，具有一定的个人理想或政治抱负，热衷于运用权力、独断专行地履行领导职能。以造城运动闻名的原南京市委副书记、市长季建业比较有代表性。这类职务犯罪人不仅排斥监督，而且特别容易在别出心裁的大规模城市建设中成为行贿者重点关注的目标。

（三）提升控制感

控制感是个体对环境的控制能力和自我实现控制可能性的预测与知觉。控制感属于主观体验的范畴，它也可以被理解为个体与环境相平衡的主观状态。良好的控制能力和控制感可以帮助个体在产生良性情绪的同时减轻焦虑与压力等。

在许多年龄较小的职务犯罪人中，控制感低下往往是诱发犯罪动机的原因。他们有的因现实压力而出现不平衡状态，或因社会比较而产生心理失衡，还有的因付出与收益不均衡而产生相对剥夺感。当无法在工作、生活、社会三种环境中实现平衡时，当无法完成多种社会角色的社会期望时，他们在个人抱有侥幸又掌握一定权力、技能、机会的前提下就容易铤而走险。"如今许多的年轻人跨出校门，考取了令人羡慕的公务员。他们普遍学历高，工作能力强，其中一些人还很快走上了领导岗位，成为单位的中坚力量。但是，一部分年轻干部在面对各种诱惑时，缺失自律，扭曲了权力观、地位观、利益观，沾染了不良作风，最终陷入了腐败陷阱。在人生的路途上，在事业的征程中，他们刚刚起跑或正在起跑，却因腐败跌倒在了‘起跑线’上……”（徐伯黎，2013－08－27）

三、职务犯罪与价值观

总体上，价值观对人们自身行为的定向和调节起着非常重要的作用。价值观决定人的自我认识，它直接影响和决定一个人的理想、信念、生活目标和追求方向的性质。个体的价值观如何，可以解释其行为的动机，从深层次说明为谁干、为什么干等问题。

施瓦茨（S. Schwartz）用价值观量表归纳了10个普遍的价值观动机类型。（1）权力：社会地位和特权，控制或统治他人和资源；（2）成就：根据社会标准参与能证明个人成功的竞争；（3）享乐主义：追求生理上的满足及愉悦；（4）刺激：兴奋、新奇和生活中的挑战；（5）自我导向：独立的思想和行动——选择、创造、探索；（6）大同主义：理解、欣赏、容忍和保护所有人和未来的福利；（7）仁慈：保护和提高人们的福利；（8）传统：尊敬、接受传统文化和宗教要求的习惯和思想；（9）遵从：抑制引起他人不安或伤害他人及违背社会期望与规范的行为、倾向和冲动；（10）安全：社会交往和个人的稳定、安全、和谐（引自金盛华主编，2005）。

激烈的社会竞争环境，以及社会中将财富与权力与成功相勾连的价值取向，导致个人在价值观中的高物质主义。虽然在金盛华等的中国人价值观结构研究中金钱权力的认同度远远低于品格自律，但在职务犯罪人这类本应坚守品格自律的群体中，高物质主义取向是相对明显的。高物质主义者往往具有这样的特征：（1）将物质获得置于生活的核心地位；（2）相信物质获得是快乐最大的源泉；（3）用物质拥有数量界定个体的成功（Richins & Dawson，1992）。在个体层面，“物质主义与生活质量、生活满意度、自我实现、快乐、积极情感、身体健康呈负相关，而与消极情感、社会焦虑、物质滥用呈正相关。在社会层面，物质主义价值观不仅削弱了个体对他人、家庭和社会的关注度，也削弱了对环境和生态的关注度”（杨宜音，王俊秀等，2013，214页）。这可以解释职务犯罪人本应该具有法律意识却在自觉与不自觉中放大收益而缩小风险的原因。

社会当中价值观的多元导致浮躁的社会心理，它是我们社会中个人缺乏安全感、归属感的体现。急于实现目标以获取社会身份等资源的紧迫感以压力的形式不断激起社会的浮躁情绪，并表现出如下特点：一是对社会的不信任感，缺少稳定并可持续发展的心理预期。对现实利益的追求胜过对长远利益的计划，急功近利的行为是不安全感的体现。二是强调动机与目的合理性，忽略手段的合法性，在社会目标与实现目标的制度性手段趋于紧张的情境下，全社会陷入失范状态。三是由于缺少制度性保障，公众容易受外界信息的暗示和影响，个别谣言、流言、网络信息甚至能够左右人们的思想与行为，出现如“抢盐”风潮等群体性非理性行为。四是受制于社会中“成功”榜样的替代强化，认为他人已经实现的“成功”是自己今后的目标，更愿意选择“创新”等方式追求目标的实现。

脆弱与浮躁的社会心理可以被称为经济快速发展的社会成本，在今后几年仍然会影响我国公众的行为方式，甚至成为社会发展的桎梏。首先，它不利于形成社会凝聚力，反而因个人主义倾向加速社会阶层之间的结构性紧张，使个人缺少归属感，不仅产生人与关系的“物化”，形成更多的工具性友谊，还会导致部分个人与执政者的离心离德。其次，它具有一定的传染性，促使更多的个体从众，引发全社会的焦虑、紧张与深层次的不安全感。再次，社会心理的躁动实际上成为左右社会管理尤其是决策的无形之手，以强大的无序的力量满足群体价值观的实现，追求资源再分配的目标。最后，关系紧张引发心理上的脆弱，有如拉紧的皮筋，不再有承受拉力的条件，容易在新刺激作用下断裂；不安全感和资源占有的紧迫性要求导致普遍的浮躁，在失范状态下更倾向于个人目的的实现。

四、角色特点

在社会环境中，公职人员扮演多种社会角色。社会角色涉及一套社会行为模式，由人的社会地位和身份所决定，应该符合一定社会期望，如社会规范、责任、义务等。因此，社会角色是指个人与其社会地位、身份相一致的，符合社会期望的一套行为模式及相应的心理状态。

在角色理论的创建者乔治·米德（G. H. Mead）看来，个体在社会生活中“角色扮演”的成功与否是以社会的角色期待为标准的，角色扮演又与社会化的结果具有高度的一致性。角色扮演越成功，也就意味着社会化水平越高。米德认为，个体的自我认知具有两个层面，即“主我”和“宾我”。“主我”是本能的、自私自利的、一时冲动的、非社会化的自我，而“宾我”是意识到了社会规则、价值和要求的社会化的自我。“主我”是本原的、能够反映个体自然属性特点的我，“宾我”则是后天的、为适应社会期待具有社会属性的我。在社会生活这个大舞台上，每个人的“主我”与“宾我”之间都会出现冲突，这一相互冲突和协调的过程也正是个体社会化的过程。从法学的角度理解，角色意味着不同形式的权利义务。承担家长角色时，有教育、抚养子女的权利与义务；而扮演子女角色时，又要履行赡养长辈、接受家长监护的权利与义务。角色可被视为个体在社会中由于占据一定的地位而显示出的态度与行为模式的总和。具体个人在社会中扮演的角色越多，意味着权利义务越多；扮演的角色越重要，意味着角色期待越广泛；对角色的领悟越深刻，则压力越大。

公职人员的角色具有复合性特点，由此导致的是多样性的角色期待，以及为实现环境的角色要求而产生的自我期待与压力。公职人员所扮演的角色包括：普通角色——为人之子（女），为人之父（母），为人之兄弟（姐妹），为人之友；执法者角色——依据法律行使职责，承受国家、职业、法律、公众的期待；榜样角色——公平与公正的自我期待、社会对国家公职人员更应守法的期待；工作角色——承受工作质量与效率压力、个人发展压力、同事间比较压力；自我角色——根据自我评价、他人评价可能产生的要求等。

多种角色的扮演，以及公职人员的社会地位，使角色冲突成为公职人员在自我认知过程中经常产生的心理现象，包括角色间的冲突与角色内的冲突。前者是个人作为两个角色的承担者时所产生的冲突。比如，一个权力部门的领导，既要扮演好公职人员秉公执法的角色，又可能因为同时扮演普通人角色，承担为子女在自己单位内谋取工作机会的职责。后者是指一个人在一种角色下由于不能同时实现两个或更高的自我期望而产生的内在冲突。比如，一个男人既想当合格的丈夫，又希望是一个好情人。我们的个性、价值观、对不同角色冲突的选择往往对所扮演的实际角色发生影响。按照社会心理学的解释，在实际社会生活中，人们所扮演的是领悟角色指导下的实践角色，它有时与理想角色相冲突。当处于某一职位的个人不再自觉遵守法律与职责要求，按个人偏好、从个人利益出发，利用职务谋取私利，其角色扮演行为也就体现出了其个性上的特点。

从案例归纳中可以发现，职务犯罪人在面临角色冲突时，更偏向于依据对风险大小的判断，选择对何种角色期待的服从或屈从。缺少角色平衡的自觉性，往往是导致犯罪的原因。

第三节　职务犯罪心理的演变

职务犯罪人的社会角色决定了他们与其他刑事犯罪人不同，其犯罪决策也有突出的特点。

一、对行为性质的社会认知

社会认知是“人们思考自身和社会性世界的方式，包括他们如何选择、解释、识记和运用信息；其假设是人们通常努力形成对社会的印象，并且大部分时间都做到了”（阿伦森，威尔逊，埃克特，2009/2012，61页）。由此可知，社会认知是个体决策的基础。我们做出的任何判断、选择都离不开社会认知的影响。

探讨职务犯罪人的社会认知具有特别的价值，原因在于职务犯罪人的社会身份具有独特的角色特征。他们大多是有着相当文化知识水平、法律意识、角色知觉、专业技能的国家公职人员，他们对自己行为是否属于犯罪的认知、对行为法律后果的认知、对行为危害性的认知在理论上远比其他刑事犯罪人清晰。在这一前提下，仍然实施犯罪行为的决策过程，能够反映出其犯罪心理的演变过程。在社会认知理论中，自动化思维与控制性思维被视为两种基本的思维方式。

经典回顾

皮格马利翁效应，也称为罗森塔尔效应或期待效应，由美国心理学家罗森塔尔提出，是指人们在某种情境下，基于已有的信息或过去的经验所形成的期望或预言，会最终促使该期望或预言实现的现象。

（一）自动化思维

作为一种迅速、自动，无须努力甚至无意识的思维方式，自动化思维在我们的日常生活中是随处可见的，如钱包掉在地下，我们会马上捡起，不会深思熟虑地想想为什么。在职务犯罪，尤其是受贿与渎职犯罪的决策过程中存在自动化思维似乎是一件匪夷所思的事情，可事实却正是如此。

假如你的熟人、朋友在节日给你的孩子发了压岁钱，在你家中有红白喜事的时候随了不少礼，你会从自己可能受贿的角度去对待吗？如果回答是犹豫的，那你就可以理解自动化思维在职务犯罪中的启动效果了。

不认为是犯罪，在原有图式中将接受他人钱财视为再正常不过的人情往来，在受贿犯罪中颇具代表性。“图式这一术语是高度概括的，它包括我们对许多事情的知识——其他人、我们自己、社会角色和特定的事件。在每种情形中，图式都包含我们用来组织我们社会性世界的知识以及解释新情况的基本知识和印象。”（阿伦森，威尔逊，埃克特，2009/2012，63页）而这种图式的形成首先与人情社会的互惠式交往有关。在司法实践中，我们经常可以归纳出职务犯罪人没有将行为与犯罪联系在一起的几种情况。一是经常性礼尚往来，礼物轻重不一，体现的是代表人情、尊重的“礼”字，这在礼仪之邦往往是固定的交往模式。代表性法则和温水煮青蛙效应的启动，容易令人仅从自我而非本我的层面考虑行为的性质。二是理所应得的回馈，送礼者是我曾经帮助过的人，其行为属于回馈，我也在心理上持有他应该有所表示的道德预期，在自证预言的同时，皮格马利翁效应降低了对行为法律性质的认知。三是角色混淆导致的认知错位。在收受他人财物时，便利性法则使职务犯罪人经常将自己的角色定位于同学、同乡、战友、亲戚、同志、朋友等，用生活角色替代职务角色，放弃深思熟悉的判断过程。四是对内团体与外团体的有意识区分。“圈子”是具有熟人社会特点的内团体模式，它是相互认同、相互帮助，在态度与行为多个层面混合的目标或利益共同体，也是中国人社会支持系统的重要形式。如果你的原有图式认为圈子里的人是可信赖的、应该互助的，至少是不会给你带来伤害的，那么对内团体的盲目相信会降低风险判断。犯罪就成为你情我愿、大家共赢、何乐而不为的生活事件。

（二）控制性思维

贪污、受贿、挪用等典型的职务犯罪行为更多情况下还是能够引发行为人警惕的，对该类事件的判断与处理是可以启动行为人的控制性社会思维的，也就是他们也会有意识地对行为或事件的法律性质予以考虑。

抱有乐观主义的态度是部分职务犯罪人在即使启动了控制性思维也未能对行为进行自我抑制的原因之一。在这一思维抑制的过程中，仅仅考虑收益并认为零风险是经常出现的情况。以受贿为例，它具有无被害人犯罪的性质，行为人因此缺少罪责感和罪恶感，反而容易从对方是最大获益者，没有必要损人不利己的角度去思考行为的风险。

控制性思维不仅能够引起行为人对行为法律风险的思考，而且当意识到行为的法律风险时也会引发认知不协调。与费斯廷格（L. Festinger）的解释相同，职务犯罪的行为人也会采用消除不协调的方法予以应对。首先是改变客观事实，给犯罪行为贴上一个自己可以接受的标签。比如，强调贡献以实现协调。认为自己履职多年，劳苦功高，即使没有功劳也有苦劳。在工作中为招商引资，为能够得到投资者的信任，与投资者礼尚往来，从他们的利润中分得微不足道的小利，完全是从大局出发的全盘考虑，并没有给国家、集体、单位造成损害。再者是强调目的合理性而忽略手段的违法性。常见的方式是将行贿行为视为争取更大群体利益的经常性手段，将受贿行为解释为为维系长久合作关系所必需的方法等。

控制性思维的另一种表现方式是事后聪明，即当事情发展到一定程度或者已经过去才意识到问题的严重性，并采取相应对策。

（1）积少成多，认识到严重性。正如温水煮青蛙效应，大多数职务犯罪人收受财物的数额是由小到大，由情感交往到物质与权力交换。少量的数额难以引起重视和罪恶感，而积累到一定程度后，会有明显的恐惧感。如果没有主动陈述的意愿，争取更大的权力自保经常成为决策的选项。

（2）心理绑架，难以自我解脱。“投名状”是中国民间解释这一现象的名词，意思是上贼船容易，下贼船难。以往的权钱交易、权力寻租，会在官员与行贿人之间形成与利益共同体对应的风险共同体，一荣俱荣，一损俱损，非零和博弈成为事实上的心理绑架。即使能够启动控制性思维，也会由于害怕既往被咎，或者被对方胁迫而继续违法。

（3）以毒攻毒，建构新的利益共同体。采用利益均沾、分配权力等方法，利用责任扩散效应在小团体内建构新的利益共同体，对可能举报者群体排斥，稳固已有利益，减小法律风险。

二、对行为危害性的合理化

经典回顾

甜柠檬效应出自《伊索寓言》，当狐狸找遍森林只找到一只酸柠檬时，它却说这只柠檬是甜的，正是自己想吃的。甜柠檬效应是指当客观条件既定，无法改变时，人们用“合理化”来安慰自己，用以达到心理平衡。

在明知自己的行为具有违纪、违法甚至犯罪的性质，可能对社会和自己产生危害的情况下，如果自己又有获得不义之财的欲望，本我与超我的博弈就能够体现个体的自我控制能力和对法律惩罚的态度。在面临这类抉择时，职务犯罪人的自我防御机制尤其是自骗机制的启动，经常发挥抑制超我的作用。

一是用现象普遍说消除焦虑。将违纪、违法行为视为社会风气和潜规则，强调社会人在群体中从众的必然性，进而以责任扩散的思维方式减轻对行为危害性的认识。

二是用个人角色替换公职角色。强调领导也是人，属于比较典型的做法。这种概念偷换具有抵消作用，可以将特殊行为转换为一般行为，通过责任扩散效应，弱化行为的危害性。

三是启动甜柠檬效应。通过外在归责，将自己行为解释成群体中的服从或者屈从。或者强调贡献与待遇的不均衡，受相对剥夺感的影响对自我补偿行为合理化，忽视行为的客观危害。

四是利用道德推脱降低罪责感。道德推脱是“个体产生的一些特定的认知倾向，这些认知倾向包括重新定义自己的行为使其伤害性显得更小、最大限度地减少自己在行为后果中的责任和降低对受伤目标痛苦的认同”（杨继平，王兴超，高玲，2010，671 页）。道德推脱现象十分普遍，前文所述的许多职务犯罪中常见的追寻认知协调的方法都可以从道德推脱机制中得到解释。班杜拉（Bandura，1986）认为，道德自我调节功能可以通过八个相互关联的道德推脱机制失效，分别是：道德辩护、委婉标签、有利比较、责任转移、责任分担、忽视或扭曲结果、非人性化、责备归因。与弗洛伊德较为宽泛的心理防御机制相比较，道德推脱理论在解释职务犯罪人如何说服自己、做出犯罪决策方面更具有指导意义。

三、对行为手段的自信

还有部分职务犯罪人在犯罪过程中对行为的法律性质、行为的危害后果有着清晰的认知，明知犯法而敢于为之的胆量源于权力、个性心理特征、实践经验等原因。

首先，权力过大，并且缺少有效监督，能够提升职务犯罪人的自信。权力过于集中，主要领导权力过大，在监督无法依制度性设计得以实现的时候，以权谋私的违法犯罪行为就难以避免，并且验证了失去监督的权力必然导致腐败的箴言。

案例分析

刘志军原为中共中央委员，铁道部部长、党组书记。1986—2011 年，刘志军在担任郑州铁路局武汉铁路分局党委书记、分局长，郑州铁路局副局长，沈阳铁路局局长，原铁道部运输总调度长、副部长、部长期间，利用职务便利，为邵力平、丁羽心等 11 人在职务晋升、承揽工程、获取铁路货物运输计划等方面提供帮助，先后非法收受上述人员给予的财物共计折合人民币 6 460 万余元；刘志军在担任铁道部部长期间，违反规定，徇私舞弊，为丁羽心及其与亲属实际控制的公司获得铁路货物运输计划、获取经营动车组轮对项目公司的股权、运作铁路建设工程项目中标、解决企业经营资金困难提供帮助，使丁羽心及其亲属获得巨额经济利益。2013 年 7 月 8 日，北京市第二中级人民法院对原铁道部部长刘志军受贿、滥用职权案做出一审宣判：对刘志军以受贿罪判处死刑，缓期二年执行，剥夺政治权利终身，并处没收个人全部财产；以滥用职权罪判处有期徒刑十年，两罪并罚，决定执行死刑，缓期二年执行，剥夺政治权利终身，并处没收个人全部财产。

1980 年 8 月 18 日，邓小平同志在《党和国家领导制度的改革》中指出：“从党和国家的领导制度、干部制度方面来说，主要的弊端就是官僚主义现象，权力过分集中的现象，家长制现象，干部领导职务终身制现象和形形色色的特权现象……权力过分集中的现象，就是在加强党的一元化领导的口号下，不适当地、不加分析地把一切权力集中于党委，党委的权力又往往集中于几个书记，特别是集中于第一书记，什么事都要第一书记挂帅、拍板。党的一元化领导，往往因此而变成了个人领导。”时隔 40 多年，我们从当前党和政府集中解决形式主义、官僚主义、享乐主义和奢靡之风的决心中，能够体会到腐败现象、职务犯罪和权力与监督的联系性。

权力意味着控制，它与个人选择的自由度相关，也就与满足个人利益的可能性相关。如果获得公职的目的，更多的是谋求个人利益，法律赋予的权力也就异化为个人牟私的工具。权力等同于资源，在资源有限、竞争激烈的国家，权力往往具有控制与交换资源的工具性质。特别是在权力部门化、部门权力个人化的社会环境中，权力成为资源交换的筹码。权力意味着风险，权力部门在竞争社会中往往是利益追求者希望建立人际关系，实现现实与预期互利的主要对象。掌控权力的公职人员也就成为他们结为利益共同体的主要心理绑架对象。权力是自信的资本。正是由于权力在手又缺少监督，许多职务相当高的领导干部因为具有控制环境、预测风险的能力而忽视法律的约束。

其次，由一般性违法违纪发展到经常性违法犯罪的过程中，如果犯罪人没有受到应有的法律制裁，那么其中的强化效应不仅会提高其对行为手段的自信，而且必然在实践中增强其行为的频率。职务犯罪中的强化物是多方面的，可以涵盖马斯洛需要理论的所有层次。

最后，虽然其他人被法律制裁的案例足以发挥观察学习的作用，但职务犯罪人往往存在过度自信障碍，过高地评价自己的权力、能力、社会关系，将自己置于风险之外，在决策过程中具有明显的侥幸偏好。尤其是在挪用犯罪中，犯罪人并不将无法归还公款置于决策选项当中，总是抱着乐观主义态度，认为自己有能力避免风险。

职务犯罪的社会危害巨大，它对党风的腐蚀、对廉政的破坏极大地影响党和政府的执政能力和公信力。减少与控制职务犯罪已经成为党和政府高度关注的中心任务之一。而从心理学角度研究与预测职务犯罪行为要具有宏观的视野，不仅关注职务犯罪心理的形成过程与特点，也要注意文化、习惯等环境因素的作用。

经典回顾

马斯洛需要层次理论于1943年由著名人本主义心理学家马斯洛提出。他认为人的需要可分为各个层次，从下往上依次是：生理需要、安全需要、爱与归属的需要、尊重需要、自我实现的需要。一般来说，这些需要如金字塔一般，越往下需要的动力越强，某一层次的需要相对满足了，高一层次的需要就会出现。各层次需要之间相互依赖、重叠，同一时期人会同时存在几种需要，但往往一种需要成为主导。

应用篇

软审讯在职务犯罪侦查中的运用

与一般刑事犯罪相比，职务犯罪嫌疑人往往具有较高的社会化程度，在社会认知、自我效能感方面特点突出。从决策的角度分析，如果被认定有罪，他们的损失性挫折就比较大，挫折感会更为明显。因此，在审讯过程中，采取缄默、抗辩的情况十分普遍。以受贿犯罪为例，由于属于一对一的行为，在证据材料不充分，特别是缺少行贿者口供的情况下，选择何种审讯策略与方法就尤为重要。软审讯作为一种符合司法公平的审讯理念，在职务犯罪案件侦查中的价值明显。它充分利用犯罪嫌疑人的理性与情感特点，针对他们社会化程度较高的特点，使其容易接受。

软审讯技术是建立在心理科学和行为分析基础之上的审讯方法。其基本模式是在分析被审讯人员的心理特征和行为特点的基础上，通过语言或其他肢体行为来说服犯罪嫌疑人如实供述。其与硬审讯法的主要区别在于，它不使用强迫的方法让嫌疑人供述，不是“硬逼着”嫌疑人供述，而是以“软”的方式说服嫌疑人，让其自愿供述。

该技术由三个环节构成。第一环节是事实分析。审讯人员在进行审讯之前要先对已知的和可知的事实情况进行分析，包括被害人讲述的情况、证人讲述的情况、取证发现的情况等。通过上述分析，审讯人员可以对案件事实以及嫌疑对象的性格和行为有基本的认识。第二环节是询问嫌疑人。这是非指控性问答阶段，目的是通过无关问题的谈话了解嫌疑对象的心理特征和行为特征，也可以称为“行为分析询问”。询问最好以自然随便的方式进行，审讯人员可以寻找一些与嫌疑人共同的兴趣或爱好作为话题，通过“聊天”尽可能更多地掌握被审讯人员的个性特点、个人兴趣、气质类型、反应方式等信息。第三环节是正式讯问嫌疑人。这是指控性讯问阶段，是针对那些可能有罪的嫌疑人进行的，目的是获取真实的供述。

司法实践证明，在职务犯罪审讯中，认知重构法与情感接纳法有较好的实战效果。

认知重构法利用信息隔绝、情感隔绝、难以预测等情境条件，采用风险提示、榜样提示、收益提示等信息输出，对犯罪嫌疑人施加心理压力，使其产生紧张、焦虑和认知冲突、动机冲突，促使他出于避害趋利的本能，对原有认知体系进行自觉改变，为实现心理平衡和获得安全感而选择合作的方法。

情感接纳法是利用犯罪嫌疑人对社会关系的依恋和对安全感的需要，强调对其违法犯罪行为合理性的接受，并给予其充分的理解，进而降低其罪责感，在情感层面接受现实，放弃自我否定，并选择说实话实现自我解脱的方法（马皑，宗会生，2010）。

基本概念

职务犯罪　失范　互惠　心理绑架　道德推脱　心理契约　合理化

本章要点

1. 职务犯罪专指国家机关、国有公司、企事业单位、人民团体工作人员利用已有职权，贪污、贿赂、徇私舞弊、滥用职权、玩忽职守，侵犯公民人身权利、民主权利，破坏国家对公务活动的规章规范，依照刑法应当处以刑事处罚的犯罪。在西方国家往往使用白领犯罪的概念。

2. 职务犯罪是腐败的重要表现形式，对政府公信力具有强大的杀伤力。

3. 文化传统、社会压力等现实的社会问题在总体上对职务犯罪的产生具有影响。

4. 职务犯罪心理的产生也是以犯罪人的需要为原动力，但在需要的表现形式上更侧重于群体对个体的压力，与扮演角色和角色认知相关联。

5. 职务犯罪人对犯罪行为的认识与一般刑事犯罪的差异较大。心理防御机制在职务犯罪决策作用明显。

复习思考题

1. 中国传统熟人社会的人际交往方式对职务犯罪有什么影响？
2. 社会竞争和压力与职务犯罪的高发有关系吗？
3. 角色冲突与权力寻租的关系是什么？
4. 职务犯罪心理与一般刑事犯罪心理的区别是什么？

推荐阅读

1. 魏娟辉．职务犯罪心理学．北京：中国政法大学出版社，2016.
2. 刘纪舟．落马贪官的腐败心理：腐败心理学研究．北京：中共中央党校出版社，2013.
3. 王京清，孙壮志．中国反腐倡廉建设报告．北京：社会科学文献出版社，2018.
4. 奥佐．权力会让人头昏吗?:关于权力的60个心理学问题．樊薇薇，李舒婕，译．北京：中国青年出版社，2016.
5. 检察日报廉政周刊．反腐警示录2：腐败心理剖析．北京：中国长安出版社，2014.
6. 马皑．中国人心态扫描．北京：中国政法大学出版社，2010.
7. 汪凤炎．中国文化心理学新论（下）．上海：上海教育出版社，2020.
8. 杨宜音，童辉杰．中国社会心理学评论．北京：社会科学文献出版社，2016.
9. 肖尔，哈勒．腐败：人性与文化．诸葛雯，译．北京：中国友谊出版公司，2019.

第九章

群体犯罪心理

【学习目标】

1. 在领会群体概念的基础上，了解群体犯罪的特点。

2. 明确群体犯罪的类型划分，掌握群体内在机制对群体犯罪心理的影响。

3. 掌握群体犯罪心理在不同类型组织中的形成过程，学会分析不同类型群体犯罪的基本路径。

4. 了解当前各类群体犯罪、犯罪群体的形式及犯罪行为与心理特点。

【章节导读】

提到团伙案件，河南省郑州市张书海团伙系列抢劫案曾轰动一时，也成为诸多研究犯罪的学者研究的经典案件之一，它曾经是公安部2000年挂牌督办的第二大案。1996—2000年5年间，张书海犯罪团伙采用暴力手段抢劫银行两次，抢劫个体户和电信局营业厅各一次，共获赃款252万元，杀死1人。团伙成员在张书海的领导下，积极参与犯罪，在犯罪前全盘谋划，犯罪中分工协同，每次的犯罪预谋都得以成功。在张书海犯罪团伙的四个重要成员中，就有三个大学生，一个毕业于河南公安高等专科学校侦查系，两个毕业于郑州信息工程学院。主犯中有他的儿子和妹妹。在张书海的带动下，他们建立了一个具有紧密型特征的家族式、家庭式犯罪团伙。

几个有大学知识水平的年轻人，明知道抢劫犯罪的法律后果，为什么还能对张书海言听计从，是令犯罪心理学研究者深思的问题。同时，张书海曾经是一名解放军战士，转业后任村里的民兵营长、教导员，并且两次担任村委会主任……

群体犯罪是相对于个体犯罪而言的犯罪类型，与个体犯罪仅由单个个人实施相比较，群体犯罪的外在特征表现为有两个以上的犯罪主体；在内部结构上，可以表现为多个个体联合实施一起或多起犯罪，以及某起案件由不具有联系的多个个体所共同完成的情况；在危害后果方面，经常会因为发挥了两人以上的互动合力，导致更为严重的危害后果。

犯罪心理学中所研究的群体犯罪，实际上是将由多人参加完成的犯罪行为的主体视为一个群体来看待，这其中既包括刑法中以共同故意为基础的共同犯罪、聚众犯罪、黑社会性质组织所实施的犯罪，也包括司法实践中所归纳的团伙犯罪，还包括现实中经常出现的导致了犯罪后果的群体事件。

第一节　群体与犯罪群体

一、群体概述

关于群体我们在日常生活中会有较为直观的理解，比如学校中的班集体、兴趣相投的伙伴关系等。但在严格的学理意义上，社会心理学对群体的概念有着更为狭义的规范性认识。我们对犯罪群体的划分，既依据社会心理学的理论解释，又顾及司法实践中由众多个体共同参与的犯罪行为，是在常识性认识与科学解释基础上建立起的概念。

（一）群体的概念

在社会心理学中，群体是指“两个以上的个体在同一目标的指引和同一规范的约束下，彼此影响、相互作用、协同活动的组合”（时蓉华，1998，490页）。

在社会学理论中，社会群体同样是重要的研究对象。“一个群体是由两个或两个以上的具有共同认同和团结感的人所组成的人的集合，群体内的成员相互作用和影响，共享着特定的目标和期望。”（波普诺，1994/1999，99页）

（二）群体的特征

只有符合群体基本特征的人群才可以被称为群体。在社会心理学上，群体具有如下特征。

1. 群体目标

群体有自身的目标，它是群体成员的共同期望，是群体成员形成互动的基础。群体目标有不同的层次，可以是一元或多元的、近期或远期的。由于群体利益与个体利益有关联性，群体目标的实现可以满足群体成员不同的需要，但并不保证群体中的每一个人在实现群体目标的过程中存在相同的动机。

2. 群体意识

群体意识指群体中的成员对群体的认同感与归属感。群体成员在心理上有依存关系，不仅认识到自己是其中的一员，也认识到群体中他人的存在，成员之间相互影响、相互依存，存在情感交流。他们用“我们”的称呼表达对群体的认同，在心理上与其他群体相区别。

3. 群体规范

群体规范是指为保证共同利益，实现群体目标，协调成员关系而形成的行为准则。

群体规范是群体对其成员在实现群体目标过程中享受权利与履行义务的期望，群体成员的行为与互动过程特别是角色扮演都受到群体规范的约束。群体规范可能是以成文的方式出现，也可能是不成文的约定俗成。它既可能是代表了群体中大多数人的价值观念和利益诉求，也可能仅仅代表群体组织者或领导者等少数人的利益。

4. 群体分工

群体分工是为实现群体目标而产生的，由此导致不同的角色扮演，使群体作为有组织的人群而形成一定的内部结构。不同类型的群体分工的产生有不同的程序，如选举、公推、任命、默许、继承等。个别群体的分工和领导地位并不稳定。

5. 群体凝聚力

群体对其成员有特定的意义。简单地说，群体应该能够满足其成员的部分需要，需要满足的程度常常决定了群体成员对该群体的依附程度。个体对群体的依附性越高，则群体所具有的凝聚力越强。群体的凝聚力如何，可以从群体成员对群体的态度与情感方面表现出来，例如：对群体的认同感，表现为对群体目标、规范、分工、结构的积极或消极态度；归属感，成员在情感上对群体产生依附的心理状态，群体的成功与失败能引起成员的情绪变化，产生自豪感或挫折感，对群体中的成员具有“我们”的认知；有力感，表现为个体具有群体成员身份时，群体对个体在自信与动机上的支持，往往来自实现群体目标过程中得到的奖励与强化。

拓展阅读

社会凝聚力模型将群体比作一个分子，分子中的原子是个体，原子间的力是人际吸引。社会凝聚力模型认为，那些决定人与人之间是否会相互喜爱的因素同时也是导致人际吸引的原因。这些因素包括合作性依赖、态度相似性、空间接近、共同命运、相同的敌人、对方认可、有吸引力的人格特质等。人们会喜欢那些有“奖赏性”的人，也就是那些能满足自己某些需要的人。因此，对某些人来说，如果他们的需要能彼此满足，他们就能自然地或有意地形成一个群体。

从以上特征中我们不难看出，严格意义上的群体不是个体在空间与时间上偶然相遇的结果，而是众多个体在心理和人际上互动的结果。

（三）群体的类型

每个人在一生当中都必然要从属于许多群体，有的个体无法选择，有的则可以选择，前者如我们的家庭，后者如我们学校里的社团。

而依据不同的划分标准，可以总结出不同的群体类型。

一是依据群体成员之间的情感互动与人际互动的程度，可划分为首属群体（初级群体）和次属群体（次级群体）。前者是我们在出生以后就必然要生活在其中、与群体成员有充分和亲密的直接交往的群体。在这些群体中，一般不存在明确的群体规范，角色本身也是自然存在的，它们在我们社会化尤其是人格的建构中有最为重要的意义。比如我们的家庭、学校中的班集体、邻里中的伙伴关系。后者是按照一定的规范建立起来、存在明确群体目标和群体结构的群体。成员之间的互动一方面受制于群体所规定的权利、义务，另一方面也与个体在适应群体过程中所产生的需要有关。比如单位、军队等。

二是依据群体的社会意义，可划分为正式群体与非正式群体。[①] 正式群体包括企业、机关、军队等有着严格群体意识、结构、功能、规范的群体。个体加入该类群体的动机和目的往往具有多样性，有时和群体目标相统一，有时存在冲突，但该类群体常常可以满足成员的现实需要。非正式群体是根据参加者兴趣爱好和情感需求形成的，其结构相对松散，没有严格的规范要求，成员之间在价值观和利益上有同一性，群体目标和情感上的互动关系发挥着维系群体的作用。大学中的社团、网络中的网友、关系密切的朋友圈子是典型的非正式群体。非正式群体由于归属感高，会有较强的凝聚力。一般情况下，我们只能从属于一个正式群体，但可以隶属于多个非正式群体。

三是依据个体所属群体的实际状态，可以划分为现实群体与参照群体。现实群体是某一个体现实归属的群体，他不仅身在其中，而且客观上受其影响，参与该群体的人际互动。参照群体可以理解为个体在客观上并不归属于该群体，但在主观上赞赏该群体的目标、结构、文化、规范以及行为方式，视之为榜样，并学习或希望学习与加入的群体。当参照群体为个体提供的学习内容具有积极、合理意义时，参照群体又可称为正参照群体。反之，从中学习消极、不合理的内容，可称为负参照群体。负参照群体的文化特征常常与视其为参照的个体所属现实群体的文化相冲突。另一个与现实群体相对应的是假设群体，这类群体实际上不存在，但为了实现研究或统计的目的，将其视为一个群体，如社会学中的社会阶层，我们经常使用的弱势群体、大学生群体、流动人口等。

二、犯罪群体

充分阐述群体的相关知识，是为了帮助我们理解犯罪心理学理论中对犯罪群体的认识，从而区分犯罪群体中的群体与一般意义上的群体存在的异同。

（一）犯罪群体的定义

所谓犯罪群体是由两个概念构成的，即犯罪和群体。犯罪是一种法律结果，群体是导致犯罪结果的行为人。由于在司法实践中，存在多种类型的涉及一个犯罪结果由多个个人的行为共同导致，即某一客观的危害后果与多个个体的客观行为存在因果关系的情况，犯罪心理学中所说的犯罪群体并不单纯指那些严格意义上的群体。

犯罪群体是指共同实施同一犯罪行为的有组织或临时聚集的两人以上的联合体。需要说明的是，这里所指的联合，可以是在心理层面具有互动性的联合，也可以是仅仅在行为层面具有合作意义的联合，还可以是在结果层面共同作用的联合。

---

① 国外学者称之为成型群体和自然群体。“成型群体是在外力作用的影响干预下形成的群体，在该群体中，人们为了某个特定目标而被召集起来；自然群体是通过自发事件、人际吸引或参与者的相互需求而形成的群体。”（阿什福德，雷克劳尔，洛蒂，2001/2005，139页）

（二）犯罪群体的形成

根据前文对犯罪群体的定义，犯罪群体的形成具有以下几种情形。

1. 先有群体，后有犯罪

在司法实践中，事前通谋的共同犯罪、团伙（帮伙）犯罪、犯罪集团实施的犯罪、黑社会性质组织实施的犯罪一般都是群体的形成先于犯罪，犯罪代表或部分反映了该群体的意志。这些群体往往是由亲缘关系、地缘关系、朋友关系、利益关系等纠合而成，有的是以犯罪为目的形成的联合体，具有组织和结构的相对稳定性。

2. 在犯罪情境影响下形成的临时性群体

事前无通谋的共同犯罪是其最典型的形态。这类群体是一种临时合作的群体，参加者之间可能存在交往关系，也可能互不相识，只是在特定的犯罪情境中纠合而成，其结构相对松散。

3. 根据共同实施的犯罪事实，被视为群体的情形

如集群犯罪和集体事件中的作案人往往并不具有人际和意识上的互动，却分别实施了导致同一犯罪结果的行为。虽然其犯罪在形式上是由多个单纯的个人联合完成的，但犯罪结果在内容上是由他们的联合行为共同导致的。因此，我们在处理时可以作为一案审理，在研究中也可将这些单独的个人作为一个整体来认识。这种群体等同于群众，其组织结构更为松散，一旦行为完毕，群体组织也随之消散。

（三）犯罪群体的基本类型

在刑法学理论中，对群体犯罪的主要形式共同犯罪有着深入的研究。马克昌（2002）将外国刑法学理论中对共犯本质的解释总结为三种情形：一是代表客观主义的犯罪共同说，认为共犯是两个以上有刑事责任能力的人共同参与实施一个犯罪。二是行为共同说，属于刑法学说中主观主义的共犯理论。认为共犯应理解为两人以上基于共同行为而各自实现自己的犯意。只要行为共同，即使各自实施不同的犯罪，也不影响共犯的成立。三是共同意思主体说，认为两人以上共同犯罪，必先有特定的犯罪目的存在，在此目的下，两人以上变为同心一体，成为共同意思主体，若其中一人着手实施犯罪，共犯就成立。在刑法学界的纷争中，具有代表性的是犯罪共同说与行为共同说。前者强调参加者之间在心理上的互动与行为上的一致，属于典型的群体形态；后者重视行为人之间共同的犯罪恶性以及在此基础上产生了共同的行为，既可能构成严格意义上的群体，也可能属于非正式群体或聚众的情形。

我国《刑法》对共同犯罪的犯罪构成有明确的界定。在客观方面表现为共同的犯罪行为，多个个体共同实施的犯罪被视为一个整体，参加者在其中扮演的角色可以是多种多样的，如实行行为、组织行为、教唆行为、帮助行为。在主观方面必须有共同的犯罪故意，这是维系共同行为的基础。所谓共同犯罪故意，具有两个因素：一是认识因素。一般来说，认识因素是指共同犯罪人不仅认识到自己在故意地实施犯罪，而且认识到有其他犯罪人和自己共同配合实施犯罪。二是意志因素，指共同犯罪人明知共同犯罪行为会造成某种危害社会的结果，依然希望或放任这种结果发生（曲新久等，2004）。我国《刑法》规定的共同犯罪形式包括三种：一般共同犯罪，专指二人以上没有组织形式的共同犯罪；聚众共同犯罪，由首要分子组织、策划、指挥众人共同实施的犯罪；集团共同犯罪，三人以上以组织形态实施的共同犯罪。

如果从社会心理学的概念出发，群体犯罪也就是由群体实施的犯罪，这其中所认定的群体，既包括有组织的犯罪群体，也包括无组织形态但具备聚众特点的非犯罪群体。前者涉及只存在于《刑法》中由共同犯罪的犯罪人、犯罪集团实施的犯罪，先有组织与互动，后有犯罪。后者涉及如集群行为导致的犯罪后果，先有行为而后认定行为人。应该说，犯罪心理学对犯罪群体的界定相对宽泛。司法实践和犯罪学中使用的团伙犯罪、帮伙犯罪等概念都属于群体犯罪的类型。同时，我们也不能将定义的外延扩大化，不可仅依据某一特征划分范围，如青少年犯罪、女性犯罪就不属于群体犯罪的范畴。

根据以上分析，群体犯罪中的群体实际上包括下列类型：（1）以犯罪为群体目的甚至群体职能的犯罪组织；（2）以一次或多次犯罪为纽带纠合而成的共同犯罪的联合形式；（3）以非犯罪目的形成的，但经常从事犯罪或越轨行为的团伙；（4）组织、策划、指挥者有明确的目的，并希望通过聚众行为实现其目的，而参加者受蒙蔽的聚众犯罪群体；（5）不具有犯罪的共同目标，但该人群的共同行为导致了犯罪结果的临时性群体。

在上述类型中，犯罪心理学的认识更多地接受共同行为说的观点，从参加者的人数、共同的行为、共同行为所导致的危害后果三个方面认定犯罪群体的形态。至于参加者之间的互动状况，如有无通谋、有无共同犯意等只说明了犯罪群体的紧密程度，并不影响犯罪群体的构成，因为完全依据严格的刑法学或心理学概念都无法涵盖所有的群体犯罪的形态。

第二节　群体犯罪心理概述

群体犯罪心理并非参加者个人犯罪心理的简单综合，而是个人之间在群体形态影响下心理交流的过程与结果。

一、群体犯罪心理的概念

了解群体犯罪心理的概念，首先要对群体犯罪和犯罪群体的概念有基本的了解。

（一）群体犯罪的概念

严格意义上的犯罪群体是我国《刑法》中所确定的共同犯罪、犯罪集团、黑社会性质组织，它们往往是群体犯罪的实施者。在犯罪心理学研究中，还要关注团伙、集群犯罪中的群众等并非属于《刑法》规定的联合体所实施的犯罪。因此，了解群体犯罪心理，首先应明确群体犯罪的含义。

群体犯罪是指两个或两个以上的犯罪主体，通过互动影响，在行为态度一致或暂时达成一致的基础上，其分别或联合实施的行为共同导致了同一犯罪结果的过程。

在上述群体犯罪的概念中，必须把握下列重点：

（1）必须有两人及以上的犯罪主体，否则群体不成立。

（2）单独的犯罪主体之间存在相互作用或影响。这其中既包括以紧密的组织形态为特征的，在犯罪群体目标、意识影响下产生的互动，也包括以共同的行为目的为纽带，在共同行为意识影响下产生的互动，还包括以共同行为为联系，意识到不仅自己还有其他人也在从事同一行为时的心理上的互动。这种互动可以是原有群体基础上的互动、对实现某一目的具有共通性的互动、情境中临时共同行为基础上的互动。互动的含义由于比刑法学中的通谋概念更加宽泛，可以涵盖所有群体犯罪的人际形态。

（3）参加者各自的具体目标可能一致或不一致，但在从事可能导致犯罪结果的某一行为的态度或意识方面存在一致或暂时一致。在此，我们回避了刑法中罪过的概念，因为在刑法的共同犯罪中，一方故意而另一方过失是不能称为共同犯罪的。犯罪心理学对群体犯罪的认识不仅重视主观层面，也重视危害结果与多个个体行为之间的因果联系。

（4）群体犯罪中的客观的犯罪结果，是由两人以上的合力导致的。这其中包括事前或事中有通谋的实质意义上的合力，也包括只存在互动关系，不具有通谋的形式意义上的合力。总之，参加者各自的行为所产生的合力最终导致了一个犯罪结果，在行为与结果之间存在因果联系。

（5）群体犯罪不是刑法意义上的犯罪罪名或罪种，而是犯罪心理学研究中对以多人参与形式完成的犯罪的抽象概括。

能否构成群体犯罪，是从共同的行为中推论出的。在群体犯罪中，互动关系的存在是基本的前提。在行为过程中由于意识到有他人的参与，个体行为的动机往往能够被唤起或削弱，实现群体目标的自信心能够得到增强。

（二）群体犯罪心理

群体犯罪的犯罪心理并不是参加者个体犯罪心理的简单相加，而是在意向层面、行为层面、目的层面互动的结果。因此，对群体犯罪心理的描述不可能像个体犯罪心理那样精确。

经典回顾

他人在场对个体行为的影响早在 1898 年就开始被关注了，这个领域第一项社会心理学研究是由特里普利特（M. Triplett）实施的。他考察了自行车比赛的记录，发现与同场比赛的人竞争比与领赛者较量更有助于提高比赛成绩，但是在这两种情况下，参赛者的成绩都好于独自骑车的选手。特里普利特据此提出了以下观点：人们的表现会因他人的在场得到提升。这就是我们现在知道的社会促进效应。

群体犯罪心理是群体中个人之间的意向、动机、目的相互影响而形成的适合于犯罪的群体氛围或共同的心理倾向。在这一定义中，我们将群体犯罪心理的主要特征定性为适合犯罪的群体氛围或实施犯罪行为的共同心理倾向，其中突出了群体行为过程中的两

种类型特点：一是在意向层面所表现出的、能够对群体中个人心理因素产生影响的状态；二是在意识层面，对实施某种行为具有共识的态度。

对群体犯罪心理进行理解，不可脱离群体犯罪的形态特点，必须能包括所有群体犯罪类型所表现出的特点。（1）群体犯罪中的犯罪人可能并不存在犯罪的动机和目的，而是以加入某个群体为目的，而群体的共同行为作为一种群体意志，约束了个人行为。在这种类型中，群体中的压力、首领的命令、共同的意向所产生的群体意识，导致了具体个人在态度上的从众。（2）有的犯罪群体的参加者以实施犯罪，尤其是希望借助群体的力量实现犯罪而相互纠合，互相利用，犯罪本身既是个人目的也是形成群体的目的，群体犯罪心理表现得最为典型。（3）有的群体犯罪尤其是以聚众为特征的群体犯罪，在行为实施前后，都不存在所谓群体的形态，只是在行为过程中，出现了临时的、松散的人群聚合，其群体犯罪心理的产生更多地受到情境和现场气氛的影响，人群中的个人往往具有不同的动机与目的，表现为心理上的多样性，但共同的行为导致了犯罪的结果。因此，其群体犯罪心理既可能表现为群体意识，也可能表现为共同的心理倾向。

二、群体犯罪心理的特点

我们将群体犯罪心理定义为群体中个人之间的意向、动机、目的相互影响而形成的适合于犯罪的群体氛围或共同的心理倾向，并且明确了其形成的过程建立在人际互动尤其是心理互动的基础之上。因此，群体犯罪心理与个体犯罪心理相比较，存在一种有他人在场或者说有他人参与的客观状况，参加者对实施犯罪行为达成共识的过程，是不同的犯罪动机、目的、意向由矛盾到统一的协调过程。而之所以能够实现最终的统一，是由于参加者在认知、需要、目的、反应方式等方面存在一定的相同或相似，并由此构成群体犯罪心理的基础。因此，群体犯罪心理的第一个特点是融合性，表现为能够反映群体犯罪参加者的共同的犯罪意向。

群体犯罪心理的第二个特点是互补性。原因在于参加群体犯罪的个体总是希望通过群体合力的犯罪行为达到个人目的的实现。在大多数群体犯罪特别是一般共同犯罪的类型中，参加者虽然存在以相似为表征的互动基础，但具体个人在心理内容的诸方面仍然保持自己独特的个性，在动机、目的，特别是实施犯罪与否的态度方面存在一定的差别，不可能像个体心理那样协调和统一。而能在差异的条件下形成群体犯罪心理，并最终导致犯罪行为，是群体犯罪心理的互补性发挥了作用，表现为能够不同程度地满足不同个体的个人需要。

群体犯罪心理的第三个特点可以概括为倾向性。不同于个体，群体有着自身的社会心理特点，往往能够在群体首脑意志和群体压力的作用下，将共同的意向转化为共同的意识。

群体犯罪心理的第四个特点是强制性。犯罪的意向统一一旦达成，就对任何参加者都具有强制性。这是由犯罪群体本身的违法性质决定的，也是群体犯罪不同于其他守法群体行为的重要特征。强制性要求所有参加者都必须无条件地服从群体意志，按计划地分工配合行动，在实现犯罪目的的同时，还要尽量避免受惩罚的风险。一方面，群体犯罪的成功与否，与每一个参加者的利益直接关联，任何一个参加者被抓获或主动自首，都将改变其他人的命运；另一方面，不服从群体意志，不按犯罪计划扮演角色，就无法实现犯罪目的，进而损害其他人的利益。

三、群体犯罪心理的形成

群体犯罪心理的形成既受群体类型的影响，也与群体内部的阶层关系和利益关系相关联。

（一）群体犯罪心理的动力结构

1. 群体犯罪的凝聚力

群体犯罪的凝聚力与犯罪群体的凝聚力既有相同之处也有不同之处，前者侧重于组织形态对个体的影响，后者强调活动方式对个体所产生的作用。凝聚力的产生总是与个体需要的满足状态相适应，无论是组织形态还是活动方式，如果不能使犯罪群体成员或者群体犯罪参加者的需要得到一定程度的满足，就难以使个体建立对群体或群体活动主动的依附态度，凝聚力就很难出现。群体犯罪的凝聚力是参加者遵从群体意志、实现认知同一性的重要基础，在群体犯罪心理的产生中具有重要作用。

一般情况下，群体犯罪的凝聚力源于以下几个方面。

(1) 群体的犯罪目标对成员有吸引力。当个人目的与群体目的相契合时，实现群体目的也意味着个人目的的实现，尤其是在仅依靠个人努力无法实现时。而群体目的的实现过程，也正是个体需要满足的过程。

(2) 不良群体或犯罪群体的活动方式对参加者有吸引力。这里所说的活动方式，不单独指犯罪行为，还包括这些群体经常从事的其他行为，如仅属于越轨的不道德行为，寻衅滋事、打架斗殴等违法行为。通过参与某些活动方式，参加者能够得到群体内部成员的肯定或赞赏，从群体中获得力量感，在扮演其他社会角色时也会依靠群体的力量得到自尊心的满足。

(3) 群体的外在形象对成员有吸引力。以黑社会性质组织为例，我们经常可以看到青少年对黑社会性质组织成员的盲目崇拜与模仿，黑社会性质组织所渲染的暴力与行帮义气，成为一种符号，为他们提供了力量感。那些在正式群体中无法得到尊重或重视、在生活环境中处于弱势地位的个体会希望通过加入黑社会性质组织得到社会和同辈的肯定。

2. 群体犯罪的集合效应

群体犯罪绝不是个体犯罪的简单相加，而是建立在人际交往基础之上的互动过程。互动过程中所产生的群体的集合效应，对群体犯罪心理的产生具有促进作用。

(1) 感染效应。群体是一种形态，群体中客观的人际交往为不同成员表达个体态度创造了条件。而在犯罪群体和部分亚文化群体中，往往充斥着大量与法律或主文化相悖的价值观和行为习惯。客观的人际互动、对群体的依赖，促进了不同个体态度与行为的互相学习，激活了个体潜在的犯罪意向。此时，个体犯罪心理借助群体的力量，通过成员间的模仿、暗示、交流、感染对其他人产生影响，并融合为适合于犯罪的群体意志或心理倾向。

(2) 相乘效应。相信群体的力量大于个人力量，并借助群体力量弥补个人力量的不足。群体的相乘效应是群体所具备的社会助长作用的体现，由于有相互配合、人际监督，个体会发挥不同于单独行为时的意志力，进而推动群体行为朝实现目标的方向发展。相乘效应能够为群体犯罪中的个人提供一定的力量感，使他们在群体犯罪心理的支配下，产生从众、服从的行为。

(3) 扩散效应。这是群体犯罪过程中个体侥幸心理的一种体现。表现为因有多个参与者，在面临法律风险时可以由群体中的所有人共同承担。尤其是在集群行为导致的犯罪中，这种责任扩散的主观假设表现得更为突出。

(4) 服从效应。当个体置身于群体时，必然要面对群体内部的压力，出现所谓身不由己的结果。犯罪群体中的压力来自多方面，如群体规范的压力、群体中首要分子的压力、群体中自我保护所产生的压力等。在压力面前，服从往往是暂时无风险的选择，而服从的后果是参与犯罪行为，面对来自外部的法律的惩罚风险。

（二）群体犯罪心理的形成过程

分析群体犯罪心理的形成过程，可以先采取回溯的方法进行归因。按照这一线索，可观察到的依次是犯罪结果—协作的或分别的犯罪行为—犯罪情境—影响或支配个体行为的群体犯罪心理—实施犯罪的群体决策与犯罪计划—个体犯意的沟通—犯意的表达与交流—人际互动—群体或群众。

这其中具有典型意义的环节有以下几个：

一是犯意表达。包括一方单独表达和几方共同表达、公开表达和暗示表达等多种情况。表达作为一种信息的发出，往往具有试探性作用，是发出者希望得到信息接收者积极响应的刺激方式，同时也是对其他人有无犯罪意向进行了解的过程。

二是犯意交流。在犯意表达的基础上，进行双向或多向信息反馈，也能够起到影响他人的作用。在此阶段，犯罪意向最为坚定的个体会采取各种说服或命令的方式，影响其他人的态度。

三是犯意沟通。在犯罪意向达成共识的基础上，在群体心理倾向的作用下，对犯罪可能性的分析，是在交流的过程中对不同意向的统一过程。

四是犯罪决策。个体犯罪意向上升为群体意志的体现，是对实施犯罪的具体方法、分工进行计划的阶段。犯罪决策是协调不同动机、意愿及内部矛盾的过程，是群体犯罪心理的高级阶段。

在不同类型的群体犯罪中，犯罪决策所具有的意义是不同的。以群众为组织形态的各种集群犯罪基本上没有共同的犯罪意向上的互动，没有行为的组织者，更多的是受事件、现场情绪等因素影响而产生的从众或效仿。而在组织形态相对紧密的犯罪群体中，犯罪决策往往具有以下特征：

首先在意识层面知道要做什么，了解群体行为的目标，同时对实现目的的可能性和行为风险与法律风险有主观的判断。

其次知道为什么做。无论是屈从于群体压力还是出于个人意愿，参加群体犯罪总是为了满足个人需要。在动机层面，参加者即便不了解群体整体的行为原因，对自己为什么参加也往往是明确的。

再次是知道如何去做，尤其是了解分工的情况和自己所扮演的角色，对手段、工具、机遇选择都有意识。

最后是了解应对行为风险和法律风险的方法，甚至有过谋划。行为风险就是行动、目标挫折，法律风险基本上是损失性挫折，是行为过程中和行为完成后可能出现的在行为人看来属于意外的情况。对各种风险有无应对的计划反映了犯罪群体的犯罪意志，如事前的攻守同盟就是对法律风险的应对。

在上述环节中，我们只总结了群体犯罪心理形成过程的一般形态，而不同类型的群体犯罪还会表现出各自的特点。

第三节　一般共同犯罪心理

共同犯罪在刑法中有明确的定义，指两人以上共同故意实施的犯罪。共同犯罪是群体犯罪的基本形式，刑法学中将其划分为一般共同犯罪和特殊共同犯罪两种类型，团伙犯罪与有组织犯罪即为特殊共同犯罪。集群犯罪因其参与者并非都具有共同的罪过、动机、目的，因此不属于共同犯罪。

关于一般共同犯罪心理，应把握这样几点：一是一般共同犯罪的心理基础；二是一般共同犯罪心理的形成过程；三是一般共同犯罪实施过程中的行为特征。

一、一般共同犯罪的心理基础

一般共同犯罪的心理基础实质上是指该类犯罪得以实现的内在原因，特别是参加者之间能够产生互动并在目的和行为上达成一致的原因。由于一般共同犯罪在司法实践中属于常见案件，在以上章节中对群体犯罪原因的分析基本上适用于一般共同犯罪。

相对于其他类型的群体犯罪，一般共同犯罪的心理基础具有下述特点。

首先，参加者本身具有犯罪意向。从犯罪心理产生的原因上分析，一般共同犯罪的犯罪人选择共同犯罪经常是为了寻求一种合作，其目的在于利用群体的合作方式降低犯罪的行为风险和法律风险。在这一点上，一般共同犯罪的犯罪人是理性的。也正是由于该类犯罪人一般在共谋之前就已经具备了个人的犯罪意向或动机，群体犯罪心理才能够在互动过程中迅速达成，这与犯罪集团中只要个别首要人物有明确的目的就可能以命令执行的方式实现群体犯罪的情况是有区别的。

其次，一般共同犯罪行为人之间存在以信任为基础的情感关系。信任是合作的基础，这种信任可能是通过长期人际交往或合作而建立起来的，反映了群体的情感关系。此外，团伙犯罪和集团犯罪一般也具有这类特点。

最后，犯罪目的明确，犯罪目的的实现能够满足参加者的个人需要。由于一般共同犯罪群体经常是以从事某一起特定的犯罪纠合而成的联合体，该群体可能没有严密的组织形态，由此通过实现群体犯罪目的来实现个人目的就成为该种犯罪得以实现的基础。

二、一般共同犯罪心理的形成过程

共同犯罪在外在表现上反映为共同的目的性行为，而在犯罪心理形成的过程上，则有多种情况。

（一）犯罪意向的链式交流

根据共同故意产生的时间，共同犯罪可分为：事先有通谋，经过商量并确定了犯罪目的、时间、地点、手段的共同犯罪；事先无通谋、偶尔纠合在一起临时起意进行的共同犯罪。其差别仅在于产生共同故意的时间不同（事先或犯罪过程中），而存在共同意向性是它们共同的本质特征。

链式交流的结果是实施犯罪行为的共同意向的达成，在罪过方面表现为共同故意而非过失；如果一方是故意，另一方是过失，则不构成共同犯罪。也就是说，无论是从犯还是主犯，对其行为的意向和目的的追求，都具有共同的认识。

共同意向是共同犯罪心理的前提和基础，在一般共同犯罪中，个体的犯罪意向主要通过相互的交流上升为共同的故意，其形式一般不同于集团犯罪中的纵向指令，而是参加者对共同实施某一犯罪有基本的相似态度。

在犯罪意向的交流过程中，个体往往希望他人的参与为自己实现犯罪目的提供帮助。

（二）目的一致性

实现共同的犯罪目的，可以实现参加者的个人目的。目的一致性是维系共同犯罪的主观预期。当然，在具备目的一致性的同时，还必须有基本的分工作为保证。由于分担行为的不同，个体的角色和地位也各不相同。比如：分担策划与组织行为的，成为主犯；分担实施行为的，成为正犯；分担帮助行为的，成为从犯；仅仅进行教唆行为的，成为教唆犯。但是，他们的共同目的都是实现共同希望获得的犯罪结果，因而具有目的统一性。

需要说明的是，目的一致并不等于动机一致。这里所说的目的仅限于共同犯罪的参加者对合作要达到的行为目的所具有的意识上的一致，如果在干什么和怎么干的层面没有一致，也就难以产生合作与配合。

（三）心理趋同性

在共同意向产生的过程中，主导犯罪动机与统一犯罪目的形成，是心理趋同的结果。无论是事先无通谋的共同犯罪还是事先有通谋的共同犯罪，参加者的动机和目的都是有差异的，有时甚至是互相矛盾的。只有通过合谋，即通过动机的调整、取舍、统一，达成共同犯罪目的，并对有关事项取得大体一致认识后，才有共同犯罪的实施。而在这个过程中，心理趋同性是必不可少的关键一环。心理趋同性是对不同动机和意向进行协调的必然结果，如果没有心理趋同性，就不可能有统一意志和统一的犯罪行动。

经典回顾

群体极化是指在最初偏好的方向上，群体倾向于比个体做出更极端的决定。对于这个现象，社会心理学没有一个较为统一的解释。社会认同理论认为，群体极化是参照信息影响所致的从众现象。本质上，从众是对群体中最典型个体的模仿：这个个体被认为是该群体中最具有原型性的成员，并且最能体现该群体的规范。

（四）心理相容性

心理相容性是指共同犯罪者在犯意、动机、目的以及与此相关联的兴趣、能力、情绪情感、心理状态等方面彼此相悦或接受，通过相互影响、渗透、感染、传递、统一，能够形成共同的犯罪心理。

三、一般共同犯罪的行为特征

共同犯罪是一种合作行为。成员虽然具有个人的动机与目的，但在实现群体目的上有明显的故意。

（一）合作

一般共同犯罪是典型的合作式群体犯罪，不论共同犯罪的参与者在共同犯罪中扮演何种角色，所起作用有何不同，他们都共同造成了社会危害，对犯罪行为的后果承担共同责任。即使是帮助犯、教唆犯，虽未直接实施犯罪活动，但仍然以其提供犯罪工具、察看犯罪地点、排除犯罪障碍、帮助窝赃销赃或教唆他人实施犯罪等行为，也在不同程度上对社会造成了危害。

一般共同犯罪中的合作是以分工的方式完成的，不同个体在犯罪过程中承担不同的角色，并且通过角色行为的完成实现群体目标，通过行为上的合作实现利益上的共享。

（二）帮助

一般共同犯罪的完成是犯罪人之间相互帮助的过程。这种帮助体现在三个方面。一是整体上的合作与分工所具有的相互帮助的作用。二是行为人在共同行为中相互之间的心理支持。三是规避行为风险和法律风险方面的帮助。相互帮助能够增强群体行为的意志，使参加者的犯罪动机不断强化，推动和维持犯罪行为的发展。

（三）目的

一般共同犯罪不同于集团犯罪，其群体目的与个体目的经常是一致的。因此，无论是合作还是帮助都服务于实现共同的犯罪目的。犯罪目的成为主观的自我强化物，增强了犯罪人在行为过程中的意志努力程度，扩大了犯罪的社会危害性。

第四节　团伙犯罪心理

团伙犯罪又称为帮伙犯罪，是经常出现在青少年中的一种群体犯罪类型，也是共同犯罪的一种特定形式。这一概念在犯罪学、犯罪心理学和司法实践中经常运用，但不是严格的刑法学用语。

一、团伙犯罪概述

团伙犯罪是青少年犯罪的主要组织形式。

（一）团伙的概念

团伙是一种由朋辈关系构成的结构松散的组织形式，一般出现在年龄相近、兴趣相似的青少年当中，如同学、邻里。团伙并不是一个贬义词，青少年当中的许多小圈子或朋友关系都可以说是团伙。只是由于我们经常使用团伙犯罪的概念，团伙概念才具有特殊的符号意义。

（二）犯罪团伙的概念

犯罪团伙是指经常从事越轨或违法犯罪行为、结构松散、活动范围相对固定的小团体。

犯罪团伙不是因犯罪而形成的，不具有以犯罪为目的的群体目标，是典型的先有群体形态，后有群体犯罪的类型。团伙中的成员参加犯罪，是希望被团伙接纳的一种手段。同时，犯罪团伙虽然在组织结构上并不严密，但对成员有凝聚力，其成员具有“我们”意识。犯罪团伙一般有自己相对固定的活动区域，即在“疆界意识”指导下形成的可控制范围。团伙成员一般不太固定，流动性与随意性较大，反映了青少年的行为特点。

（三）团伙犯罪的特点

团伙犯罪是以团伙的组织形式实施的群体犯罪。团伙犯罪体现了团伙在组织形态、活动方式、作案手段上的特点。

团伙犯罪不同于犯罪集团所实施的犯罪。在组织形态上，犯罪集团属于严密型组织，成员之间有以等级为表征的分工，犯罪是为了实现群体目标，贯彻群体决策；团伙犯罪是由松散性联合体所实施的犯罪，一般没有稳定的群体目标，也不具有明确的分工和角色扮演。在犯罪心理的形成方面，犯罪集团的犯罪有决策过程，属于典型的预谋犯罪，其决策能够借助集团已有的组织形态以命令、压力等方式得以贯彻；团伙犯罪心理的产生经常受情境刺激的影响，以从众和责任扩散为心理基础。

团伙犯罪也不同于一般共同犯罪。一般共同犯罪群体往往是为实现某一特定的犯罪目的纠合而成的联合体，一旦犯罪结束，其组织形式就不再存在；而团伙犯罪虽然组织形态松散，但有一定的延续性，由于犯罪仅仅是团伙的经常性行为之一，并非组成团伙的目的本身，所以犯罪结束后，团伙成员间的互动关系仍然存在。一般共同犯罪的人际关系往往以利益为纽带，缺少情感上的依赖；团伙犯罪则以群体为基础，成员之间存在情感上的依附。

犯罪团伙内部是如何运作的？

二、团伙犯罪的产生原因

（一）团伙形成的原因

团伙犯罪是由团伙成员共同实施的群体性犯罪，探讨团伙犯罪的原因首先应着眼于团伙形成的原因。

1. 青少年的结伴需要

从发展心理学的角度分析，人在生命的不同时期都有着不同的安全感需要。在幼儿时期，我们的安全感来自父母等首属群体，家庭不仅为我们提供物质与情感支持，而且是我们获得安全感的主要场所。随着年龄的增长，特别是当青少年必须与同辈群体产生更多互动的时候，家庭所能提供的情感远远无法满足青少年的发展需要。于是，发展与同辈人的人际交往、融入次属群体成为青少年实现自我的必然过程。同时，与同辈发展人际关系也是个体建构健康人格、获得成人后人际交往能力的基本途径。得到同辈的认同、被同辈群体接纳是青少年的重要心理需要，这使交友与结伴在青少年时期具有了意义。团伙的出现实际上是青少年心理发展的一种客观反映。

2. 情感互动的需要

团伙能够为参加者提供其他群体无法替代的需要满足，其中最关键的就是情感需要的满足。在团伙中，由于年龄、经历、社会需要和心理需要基本相似，团伙成员往往有着共同的语言、兴趣和价值偏好，容易产生心理上的共鸣，使团伙成为具有凝聚力的小群体。在团伙交往中，参加者大多以兴趣为出发点，以相互认同为目的。团伙具有的情感氛围为青少年提供了放松焦虑和紧张的环境。

3. 应对压力的需要

参加团伙和团伙的形成与青少年应对压力的需要有关。一方面，青少年时期的学业压力、家长期待压力使该年龄段的个体自发地从同辈人的相互认同中得到压力的宣泄；另一方面，许多犯罪团伙的成员由于成绩不好或有共同的辍学经历要面对来自社会的压力，参加团伙是他们寻求认同、建立自信与自我的方法。

4. 兴趣需要

每个人都有自己的兴趣偏好，团伙的形成一般与兴趣有关。兴趣的产生与社会文化和媒体提供的榜样行为有关。青少年由于兴趣多样，容易以自然聚合的形式产生各种小团体，这些团体可能以符合社会期待的兴趣为纽带，也可能以越轨或创新的各种偏好为联系。

（二）团伙犯罪的原因

团伙犯罪的原因与参加者所面对的主体内外因素都有关系。就团体本身而言，其原因表现在如下方面。

1. 体现群体力量

团伙的地域性决定了团伙的活动区域，团伙之间的“疆界意识”和团伙成员的“我们意识”导致了团伙之间的竞争与冲突。表面上，这类冲突是由利益分配引起的；实际上，它更多的是各种小群体为体现群体力量而发动的。司法实践中常见的团伙械斗、寻衅滋事等犯罪都具有上述原因特点。

2. 寻求群体认同

对团伙成员而言，加入团伙的意义大于犯罪的意义，能够被团伙接纳经常是参加者的首要目的。这种认同不仅表现为被团伙成员接受，也包括得到团伙首领的承认。许多青少年正是以具有敢于违法犯罪的胆量来表达自己的与众不同，并以此作为参加团伙的资格。在犯罪团伙中，越轨和违法犯罪经常具有反叛和创新的符号意义，这导致了团伙犯罪的经常性。

3. 利益互助

追求利益和实现利益等方面的互助也是团伙犯罪的重要原因。利益互助体现在两方面：一是相互间的互助互利，如在物质、经济、人际、武力上的相互帮助；二是借助群体力量去获得利益，如以团伙的方式进行抢劫和勒索等。

（三）观察学习在团伙犯罪中的作用

观察学习在团伙犯罪的形成过程中有特殊的意义。犯罪团伙的成员大多是青少年，他们尚处于社会化的早期阶段，没有建立独立的认知系统和人格结构，对多元文化抱有好奇心，容易对自己感兴趣或自己认为创新的事物进行模仿和学习，在社会化过程中比成年人更容易接受亚文化甚至反社会文化的影响。

观察学习不仅发生在群体内部，表现为对团伙中其他成员的学习与模仿，也经常表现为对其他团伙的行为、网络宣传的行为、媒体介绍的行为等的学习与模仿。这使各种越轨和违法的行为模式经常在亚文化团伙中传递，并上升为群体的犯罪行为。

三、团伙犯罪心理特征

（一）标签意义

相对其他群体而言，经常从事越轨行为的团伙具有负面的符号意义，被贴上“坏孩子”的标签。对团伙成员本身而言，追求标签效应、展现群体的与众不同是一种乐趣，可以更好地体现“我们”意识。标签效应不仅强化了社会和其他同辈群体对犯罪团伙的社会排斥，也使犯罪团伙成员在追求“独立”和“创新”的同时排斥社会主导文化的影响，在心理上与社会期待背离，出现更多的越轨行为。

（二）情感互动

在团伙内部寻求情感归属是包括犯罪团伙在内的多数群体共有的特征。然而，青少年时期的特点导致该年龄阶段的个体更希望在同辈之间产生情感互动，通过群体的承认建立自我认知特别是自信心。

（1）犯罪团伙中的情感互动对犯罪的产生具有影响。情感是维系团伙的主要纽带，而维护团伙情感的主要方式是为团伙效力，执行团伙的决策。尤其是团伙或其成员与其他群体发生冲突时，团伙成员会表现出高度的一致性，在群体凝聚力的作用下共同对外，并且不顾违法行为的法律风险，表现出犯罪动机的随意性。

（2）情感互动增强了成员对群体的归属感，使其自觉地放弃理性，服从团伙的共同行动。

（3）情感互动的结果是犯罪团伙成为心理共同体，并对外界刺激产生一致性行为。

（三）学习与强化

在团伙犯罪中，并非任何行为都是有意识的传习教唆行为和言语统治行为，为首者的示范和成员之间的相互模仿，也会起到诱发作用。暗示可以通过言语的方式进行，也可通过行为的、表情的、符号的方式进行。在犯罪团伙中，为首者的行为和多数人的行为容易对其他人产生暗示作用。如犯罪团伙中的暗语、手势，团伙头目的一声呼哨，都有可能产生暗示作用，迅速诱发犯罪行为。有时候暗示的作用比直接的指令还大。模仿与犯罪的关系也极为密切。许多犯罪技能、方式就是通过模仿传播开来的。比如淫秽录像的播放造成聚众淫乱团伙中的集体淫乱方式。当某一团伙成员出现新的犯罪行为时，其他人也会竞相模仿，从而扩大团伙犯罪的危害性影响。有时团伙成员的一举一动、穿着打扮等都会导致互相模仿，特别是一些怪癖、嗜好、低级情趣、下流动作、污言秽语等更容易被模仿。

（四）权威与压力

团伙中的权威来自两方面，一是有地位的首领，二是团伙意志。对团伙成员来说，团伙中的压力不仅有来自权威和与外部竞争的外在压力，也有源于成员自身希望得到群体承认的自我内部压力。

权威与压力往往导致团伙成员在兴趣和行为方面出现一体化倾向，以遵从权威和服从群体的方式满足个体的需要，能够在很短的时间里达成意见的统一，产生具有盲目性的犯罪行为。

经典回顾

1963 年，社会心理学家米尔格拉姆在耶鲁大学进行的电击实验是社会心理学中著名的实验之一，它充分说明了权威与服从在群体决策和行为中的作用。米尔格拉姆的研究包括 19 个独立实验，超过 1 000 名不同年龄、职业、学历的被试参加了实验。其基本的实验范式是让被试实施令另一名被试异常痛苦的电击惩罚。这些被试被告知这是一个关于学习记忆的实验，目的是考察如何通过奖惩来增强学习效果。一部分被试被随机分配为“老师”，另一部分为“学生”（实际为实验助手扮演），学生每次犯错，就要加大电击的强度（每档15伏特，最高为450伏特）。身穿白色制服的主试扮演合法的权威形象——制定规则、分配角色。在实验开始前，每一名扮演“老师”的主试都被施予45伏特的电击，足以让其了解电击的痛苦。40名精神病医生对被试的行为进行预测，他们估计大部分人能承受的电击强度不会超过150伏特，不到4%的人在300伏特电击下仍然服从，不到0.1%的人，某种程度上说是有些异常的个体才会盲目服从命令，施加最大电击。实验结果表明，大部分的被试完全服从了权威，在300伏特时几乎没有被试退出实验，65%的被试实施了450伏特的最高强度电击。绝大多数的被试口头上有过抗拒，但行动上还是选择了服从。米尔格拉姆研究团队用一系列实验证明，服从的因素主要取决于与情境有关的变量，而不是人格的变量。

案例分析

张君为人谨慎，为了能让手下死心塌地地跟随自己，他要让每个团伙成员都背上一桩命案。1998年10月，张君从长沙一劳务市场将一民工骗至汉寿县境内的一座山上，命令李泽军、陈世清和赵正洪3人对其进行猛力击打和刺杀，致其当场死亡。2000年7月，张君为纠集情妇全泓燕入伙，要她“杀人沾血”，再次以招工为名义将一位民工骗至汉寿县一座山上，命全泓燕对民工连开两枪，后张君又朝其头部补射一枪，致其当场死亡。1998年4月至2000年8月期间，张君因多次包租李金生的出租车，决定拉李金生入伙。8月下旬，张君故伎重施，又从长沙将一位民工骗到常德，让李金生开枪射击。李金生将这位民工击倒后，张君和赵正洪又各补一枪，使其当场死亡。

（五）决策的极端化

社会心理学家提出了群体极化概念，指与成员单独决策相比，群体倾向于做出比较极端的决策。群体极化现象使得一个群体更加谨慎或者更加冒险，这主要取决于群体初始的倾向。在犯罪团伙的群体决策中，个体对于某一人物或事件的负面评价极有可能出现极化现象，产生更加冒险的行为。比如，团伙感受到来自某一群体排斥，团伙成员在一起讨论时，每个人从不同方面提出被排斥、看不起的事情和证据，这些信息汇集起来，就有了足够的证据证明某一群体对于本群体的排斥和欺辱（信息影响模型），而每个成员在进行表述时，又常常将事情描述得比原本更极端一些，或是隐去一些理由，如先招惹，以获得群体的关注，如果群体中的多数个体都试图以此方式来获得群体内部的关注和尊重，那么极化就难以避免（社会比较模型）。

四、团伙犯罪行为特征

（一）犯罪的随机性

在司法实践中，团伙犯罪经常表现为无预谋的临时起意，缺少足够的犯意交流，其犯罪行为大多是由情境刺激引发的随机性反应。实际上，由于团伙在日常生活中有着充分的人际互动，成员之间建立了友谊关系，具有共同行为的社会心理基础，对群体的情感依附使成员很少考虑个人的风险，失个性化的心理特点导致了行为的随机性。

（二）犯罪的盲目性

团伙犯罪在目的层面的随意性和不确定性导致了团伙犯罪行为的盲目性特点。由于团伙并不是以犯罪为目的形成的联合体，成员间的集体行动成为日常活动的主要方式，群体意识在很大程度上代替了个体意识。团伙中个别人的行为会影响其他人，会在没有对行为目的和结果进行理性考虑的情况下出现盲目的犯罪行为。

（三）犯罪的符号意义

团伙犯罪行为缺乏目的性不等于其行为没有目的，一般情况下团伙行为包括团伙的犯罪行为旨在维护该群体的自尊，稳定群体中的人际关系，增进成员间的情感联系，显示群体力量，或保护地盘利益。因此，团伙犯罪具有特殊的符号意义，往往与团伙的存在和发展紧密联系。简言之，团伙犯罪更多的是为了团伙的共同利益而实施的群体犯罪。

第五节　有组织犯罪心理

有组织犯罪属于社会危害性严重的犯罪类型。犯罪组织由于以犯罪为群体任务，具有更为恶劣的犯罪恶性。

一、有组织犯罪概述

有组织犯罪是结构严密的群体所实施的犯罪，属于社会心理学意义上的群体所实施的犯罪。

（一）有组织犯罪的概念

有组织犯罪是以犯罪为目的的群体所实施的有计划、有分工的犯罪。

有组织犯罪具有组织形态，这类群体的形成往往与经济利益有关，从事犯罪活动并从犯罪活动中获得收益是该类群体的主要目的。

（二）有组织犯罪的类型与动向

传统意义上的有组织犯罪是以帮派形式为代表的犯罪。从《刑法》的规定上看，有组织犯罪有两种基本类型——犯罪集团实施的犯罪和黑社会性质组织实施的犯罪。

目前，在我国司法实践中，帮派犯罪的形式并不多见，一些所谓帮派大多属于犯罪团伙，已经不具有传统帮派的特点。犯罪集团和黑社会性质组织所实施的犯罪成为有组织犯罪的主要类型，对社会稳定具有极大的危害性与危险性。

我国目前存在的有组织犯罪的主要类型是：（1）走私与贩毒犯罪；（2）独霸一方的流氓、恶势力犯罪；（3）以贩卖人口为盈利方式的犯罪；（4）开设赌场、强迫妇女卖淫的犯罪；（5）制造贩卖淫秽书刊、影视制品和非法出版物的犯罪；（6）盗窃、窝赃、销赃的犯罪。

国际范围内的有组织犯罪主要可划分为以下类型：（1）供应各种非法的物品与服务，如聚赌、开设妓院、放高利贷、走私毒品、贩卖私酒等；（2）运用合法身份从事非法活动，如垄断与操纵市场，在政界或商界进行贿赂、拉拢敲诈、逃税以及恐吓活动等；（3）专门从事绑架、聚众斗殴等暴力行动。

（三）有组织犯罪产生的原因

有组织犯罪的形式自古有之，并不是新事物。在不同历史时期，有组织犯罪的产生原因是不同的。就我国目前情况看，有组织犯罪的产生原因主要有下列方面。

1. 经济多元化导致的手段多元化

以组织形态合作犯罪并从中得到利益，实际上是犯罪组织选择的一种实现利益的方法。在我国经济体制改革的过程中，原有的单一计划经济模式被多元的社会主义市场经济取代，由此带来了各种实现经济利益的获利方法和产业。在各种产业和生产方式中，既有占绝大多数的合法的产业，也有个别的非法行业或处于边缘领域的产业，这些行业成为滋生有组织犯罪的土壤。

2. 分工导致的合作

许多产业具有更为细化的分工要求，往往不是单凭个人能力或小群体能力能够实现的，产业链扩大所提出的现实要求使一些非法产业寻求包括国际合作在内的新的合作形式。如境外洗钱组织、境外赌场的国内招商活动，都需要众多环节的相互配合，由此导致为实现合作而形成的犯罪组织。

3. 利益保护

所有非法行业和个别边缘行业由于本身从事的就是不法经营，并从中获得经济收益，因此具有“地下”性质，不可能得到法律的保护，享受正当企业的权利。在这种情况下，建立自我保护系统成为这些行业的选择。建立组织不仅是实现利益的需要，也是保护利益的需要。

二、有组织犯罪的心理特征

结合中外有组织犯罪的案例，可以对有组织犯罪的群体犯罪心理做出如下归纳。

（一）利益最大化

有组织犯罪的一个最大特点是追求经济利益，这使该类组织以利益最大化为群体目的。在利益目的驱动下，参加犯罪组织的个人将群体目标视为个人目的，通过加入犯罪组织分享由犯罪带来的利益成果，共同的利益追求成为有组织犯罪的重要心理特点。

（二）集体意识

在有组织犯罪中，群体的结构严密，组织形态稳定，分工明确并纪律严明，群体成员对群体只有服从的义务。这使得从事有组织犯罪的群体成员在互动过程中形成鲜明的“我们”意识，对群体有归属感和依赖性。

（三）压力

与犯罪团伙不同，从事有组织犯罪的群体有严格的奖惩制度，有严格的群体规范。这一方面是为了保证其犯罪目的的实现，另一方面是为了防止个别人的自首给群体带来法律风险。规范的存在和该类群体严明的等级制度成为一种压力作用于每一个成员。其结果是培养了成员的服从意识，有利于群体犯罪目的的实现。

（四）首领决策代表群体意志

从事有组织犯罪的群体有不同级别的领导者，是有组织犯罪的主犯，有时参加者属于被蒙蔽的从犯。在有组织犯罪过程中，首领或主犯的决策具有命令的性质，能够决定群体共同行为的发展方向，决定行为的法律性质，代表整个群体的意志。

三、有组织犯罪的行为特征

从事有组织犯罪的群体无论是犯罪集团还是黑社会性质组织，一般都具有下列行为特征。

总体上看，在犯罪行为的方式上主要有四种形式。一是本身就从事犯罪行业，以犯罪为目的形成组织。二是从事边缘化行业，为保护利益，防止“黑吃黑”等意外情况的发生，用武力的方式维护非法利益。三是从事正当行业，但长期使用商业贿赂等方式维护群体利益。四是以绑架、盗窃、勒索等为群体目的，以专门从事犯罪行为实现群体利益。

为何高智商、高技能的犯罪团伙都如此自信？

在犯罪的手段方面既有暴力手段也有非暴力手段，但策划者、实施者的分工明确。犯罪过程实际上是执行命令的过程，为避免来自群体的惩罚，实施犯罪的个人往往具有顽强的意志力，其行为不计后果，有相当的社会危险性。

第六节　传销群体中的精神控制

传销又称经济邪教，是一种以发展下线为盈利方法的无店铺经营模式。在传销组织的运行过程中，商品往往只是一种媒介，其作用在于吸引入会和发展下线，购买者的目的不在于消费，而是在于进入组织。

我国法律在处理传销犯罪时，只对组织者和首要分子科以刑罚。在传销中出现的聚众行为具有典型的群体特征。分析传销中组织者对受蒙蔽者的精神控制方法，有助于我们了解群体对个体的影响，了解当前十分典型的群体犯罪形态。

国外将传销称为老鼠会，其从上到下呈金字塔结构。以一生二、二生三、三生无限的方式进行敛财，具有十分恶劣的社会影响。国内的传销组织大体有三种模式，一是集会式，二是单线发展，三是网络传销。

一、传销兴起的社会背景

在我国社会的转型阶段，由于某种程度的失范的影响，社会上普遍存在追求资源扩展、一夜暴富的心态，这使传销蔓延具有一定的社会心理基础。大多数加入传销组织的个人，都是将这种方法视为获取财富、走向成功的途径。传销实际上迎合了有些人对利益的需求，其所宣扬的所谓快速致富方法对许多人存在诱惑。而传销组织通过精神控制实现了对人的心理和行为诱导，这种控制又迎合了参加者自身的需要。下面，我们分别从外部诱因与内部需要的角度，具体分析传销兴起的社会背景。

在外部诱因方面，从我国目前的社会结构与社会分层的现实状况分析，存在不同社会阶层在资源占有状况上的巨大差距，比如收入差距、城乡差距等。这种不平均的现象使许多人深切地感受到生存、生活、发展的压力。于是，获取利益、扩充资源成为一种动力支配着人们的行为，表现为希望通过各种致富的方法去缓解生活中的压力和自身的紧张感。因此，从社会心理学的角度分析，社会上普遍存在追求资源扩展的心态，这使传销蔓延具有一定的社会基础。

在内部需求方面，每个人都希望成功，或者说都希望自己的生活过得更好。那么什么是成功？这是由社会的价值体系也就是大多数人的意志所确立的。不可否认，在当前社会转型阶段，尤其在市场经济法则的制约下，拥有财富（经济资源）成为人们共识的成功目标。社会学中的失范理论告诉我们，在社会确立了某种共同认可的目标的同时，总有一些人由于各种原因采取合法手段无法实现目标，于是他们就有可能采取非法的手段去达到殊途同归的目标实现。以大学生传销为例，择业的困难、学业的成本、对成功的渴望极大地影响着许多大学生尤其是贫困生的心理与行为。他们如果通过合法手段暂时难以快速获取财富以帮助家庭、偿还学费、获得发展，就有可能借助加入传销去实现目的。所以，目前社会的价值观念使大学生以及社会上的许多人深刻体验到了失范状态的影响，加入传销是他们希望获得成功所选择的途径。

总的来说，传销是外部诱因与内部需要相结合的产物。不论个体是理性人还是经济人，在社会生活中都存在基本的需要，特别是生存与发展的需要。而在心理学上，动机的产生建立在需要的基础上。因此，传销实际上迎合了人们对利益的需求，其所宣扬的所谓快速致富方法对许多人存在诱惑。

二、传销组织实现精神控制的方法

与其他类型的群体犯罪不同，传销组织的犯罪过程不是以群体意志的形式得以实现的，而是传销的组织者利用参加者的需要，利用群体的心理效应，以精神控制的方式改变和强化参加者态度，从而实现个人犯罪目的的过程。

精神控制简言之是用某种理念、机制、群体目标对个体的心理与行为实施约束，使之心甘情愿地去接受和遵从的制约方法。精神控制可以使人放弃原有的东西，产生观念、态度、行为的改变，这种改变我们视为“洗脑”的结果。

将各种不同文化背景、生活经历的人聚合在一起，是传销组织通过精神控制得以实现的。精神控制有一套完整的过程，大体可以分以下步骤。

一是树立一种信念，告诉你这是具有广阔发展空间的伟大“事业”，是不可多得的创业机会。把握这个机会对自己、家庭、他人都是有利的，可以得到利己与利他的双赢效果。你去“拉人”，说服别人参加，是在为别人提供赚钱的机会，即使手段上可能有欺骗，目的也是良好的。通过不断的灌输，消除参加者心理上的障碍，尤其是罪恶感和对传销违法性的理性认识。

二是鼓吹一种精神，告诉你创业是艰苦的，艰苦的生活是对精神的磨炼，也丰富了人生的经历，凡成大业者必须苦其心志，饿其体肤。当团队中的所有人，不分职业高低，都投入这种磨炼时，不仅可以锻炼你的意志，而且可以强化对团队的归属感。

三是制造氛围，包括：感情氛围，即让每一个参加者体会到在现实生活中很难得到的情感互动，用温情去打动你、融化你，使你忽视温情背后的自私目的；相互激励的氛围，即不论你的实际能力如何，所有的人都给予你充分的肯定和赞赏，激发你的自信心，使你产生情绪的亢奋和自我评价的错觉；共同努力和参与的情绪氛围，即每一个人都无比热爱这一事业，让你在群体气氛中体验到奋斗的快乐。

四是设立一种目标，通过对榜样的宣传，灌输成功的范例，强化学习榜样的自觉性。同时，设立递进的心理陷阱，告诉你离成功只差一步，需要的是努力再努力，坚持再坚持。而一旦签约，就等同于套上了枷锁。参加者会首先希望收回成本，而一旦这一愿望成功，又会强化自信，加速对传销致富理论的认同，更加努力地去开展活动，在动机和态度上不断升级。

五是建立一种机制，表现为惩罚与奖励的运用。对拉来下线的，及时兑现奖金；对怀疑动摇的，实施各种制约。通过群体效应，实现相互之间的监督和鼓励。

上述步骤是在讲课、交流、晨练等一系列活动中完成的，其作用在于首先否定原有的自我，倡导所谓重新认识自我的理念，在潜移默化的群体互动中塑造新的自我，增强参加传销的信心和勇气。

精神控制不是靠单一的手法就能实现的，单纯的灌输、说教、制约并不足以使人产生观念的转变，精神控制的实现是多种手法综合运用的结果。

北派传销的套路是什么？

三、传销组织中精神控制的特点

传销犯罪之所以能够蒙蔽人，还在于其实施的精神控制方法所具有的特点。

一是迎合参加者切身的需要，抓住了其现实生活中最缺乏的东西，比如，创业、择业、赚钱的机会，艰苦的意志磨炼和具有内聚力的团队精神，相互帮助与鼓励的情感互动，等等。

传销头目是怎么给人“洗脑”的?

二是利用了控制和转化人的心理学原理，通过灌输、暗示、从众、情感互补、相互制约等因素的作用，发挥了群体的功能。因此，每一个参加者既是受害者，也是害人者。

三是虚拟事实，通过意志磨炼和自信心提升，让你感受到传销组织的所谓力量，对组织产生心理上的归属感，心甘情愿地为之服务。

第七节 集群行为（犯罪）中的心理互动

导致社会危害结果的集群行为一般表现为球迷骚乱事件、哄抢财物事件、种族攻击事件、社会动乱等以聚众形态为表现的犯罪。其行为或结果常常具有暴力攻击性、规范挑衅性，往往会导致公众恐慌，产生极大的社会危害性。由于我国正处于社会转型的阶段，各种社会矛盾相对复杂，存在引发公众不满的社会心理基础，个别特殊事件常常成为引起集群行为的导火索。当前，党和政府高度关注不同群体的共同利益，特别强调减少和防范群体事件的产生。

随着社会生产力的发展和经济基础的变化，我国社会的心理状态也出现了新变化，人们思想活动的独立性、选择性、多变性、差异性明显增强，人民群众的参与意识、维权意识普遍增强，对加强民主法治的要求和变革社会管理体制的要求十分迫切，对保护产权和各项法律赋予的公民权利的要求也日益强烈。而在互联网时代，集群行为开始呈现出线上聚集的特点，比如对于某个事件的围观、转发，让其“上热搜”等。

一、集群行为的定义与特征

集群行为是由某个事件所引发，参加者在人群聚集的场合自发地、无预先计划地形成的群体行为，又被称为群众行为、聚众行为等。

集群行为的组织形态特征是与正式群体的行为特征相比较而得出的。群体是一群人在同一目标的指引和同一规范的约束下，彼此影响、相互作用、协同活动的组合。正式群体的特征表现为：具有群体目标与规范；成员具有群体意识，产生对群体的归属感，群体对成员有凝聚力；群体内部存在分工，有领导与被领导关系，并为实现群体目标而相互协作；正式群体的组织形态还有相对稳定的特征。

集群行为中的群众不是严格意义上的群体，只是低层次的群体形态。它不具有共同规范和群体意识；不仅共同目标短暂，而且组织结构松散；一般没有公认的领导，参加者的角色不分化；参加者对这类群体没有归属感，群体对成员没有凝聚力。

集群行为如果导致了犯罪结果，不同于以共同犯罪为表征的群体犯罪，往往具有自发性、狂热性和非结构性的特点。我国法律只对集群犯罪中的首要分子定罪量刑，而对社会控制者而言，集群行为所引起的犯罪具有难以预测性和难以控制性。

二、集群行为的基本过程

集群行为的产生有特殊的社会心理基础，在了解该类行为时要注重不同环境下的人际过程，注意个体之间的情感互动。

（一）接触与摩擦

众多个体的物理距离上的接近，形成拥挤或聚众的客观情境，导致心理上的相互影响：

- 对事件或政策或结果的注意——关注。
- 抱有共同或不同的目标——期待。
- 偶然加入或主动参与——互动。

参加集群的个体可能在社会中扮演不同的角色，有着不同的动机，因不同原因参加进来，而引起关注、期待、互动的原因在于不同的利益。这类集群的组成往往有自发性、散漫性甚至偶然性的特点。

（二）情绪感染

情绪经常伴随着个体的需要满足状态而出现。在最基本的层面，需要的满足与否会导致肯定或否定的情绪体验。情绪的唤醒与个体的主观期待具有相关性，并存在客观的刺激因素。情绪感染的过程是群众中个体之间产生心理互动的具体表现。

情绪的唤醒——欲求不满或受到挫折，能够唤醒否定情绪。而挫折可以是已经受到的或主观认为可能会产生的。前者导致愤怒或不满，后者导致焦虑与紧张。足球事件中的比赛结果，是否符合观众的原有期望，会直接导致两种不同的情绪唤醒。

情绪的磨压——不同指向的情绪和不同水平的情绪，在特定情境中相互摩擦的过程，其结果是制造出提升所有个体情绪的情感气氛。情感气氛又制约着个体情绪，从而导致集群中个体的情绪高涨。

情绪的传染——群众中的情绪在鼓动、流言、挫折的作用下无组织地扩散，甚至达到疯狂的地步。

情绪的指向——群众共同创造的情绪气氛，在事件的导向下寻求宣泄的渠道，导致经常出现短暂的群众目标。

（三）群体激动

群众的情绪由内隐到外显，由处于自我的个人状态上升为集体的共同状态，进而处于非理智和不可逆的群体性情绪激昂状态。群体激动的产生受暗示、挫折和流言的影响。

总之，集群行为是一种由事件刺激、挫折唤醒、情绪激发、气氛强化导致的共同行动。在具体情境中，集群行为往往由众从行为引起，然后出现大规模的从众，并引发社会恐慌，导致危害结果。

三、集群行为中的社会心理现象

在集群行为的产生过程中，群众中所具有的从众、众从、拥挤、流言、谣言、情绪互动、榜样作用等社会心理现象都发挥了重要作用。同时，个体在群众中的失个性化和对压力的高感知程度，也是导致集群行为的社会心理现象。

失个性化是指处于群体情境中的个体，失去自我知觉能力（风险），丧失自我意识（理智），放弃自我约束（控制），以群体意识代替自我意识，个人目标顺从群体目标，以群体规范替代个人规范的过程。失个性化的结果是，个体对群众行为盲目迎合，成为群体犯罪的参加者。失个性化首先与群众规模有关。群众规模影响失个性化，失个性化程度与群众规模呈正相关。其次，群众的情绪状态影响失个性化程度，个体情绪越受制于群众情绪越容易失个性化。最后，个体感知到的匿名性程度影响失个性化。匿名性是个体自以为在群众中不可能被别人识别的心理状态，它使个体不具有风险意识，丧失罪责感，并产生责任扩散的侥幸心理。

集群行为对任何一个身处其中的个体而言，都缺少事前的预测，突如其来的混乱情境还会使人在高度紧张状态下无所适从。当一群人在共同聚集的松散状态下处于无规范指导的状况时，情境的紧迫性对人群产生压力，在压力状态下个体有急于寻求解决方案的共同趋向，一旦他们觉察到某些可以指导行动的规范，行动就有可能趋于一致，产生大规模的从众。人群在紧急规范的作用下成为群体，并产生集群行为。

应用篇

网络暴力

2023年5月23日，武汉市汉阳区弘桥小学月湖校区内发生一起悲剧。一名一年级学生谭某被老师驾车撞伤，后送医抢救无效不幸离世。孩子的母亲杨女士从单位赶到现场，在这个过程中，杨女士的照片被曝光，一些网友对其衣着、相貌、与学校交涉行为进行评论、揣测，甚至恶意攻击。6月2日，杨女士坠楼身亡。

网络暴力是指网民在网络上的暴力行为，是社会暴力在网络上的延伸。网络暴力的出现，不是一个或两个声讨帖能造成的。网络暴力巨大的杀伤力来自成千上万的参与口诛笔伐的网民。他们在数量规模上形成了一定的强势，而他们一致的立场与观点则因这种强势更显其权威。

网络暴力的参与者人数众多，其参与动机和形式也是复杂的。主要的参与者可以分成三类。一是主要事件的发布者，他们发布的信息是引起网民注意力并参与讨论的焦点，也是暴力形成的导火线。二是跟帖者，其中又分为真正的讨伐者和恶搞的跟风者。三是无意识参与者，他们对于网民迅速形成一致观点和态度起到了一定的作用，壮大了声讨的队伍。

在网络暴力中，网民受到群体舆论的裹挟和从众心理的支撑，原本分散的负面心态和情绪因为聚合而放大、发酵，理性判断、推理能力下降，既不考虑信息的可靠性和真实性，也不考虑审判与惩罚的合理性与合法性，甚至产生可以不对自己的行为后果负责的错觉，非理性、不负责任的态度得到强化和发展。网络是柄“双刃剑”。有专家说过：“如果网络信息的不准确造成对当事人的严重伤害，那就成了典型的舆论杀人。”退一步讲，即便是犯罪分子，也依法享有名誉权和隐私权，其个人信息不应被随意公开。但是在网络空间中，不少人罔顾相关法律法规，自觉不自觉地放松了对自己的要求。这值得人们深思和反省。

资料来源：林琳，2013－12－17，3版；邵俊国，2013－12－16，F2版；杨军，2013－10－21，A5版。

基本概念

群体犯罪　群体犯罪心理　犯罪群体　群体极化　团伙犯罪　犯罪组织　犯意交流　集群行为　失个性化

本章要点

1. 群体在社会心理学中属于专有名词，对正式群体的界定相对严格。群体犯罪中的群体有的属于假设群体，有的是犯罪群体。

2. 群体犯罪不同于单独个人实施的犯罪，群体内部的动力结构对其犯罪心理的形成影响很大。群体犯罪心理的形成过程包括犯意表达、犯意交流、犯意沟通、犯罪决策四个环节。

3. 群体犯罪的主要形式包括一般性共同犯罪、团伙犯罪、有组织犯罪和产生了危害社会结果的集群行为。不同类型的群体犯罪在组织形式、犯罪心理及犯罪方式上有较大区别，应分别予以理解。

复习思考题

1. 如何从社会心理学的群体概念认识群体犯罪与犯罪群体？
2. 群体犯罪心理的形成有什么规律性？
3. 你能从集群行为的特点去分析网络中的群体性事件吗？

推荐阅读

1. 勒庞．群体心理研究．刘芳，译．上海：上海社会科学院出版社，2018.

2. 休斯通，施特勒贝，乔纳斯．社会心理学导论．辛志勇，辛自强，张红川，等，译．北京：北京师范大学出版社，2023.

3. 王俊秀．中国社会心态研究报告．北京：社会科学文献出版社，2023.

4. 胡发稳．群际关系心理预警机制研究．北京：中国社会科学出版社，2022.

5. 豪格，阿布拉姆斯．社会认同过程．高明华，译．北京：中国人民大学出版社，2011.

6. 勒庞．乌合之众：大众心理研究．长春：吉林出版集团股份有限公司，2021.

7. 杨辉．组织行为与自我提升．北京：机械工业出版社，2020.

8. 格赖特迈尔．社会心理学．陆丽娟，译．上海：上海社会科学院出版社，2020.

9. 刘建清．犯罪心理分析：人为什么犯罪．北京：中国法制出版社，2021.

第十章

犯罪控制

【学习目标】

1. 了解犯罪的社会控制及相关理论和政策措施，掌握犯罪个体控制的内涵和主要内容。

2. 掌握犯罪危险评估的概念，熟悉危险评估的基本原理和技术，了解国际社会关于犯罪危险评估的主要方法和存在的问题。

3. 掌握罪犯心理矫治的概念，了解我国矫正领域心理矫治的历史与现状，领会心理矫治对预防再犯的价值与实现路径。

【章节导读】

1897 年，意大利学者维弗雷多·帕累托（Vilfredo Pareto）在从事经济学研究时，偶然注意到在 19 世纪英国人财富和收益模式的调查取样中，大部分所得和财富流向了少数人手里。他发现了这个非常重要的事实：某一族群占总人口数的百分比和该族群所享有的总收入或财富之间，有一项一致的数学关系。令帕累托感到兴奋的就是这种不平衡的模式会重复出现。他在对不同时期和不同国度的考察中都见到了这种现象。不管是早期的英国，还是与其同时代的其他国家，抑或是更早的资料，他发现相同的模式一再出现，而且有数学上的准确度。由此他提出了所谓“重要的少数与琐碎的多数原理”，大意是：在任何特定的群体中，重要的因子通常只占少数，而不重要的因子则占多数，因此，只要控制重要的少数，即能控制全局。该原理被称为“帕累托法则”，又称“80/20 法则”“二八定律”。

帕累托法则同样适用于犯罪领域。根据国外很多学者的实证研究，从犯罪人实施犯罪的角度看，犯罪案件呈不均衡分布状态。在一定时间内，一定地区发生的多数犯罪案件是由犯罪人中的一小部分实施的，换言之，犯罪人中的少数实施了多数犯罪（翟中东，2013）。帕累托法则也为犯罪控制指出了方向：控制那些为大部分犯罪负责的“少数人”——危险罪犯——就可以有效地控制犯罪局势。

第一节　犯罪的社会控制与个体控制

犯罪控制伴随着人类社会犯罪现象的产生而产生，有犯罪就有犯罪控制，犯罪的发展变化决定着犯罪控制手段的发展变化，二者处于动态平衡状态。所谓犯罪控制，是指基于犯罪条件的揭示，由国家与社会采取各种措施与方法，致力于减少、消除犯罪发生的致罪因素，对于个体犯罪现象以及社会犯罪现象予以限控与遏制的一系列活动。在研究犯罪的历史上，不同的学科、不同的研究者由于对犯罪发生原因的认识不同、侧重点不同，提出了多种多样的犯罪控制主张。概括而言，可以分为犯罪的社会控制和犯罪的个体控制。

一、犯罪的社会控制

犯罪的社会控制，就是从社会治理、刑事政策等宏观层面对犯罪的控制。这主要是犯罪学、犯罪社会学、刑事政策学等学科研究的范畴。具体实践中，人们探讨过法律威慑控制、刑事惩罚控制、教育宣传控制、技术控制、情境控制等思路（李玫瑾，2010）。法律威慑控制，是指通过立法并昭示于世人来威吓、制止那些有犯罪意向的人，使其不敢犯罪的努力；刑事惩罚控制，是指通过加重刑罚处罚，如延长监禁时间、增加监禁的痛苦等，让已经犯罪的人感受到惩罚带来的痛苦超过犯罪带来的快乐而不再犯罪的努力；教育宣传控制，是指将与犯罪有关的法律条文、惩罚规定与惩罚结果（如宣判或示众等）通过学校教育和社会宣传告诫世人，以避免人们出现犯罪的努力；技术控制，是指通过研究制造各种防止犯罪发生的防护设施、监控器、警报器等技术设备，来预防重点部位发生犯罪的努力，还包括研究各种用于侦查的技术手段，通过及时破案打击犯罪的努力；情境控制，是指在容易发生犯罪的时间和空间范围通过增加巡逻、加强灯光、加装防护装置等方式，让有犯罪意图的人无法实施具体的犯罪，这是一种针对性极强的具体预防的努力。

近年来，人们越来越重视重新犯罪的控制问题。有学者通过对国际社会有关重新犯罪防治政策的系统研究，将重新犯罪控制政策归纳为以下几种范式：（1）威慑范式。主要政策有："强制量刑"政策、推行"报应"模式、制定量刑准则、"从重从快"政策等。（2）矫正范式。主要政策有：矫正政策、矫治需要评估政策、矫治项目政策、矫治项目认证政策等。（3）重返社会范式。主要政策有：社区刑政策、半监禁刑政策、社区矫正政策、监禁过渡政策、过渡性帮助政策、司法分流政策、恢复性司法政策、罪犯教育政策、罪犯培训政策等。（4）剥夺范式。主要政策有：危险评估政策、性罪犯登记政策、特别罪犯跟踪政策、"累犯三次打击法"等。（5）综合范式。主要政策有："宽严相济"政策（中国目前倡导的政策）、"结构性量刑"政策（美国一些州推行的政策）、"罪犯的一体化管理"政策（英国推行的政策）等（翟中东，2010）。

就我国当前的犯罪控制实践而言，主要有以下两个突出特征：（1）重视犯罪控制的专门组织机构建设。为控制日益增长的犯罪，推动社会治安综合治理措施的实施，我国在公安局、检察院、法院等国家机关外，设置了社会治安综合治理机构。1991 年我国设置了中央社会治安综合治理委员会，随后省、自治区、直辖市和市、县、区陆续成立了对口机构。为推动社会治安工作各项措施的开展，中央与地方各级社会治安综合治理委员会陆续设立了刑释人员安置帮教工作协调小组、流动人口治安管理工作小组、预防青少年违法犯罪领导小组等。此外，国家鼓励基层设立联防治保组织。2011 年 9 月，中央社会治安综合治理委员会更名为中央社会管理综合治理委员会，其主要职责是：根据全国社会治安状况，研究提出社会治安综合治理的方针、政策和重大措施，供党中央、国务院决策；对一个时期全国社会治安综合治理工作做出部署，并督促实施；指导、协调、推动各地区、各部门落实社会治安综合治理的各项重大措施；总结推广实践经验，表彰先进，组织有关部门加强社会治安综合治理的理论研究，探索和逐步完善具有中国特色的维护社会治安的新路子；等等。（2）犯罪控制主要在社会治安领域进行，越来越重视对犯罪的预防。1991 年以前，我国的犯罪控制基本政策性措施是“严打”，即通过迅速、有力地运用刑罚威慑犯罪人、有犯罪倾向者，从而控制犯罪。1991 年后，综合治理取代“严打”成为犯罪控制的基本政策性措施，“严打”被纳入综合治理中。与“严打”相比，综合治理的犯罪控制措施具有多样性的特点，不仅包括“打击”，而且包括防范、教育、管理、建设、改造。“防范”，是指以政法部门和各机关、团体、学校、部队等单位为主体，放手发动群众，群防群治，预防犯罪的发生，如成立联防组织、在居民区推荐使用防盗门等。“教育”，是指开展政治思想教育，特别是法治教育，提高个人的守法意识。“管理”，是指有关机构对特定物品、特定场所、特定行业，根据其自身特点及违法犯罪规律，进行管理控制，堵塞漏洞，防患于未然，如对枪支弹药的管理、对公共场所的管理。“建设”，是指为保障综合治理各项措施的落实，进行组织建设、制度建设，如群防群治组织建设、推行社会治安目标管理责任制等。“改造”，是指监管改造机关运用劳动改造、教育改造等方法促进罪犯改恶从善。可见，目前我国的犯罪控制已经将“严打”与社会治安综合治理的其他措施结合起来，越来越注重对犯罪的预防。

二、犯罪的个体控制

犯罪的社会控制与个体控制实际上是难以决然分开的，人们探讨犯罪控制的社会政策中必然包含一定的犯罪个体控制的内容，如犯罪心理学、犯罪生物学等学科是从自身学科基础出发，更深入、系统地讨论、揭示犯罪发生的心理、生理、行为机制，进而提出针对性的犯罪控制主张。

（一）犯罪个体控制的内涵

犯罪个体控制是一种针对犯罪人的控制思路，建立在对具体犯罪人犯罪原因、犯罪心理形成、犯罪行为发生等深刻揭示的基础上。众所周知，个体犯罪行为的发生是外在客观因素和主体因素交互作用的结果，因而犯罪的个体控制是一个系统工程。其中，无论是客观因素还是主体因素都是十分复杂的，但就具体的犯罪人而言，关键的环节在于

“交互作用”，即一定的客观因素（包括宏观环境、微观环境、具体情境等）与一定的主体因素（包括生理因素、心理因素、行为因素等）相结合，诱发了犯罪心理的形成，进而产生犯罪行为。从心理学的角度讲，任何犯罪行为（不论是故意犯罪行为还是过失犯罪行为，乃至变态犯罪行为）的发生，都是受某种心理因素影响或支配的。所以，犯罪的个体控制最核心的问题就是对犯罪心理的控制。

本章所讨论的犯罪个体控制，就是从分析犯罪原因影响犯罪心理形成、犯罪行为发生的过程和机制着手，沿着“影响犯罪发生的因素—犯罪心理—犯罪行为—犯罪心理转化”的脉络构建完整的犯罪控制体系。主要包括早期对犯罪心理的预测、预防，中期对犯罪心理恶变的抑制，后期对犯罪心理转化的促进及对犯罪心理的矫治。

（二）个体犯罪的早期控制

犯罪心理的产生是个体社会化缺陷的结果，在此过程中，不健全人格的形成是犯罪心理形成的基础。就现实情况而言，家庭、学校、社会环境的不良影响是导致个体社会化缺陷、形成不健全人格，进而演变为犯罪心理的外在因素。因此，犯罪心理的早期控制，就在于通过构建和谐的家庭、学校、社会环境，避免个体社会化过程的缺陷，防止不健全人格的形成，防止由不健全人格向犯罪心理的转化。这方面目前国内外比较重要的研究是犯罪心理预防、犯罪危险评估与危险控制问题。

（三）个体犯罪的中期控制

个体犯罪的中期控制，主要是针对已经形成犯罪心理的行为人，如何阻止他们在犯罪情境的诱发下实施犯罪行为。犯罪心理学研究认为，犯罪心理推动犯罪行为，受情境因素（诱因刺激、现场条件和气氛）和被害人因素的影响，受一定动机的支配。因此，在这一阶段，犯罪控制的关键在于控制诱因刺激和现场的条件与气氛，激发被害人的能动性，从而影响其犯罪决策，遏制不良动机，阻止犯罪行为的发生，或降低犯罪行为发生的概率。

在现实社会中，一是需要社会加强防范意识，建立健全各项规章制度，对财物加强管理，对自身安全多加防范，尽量减少对犯罪人的诱因刺激，让他们无机可乘；二是在全社会培育一种人人敢于同犯罪作斗争的氛围，在犯罪发生时，目击者能够勇敢地站出来制止、揭露非法行为，使犯罪人产生心理压力，从而弱化不良动机，放弃侵害行为；三是被害人要注意保持正常的心理状态，巧妙地与犯罪人作斗争，以防止或减轻犯罪的侵害。另外，有许多犯罪人在犯罪心理形成之后并不一定需要诱因刺激就会自动产生行为动机，进而做出犯罪行为。比如许多预谋型犯罪行为，常常是犯罪人先形成不良动机，而后积极创设或寻觅、发现犯罪情境，以实现动机。对这类犯罪的控制，就需要社会加强法律宣传、法治教育和对犯罪的治理，使犯罪人认识到实施犯罪行为必然会遭受的痛苦结果，从而增强对犯罪风险的认知，提高自我约束力，降低犯罪成功的自我效能感，进而弱化犯罪心理，放弃犯罪行为。

由此可见，其实个体犯罪的中期控制仍然属于广义的犯罪心理预防的范畴。

（四）个体犯罪的后期控制

个体犯罪的后期控制，主要是针对已经发生犯罪行为的人，如何防止他们产生重新犯罪心理，出现重新犯罪行为。事实上，犯罪行为发生之后，犯罪心理不会自动消失，而是暂时处于“潜伏”状态，进入服刑改造的过程中。因此，为了防止重新犯罪，就需要对犯罪人的犯罪心理加以转化和矫治。从犯罪心理学的角度讲，刑罚执行过程中对罪犯的矫正，就是转化和矫治犯罪心理，塑造健全人格，形成守法心理和守法行为习惯，实现重新社会化。

个体犯罪的后期控制，一是需要整合监管改造活动中和社会上的一切积极因素，构建和谐的监狱心理环境，形成有利于改变犯罪人犯罪心理的综合动力，共同促进犯罪心理的转化，培养罪犯的守法心理和良好行为习惯。二是运用专业性的矫治措施，利用现代心理评估、心理咨询、心理治疗技术，并与其他改造手段相结合，矫治罪犯的犯罪心理和其他心理问题，塑造健全人格，以更好地适应社会。有关这一问题，将在本章第三节重点讨论。三是需要司法系统、媒体舆论，乃至广大民众有意识地减少社会排斥，减少污名化效应，帮助罪犯更好地回归社会，开始正常的生活，而不是因为求职、择偶等重大事件上的社会排斥，产生挫折，而再次走上犯罪的道路。

监狱真是一所“好大学”吗？

第二节　犯罪危险评估

根据本章开头提到的“少数人实施了多数犯罪”的实证结论，新刑罚学理论（the new penology）认为，如果能够“标定”出犯罪危险性大的人，并对他们加以监管控制，全社会的犯罪将会得到有效控制，而且犯罪控制成本将大大降低，社会安全程度将得到极大提高。事实上，近年来国际社会在犯罪控制领域普遍开始重视危险管理问题。危险管理包括危险评估和危险控制两大内容，其中危险评估及其准确性是实施危险管理的基础和关键。

一、危险评估概述

所谓危险评估（risk assessment）[①]，就是通过一定的技术对一定对象实施犯罪或重新犯罪的可能性进行判断，从而为控制其危险提供根据。危险评估的实践空间除了矫正领域，还有法院审判领域等。

对犯罪人进行危险评估的思想可以追溯到龙勃罗梭时代。龙勃罗梭在 1876 年出版的《犯罪人论》一书中提出了天生犯罪人的论断。他在意大利军队做军医时，测量了超过 3 000名士兵样本，包括体型、前额的倾斜度、耳朵的形状、是否有刺青以及其他身体特

① 国内很多人将“risk assessment”翻译为“风险评估”，我们主张翻译为“危险评估”更为准确。

征。他深信，在身体特征、易感疾病特性与暴力或其他犯罪倾向之间有着某种联系。比如，他在《犯罪及其原因和矫治》一书中将犯罪人的面相特点描述为："上颌骨和颧骨过度发育，颌骨突出，眼眶倾斜，皮肤色素沉着，毛发丛生而卷曲，耳朵硕大。"（龙勃罗梭，1899/2009，321页）这些特点可以作为判断天生犯罪人的重要依据。这些人可能是很危险的犯罪人，是犯罪预防和控制的对象。

无疑，从身体外形、面相角度对犯罪人进行危险评估的可靠性较差。对犯罪人危险性有无、危险性大小的评估，是对人内心世界的窥探，而人的内心世界是极为复杂的，仅根据身体外形、面相做出判断，其根据远远不够。于是，人们转向从人的心理角度、社会角度评估犯罪人的危险。从心理角度评估犯罪危险的根据是心理异常者、人格偏离者实施犯罪行为的可能性大，而心理正常者、人格健全者实施犯罪行为的可能性小。从社会角度评估犯罪危险的根据是各种社会性因素，如犯罪人接受教育情况、家庭因素、交友情况、社区影响等。

进入20世纪以后，在以美国为代表的西方国家，在犯罪学家、心理学家、社会学家、精神病学家、法学家的共同参与下，有关犯罪危险评估的研究取得了长足的发展。他们运用不同的方法进行研究，取得了丰富的成果。美国学者贝卡隆（K. B. Bucklen）根据评估方法将危险评估分为四类：（1）临床评估。临床评估是指完全由临床医生在经验与知识基础上诊断的评估方法。尽管这种评估是由心理医生做出的，但由于其评估方式是非结构性的，所以一般认为，这种评估比统计的方法可靠性差。（2）统计的评估方法。统计性危险评估（actuarial risk assessment）是结构化的、量化的、经过实证的预测方式。这种方法建立在犯罪危险与相关变量基础上，如年龄、犯罪记录、不法行为数量等。经过评估认为危险大的人只是犯罪的可能性大，而危险小的人只是犯罪的可能性小。（3）结构性的临床判断。这种方法的特点是将临床判断与统计预测结合在一起。（4）采用自我评估问卷预测方法的评估。问卷评估能够反映犯罪性思维、反社会人格、犯罪史、反社会的人际关系等问题。很多专业人士认为这种评估需要评估者达到一定的专业水平。

在上述四类危险评估中，第一类和第二类是基本方法。按照加拿大学者安德鲁、博塔和沃尔密斯（Andrews，Bonta，& Wormith，2006）的看法，第一类危险评估方法属于第一代方法。这种方法因为主要依靠专业人员判断，存在因人而异、评估结果不稳定的问题，所以被认为不可靠。第二类危险评估方法属于新一代方法，其中，根据静态预测因子进行统计预测的方法，属于第二代评估方法。静态预测因子是指用于评估犯罪人的危险的与犯罪人不可分割、比较稳定的因素，如犯罪历史、家庭情况、接受教育情况等。将静态预测因子和动态预测因子结合对犯罪人进行危险评估的方法，属于第三代评估方法。动态预测因子是指用于评估犯罪人的危险的能够变化的因素，如犯罪人的交友情况、情感状况、对犯罪的态度等。为了提高危险评估的准确度，人们不断探索新的、更可靠的评估方法，在加拿大目前已经研究了第四代、第五代评估工具。虽然迄今为止的危险评估方法仍然不尽如人意，但不断进步的趋势是十分明显的。

二、危险评估的原理和技术

从国际上通行的犯罪危险评估工具来看，其基本原理和技术主要表现在预测表的编制和使用上，即通过调查与实证研究，选择与犯罪相关的因素，运用合适的数学模型进行统计处理，从而推测犯罪或再犯罪可能性的大小。编制犯罪预测表一般要把握以下四个环节。

（一）收集资料

可采取展望法和回溯法两种方式。展望法，就是对于确定为预测对象的人，在一定的预测时限内，把认为与违法犯罪或重新犯罪有关的资料，全部或重点地按调查对象分别收集起来，进行综合分析。回溯法，就是对于确定为预测对象的人，采用回溯到预测所需要的那个时限的记录资料，或者让调查对象及其周围的人进行回溯，取得预测所需要的资料，再对全部资料进行综合分析。比如，要进行再犯罪预测，可以在服刑罪犯中经过随机取样，确定初犯组和再犯组作为比较研究的对象，再进行广泛的调查，收集每个初犯者与再犯者的犯罪经历资料进行分析对比，或对出狱人员进行3～5年的追踪调查，发现哪些环境因素、条件因素、主观因素与再犯罪的关系密切，并给予特别的重视。

收集预测资料的具体方法主要有观察、访谈、调查访问、问卷以及活动产品分析等。这些方法要综合运用，才能较为全面地对预测对象的犯罪危险做出准确的评定。

（二）选择预测因子

编制预测表的关键是预测因子的选择。首先，要在获得的资料中，选择与犯罪显著相关的因素作为备选的预测因子。其次，运用统计技术计算各因子与犯罪相关联的程度，作为取舍的标准。为了使预测表便于操作，预测因子的数目不宜太多。

从目前国际上流行的犯罪危险评估工具来看，关于哪些因素应当确定为预测因子，观点不尽一致。一般认为，危险评估的预测因子包括：犯罪性需要、犯罪史/反社会史、社会业绩、年龄/性别/种族、家庭因素、知识情况、个人情绪因素、就业情况等。预测因子有静态与动态之分。静态因子主要有年龄、犯罪史（包括反社会的行为）、家庭因素、犯罪情况等，动态因子主要有反社会人格、同情心、犯罪性需要、人际关系、社会成就、吸毒情况等。

（三）预测因子数量化

对选出的若干预测因子，依据其与犯罪或再犯罪的相关程度，给予适当的分数。预测因子给予分数的方法，因学者的不同研究而有所不同。有的给予正分，有的给予负分；或给予相同的等级分（例如都是1分），或给予不同的等级分（1分、2分、3分不等）。

一般认为，犯罪性需要、犯罪史或者反社会史、年龄、性别、家庭因素等比较重要，给予的权重较高。有的因素对犯罪的影响要弱一些，权重较低，如罪犯的社会地位、罪犯个人的情绪状态等（翟中东，2013）。

（四）编制预测表

通过分别计算各预测因子的得分与总和，制成得分多少与犯罪可能性及其发生概率的预测表，作为犯罪预测的工具。

在危险评估量表使用过程中，对分值的解释至关重要。评估人员通过对特定犯罪人所得的总分值进行具体解释，判断其犯罪性大小。以英国的犯罪人危险评估系统（OA Sys）为例，该评估系统将危险评估分值分为三个分数段：0～40 分的区间，表明犯罪人的危险程度是低度；41～99 分的区间，表明犯罪人的危险程度是中度；100～168 分的区间，表明犯罪人的危险程度是高度。

经典回顾

伯吉斯（E. W. Burgess）在 1928 年得到伊利诺伊大学法学部的协助，在三个监狱和矫正院释放出来的 1 000 名犯人身上，选定了 21 个因子作为再犯预测的因素：(1) 犯罪性质；(2) 共犯的人数；(3) 国籍；(4) 父母状态；(5) 婚姻关系；(6) 性格类型；(7) 近邻类型；(8) 犯罪行为地；(9) 犯罪类型；(10) 社会类型；(11) 居住社区大小；(12) 逮捕时有无固定住所；(13) 法官与检察官对宽大处理与否的意见；(14) 收容是否经过答辩；(15) 刑期长短；(16) 假释前实际服刑期；(17) 前科；(18) 以前职业记录；(19) 设施内惩罚记录；(20) 释放时年龄；(21) 智能年龄。21 个因子下面再设若干题目。

在 21 个因子中，每个因子 1 分为假释成功分（有利分），故最高得分为 21 分。得分越高，表示假释成功之可能性越大，再犯概率越低。反之，则假释失败之可能性越大，再犯概率越高。伯吉斯根据实际测算，把假释者分为 9 个等级，各级均计算出其成功或失败的期待率。使用者应逐个因子进行评价。例如，第 18 个因子是“以前职业记录”，由于伯吉斯在研制时所选取的样本（3 000 人）的平均再犯率为 21.10%，而有职业者的再犯率为 8.8%，有临时职业者的再犯率为 15.8%，均低于 21.10%，故这两种类型的假释者可给 1 分；无职业者的再犯率为 28%，经常失业者的再犯率为 27.5%，均高于平均再犯率 21.10%，故属于这两种类型的不给分。对其他项，也都作类似分析。然后，将各项分数相加，得出该假释者的总分（有利因素得分）。得出某个假释者的总分后，便可与预测表的常模对照，求出该假释者成功或失败的期待率。例如，在伯吉斯的再犯预测表中，成功或失败的期待率常模如表 10－1 所示。

表 10－1　伯吉斯再犯预测表的成功或失败的期待率常模

有利因素得分	成功或失败的期待率	
	假释违反率（%）	未违反率（%）
16～21	1.5	98.5
14～15	2.2	97.8
13	8.8	91.2
12	15.1	84.9
11	22.7	77.3
10	34.1	65.9
7～9	43.9	56.1
5～6	67.1	32.9
2～4	76.0	24.0

如果某假释者得分在16～21分范围内，则假释成功率为98.5％，假释失败率（即再犯率）为1.5％；如果该假释者得分为2～4分，那么，假释成功率仅为24.0％，假释失败率（即再犯率）则高达76.0％。最后结合其他资料，对该假释者进行综合评估，从而得出是否适合做出假释决定的结论。

三、当代有影响的危险评估工具举例

随着危险评估地位的确立，危险评估技术在不同国家甚至在同一国家内正得到不同的探索。有的评估工具在理论上有较大影响，有的评估工具正在某一国家或地区推行。这里介绍几个有较大影响的危险评估工具。

（一）犯罪人危险评估系统

犯罪人危险评估系统（OA Sys）是1999年4月英国监狱当局与社区执行部门联合推出的一种罪犯危险评估工具。

OA Sys的设计目的主要有：确认重新犯罪的可能；确定罪犯的需要，包括人格或者性格上的、认知的、行为的、社会的需要；评估罪犯实施伤害的可能，包括自伤的可能；将评估与监督计划、服刑计划结合起来；为特别的评估提供线索；评估罪犯朝哪个方向转变。

OA Sys的适用对象主要包括：所有要求提供判前报告的人；接受社区刑的罪犯，具体说是接受社会惩罚刑、社区矫正刑、结合刑的罪犯；被假释者；在矫正旅馆中的人；在监狱中服刑超过1个月的未成年人；在监狱中服刑超过6个月的成年人。

OA Sys的评估项目主要有：犯罪史，犯罪的情节，犯前居住情况，罪犯所受教育情况，罪犯接受培训情况、就业情况，经济背景，社会关系，生活方式，人际关系，是否吸毒、酗酒，情感或心理问题，突出的思维方式，突出的行为特征，生活态度，罪犯在监狱内的表现，等等。

上述材料分别来自监狱曾经进行过的评估、保护观察机构所进行的评估、青年正义机构所做的评估、地方监狱罪犯信息库所提供的信息、监狱个别工作官员所提供的信息、监区管理人员所提供的信息、驻监保护观察机构工作人员所提供的信息、监狱教育部门所提供的信息、心理学家所提供的信息、牧师所提供的信息、监狱志愿者所提供的信息等。其中，监狱个别工作官员提供的信息不仅必不可少，而且特别重要。

OA Sys的基本价值在于使监狱工作人员能够从总体上了解罪犯的危险状况，包括重新犯罪的危险、伤害他人的危险、自伤与自杀的危险、脱逃的危险，以降低监狱与社会执行部门推行促进罪犯回归社会各种措施适用的风险。危险程度被分为低度、中度、高度三个级别。

评估的操作由接受过训练的评估师与评估员在监督官、管理人员的监督管理下根据有关规则完成。评估的实施主要是评估师在阅读有关材料基础上与罪犯交谈完成。

由于罪犯评估关涉罪犯利益，同时为了保障罪犯危险评估的客观性，监狱鼓励、支持罪犯参与危险评估，并保证评估的开放性。为此，关于罪犯危险评估的信息不仅让罪犯知道，书面的材料要让罪犯阅读，而且对有关内容要同罪犯讨论。不仅如此，监狱还设计有罪犯危险自评表（Self-Assessment Questionnaire），让罪犯自己评价自己的危险状况与变化。当然，并非所有关于罪犯危险评估的信息监狱工作人员都会让罪犯知道。根据英国监狱第 2205 号规则第九章“敏感信息”中的第 9.1.2 条，关于预防犯罪、犯罪调查、逮捕及被害人的信息不能让罪犯知道。由于罪犯的危险在不断变化，为保证危险评估的可靠性，在进行初始评估后需要定期地进行检验性修正。成年犯的危险评估检验性修正要在上次评估后 6 个月内进行，未成年犯的再次评估在 3 个月后进行。此外，这种交谈还需要遵守 1998 年颁布的《个人信息保护法》的有关规定，对罪犯的问询要坚持公正原则、适当原则，要根据目的进行，不能超过必要的限度。

根据 2006 年的报告，通过 OA Sys 认定的低重新犯罪率的罪犯实际重新犯罪率是 26%，中度重新犯罪可能的罪犯实际重新犯罪率是 58%，高度重新犯罪可能的罪犯实际重新犯罪率是 87%。其准确性明显高于其他同类评估工具，被认为是世界上同类系统中最先进的系统（翟中东，2013）。

（二）水平评估量表

水平评估量表（Level of Service Inventory-Revised，LSI-R）。这个危险评估工具是由加拿大安德鲁博士与博塔博士于 1995 年设计并推出的，是一个融动态与静态因子于一体的评估再犯危险的工具。他们认为下面 10 个方面的 54 项内容与重新犯罪有密切关系，并试图通过对这 10 个方面的 54 项（每项 1 分）内容的评估，确定被测者重新犯罪的可能。

1. 犯罪史（criminal history，10 分）

（1）以前至少接受过 1 次定罪；

（2）在成年期间 2 次被定罪；

（3）在成年期间曾接受了 3 次定罪；

（4）现行犯罪有 3 个以上；

（5）在 16 岁以下被捕；

（6）曾经因为犯罪行为而被监禁过；

（7）曾经被监禁过；

（8）曾经因为不当行为而被惩罚过；

（9）在被监督期间违反有关规定或者被起诉；

（10）有攻击或者使用暴力的记录。

2. 教育或者就业情况（education/employment，10 分）

（11）现在失业；

（12）经常失业；

（13）整年无业可就；

（14）曾经被开除；

（15）在学校没有读完十年级；

（16）在学校没有读完十二年级；
（17）停学或者被开除；
（18）参与项目情况与成绩；
（19）伙伴之间的来往；
（20）与有关机构联系或者来往的情况。

3. 财产情况（financial，2分）

（21）经济问题；
（22）依赖于社会帮助。

4. 家庭情况（family/marital，4分）

（23）对家庭不满意；
（24）从来没有回报父母；
（25）从来没有回报亲戚；
（26）家庭成员或者配偶也犯罪。

5. 住宿情况（accommodation，3分）

（27）对居住状况不满意；
（28）变更住址3次以下；
（29）邻居犯罪问题突出。

6. 娱乐情况（leisure/recreation，2分）

（30）缺少娱乐；
（31）能够很好地支配时间，提高自己的需要。

7. 交往（companions，5分）

（32）交往孤独；
（33）有些犯过罪或者正在服刑的朋友；
（34）有犯过罪的朋友；
（35）与犯过罪的人不交往；
（36）没有没犯过罪的朋友。

8. 使用酒精或者毒品问题（alcohol/drug problems，9分）

（37）曾经有酗酒问题；
（38）曾经有吸毒问题；
（39）现在有酗酒问题；
（40）现在有吸毒问题；
（41）有违法问题；
（42）有婚姻或者家庭问题；
（43）有学校或者工作问题；
（44）有生理问题；
（45）其他酗酒、吸毒信息。

9. 情感问题（emotional/personal，5分）

（46）情感干预；

(47) 动态的精神状态；

(48) 经过治疗后的精神状态；

(49) 现在的精神状况；

(50) 精神指标。

10. 态度（attitudes/orientation，4分）

(51) 对犯罪持赞同态度，不满意现状；

(52) 对传统持不赞成的态度；

(53) 对刑期态度消极；

(54) 对监督态度消极。

根据LSI-R用户手册，危险等级被分为五级。在对抽样选取的956名加拿大罪犯进行分析的基础上，所确定的危险等级分值与重新犯罪可能性见表10-2。

表10-2　LSI-R危险等级分值与重新犯罪可能性

分值范围	重新犯罪情况（释放一年后）
41～47分以上	高度危险的罪犯（重新犯罪可能性是76%）
34～40分	中高度危险的罪犯（重新犯罪可能性是57.3%）
24～33分	中度危险的罪犯（重新犯罪可能性是48.1%）
14～23分	低中度危险的罪犯（重新犯罪可能性是31.1%）
0～13分	低度危险的罪犯（重新犯罪可能性是11.7%）

需要说明的是，这一分值标准并非被所有使用者接受，例如，美国宾夕法尼亚州的假释与假释监督机构在使用LSI-R时，进行了修订，将危险标准确定为三级，分值是：高度危险的罪犯是29分及以上，中度危险的罪犯是21～28分，低度危险的罪犯是20分及以下。

LSI-R是一个被广泛接受的危险评估工具，在美国的一些州，LSI-R被用于18周岁以上的罪犯，使用领域包括：判断适用假释后的结果、是否可以顺利通过"中途之家"（一种监禁过渡措施）、是否会违反监规、是否会重新犯罪。具体目标包括：判断监督等级、罪犯安全等级与分类、危险程度等。

（三）精神疾病量表

精神疾病量表（Psychopathy Checklist-Revised，PCL-R）是罗伯特·D.哈尔（Robert D. Hare）于1985年设计、1991年公布的，是以人格为对象的诊断性量表。PCL-R可以有效地预测重新犯罪，同时可以为干预、矫正创造条件。该量表的项目有下面20个：

(1) 表面有魅力；

(2) 自我价值意识较高；

(3) 需要刺激改变无聊的生活；

(4) 病态性的撒谎；

(5) 欺骗；

(6) 缺乏悔改之心；
(7) 肤浅的感情体验；
(8) 冷酷/缺乏同情之心；
(9) 寄生的生活方式；
(10) 控制能力差；
(11) 滥交（性）；
(12) 早年就存在行为问题；
(13) 缺乏长期目标；
(14) 冲动；
(15) 行为不负责；
(16) 接受自己的行为责任失败；
(17) 有很多短期的婚姻关系；
(18) 未成年不轨行为突出；
(19) 假释被撤销；
(20) 犯罪种类多。

完成量表的方法包括谈话与填写表格，大概需要 90～120 分钟完成。每一项目的分值被设为 0 分、1 分、2 分，其中，不符合计 0 分，有些符合计 1 分，完全符合计 2 分。还设计有一般的诊断内容，比如自私、冷酷、不知后悔，长期不稳定，反社会的生活方式，等等。

总分值在 0～40 之间。分数高，重新犯罪危险性大；分数低，重新犯罪危险性小。

四、危险评估工具应用中的问题

目前在世界范围内，犯罪危险评估已成为刑事司法领域中的重要理论研究与实践阵地，相关评估工具很多，而且差异很大。有的评估工具为了突出精确性，设计了很多评估项目（如英国的 OA Sys）；而有的评估工具为了突出可操作性，只进行一项评估，如犯罪史评估。因此，在具体运用过程中，有两个问题或两种取向始终处于摇摆中，没能得到有效解决：一是准确性问题，二是操作性问题。

（一）准确性问题

主张危险评估要优先考虑高信度、高效度的多为理论界人士，他们认为这是保证评估可靠性、准确性的关键。然而，实际评估活动中要真正实现高信度、高效度，保证评估的准确性却很难做到，只能做到相对准确与可靠。

使用临床方法对犯罪人进行危险评估操作难度很大，因为这种方法需要由临床心理学家进行，而临床心理学家的培养需要过程，而且数量少，最重要的是临床心理学家难以把握犯罪史的权重，他们可能被很快能把握人的性格的诈骗犯迷惑，错过重要的信息，因而心理学家、精神病学家把握的危险评估准确度不如以统计方法为根据的危险评估（Bonta，2001）。所以，使用统计方法的犯罪危险评估更受青睐。

然而，使用统计方法对犯罪人进行危险评估是否意味着准确性问题已经解决？是否意味着被评估为危险高的人的犯罪可能性必然大？或者说被评估为危险低的人的犯罪可能性必然小？这些问题其实很难回答。统计方法的本质决定了使用这种方法进行危险评估本身只是一种可能性评估，只能是对犯罪危险大小的一种概率式判断，而不是一种确定性的判断。因此，使用统计方法的危险评估只能不断提高准确度，而不可能做到真正的准确。

就目前的危险评估研究而言，使用统计方法进行危险评估虽然不是最理想的，却是比较现实的，或者说是现实中较好的评估方式。

（二）操作性问题

主张危险评估要优先考虑操作性的多为刑事司法领域的工作人员。危险评估不仅是理论问题，更是实践问题。无论是定性的危险评估方法，还是定量的危险评估方法，无论是临床性评估，还是统计性评估，最终要由刑事司法机构的工作人员在刑事司法过程中操作。尽管危险评估的操作人员需要接受专业技能教育或培训，但他们普遍认为烦琐的程序不仅加大了工作量与工作难度，而且带来人力、物力的成本增加，使危险评估的实践可能性大大降低。例如，根据研究，心理因素与犯罪的关系密切，监禁人口中心理疾病患者的比例比社会一般群体高3～4倍（引自翟中东，2013）。危险评估应考虑犯罪人的心理、精神问题。但是，由于犯罪人心理问题的复杂性、闭锁性、动态性，评估诊断难度大，量化困难，对专业能力要求高，可操作性差，需要投入更大的人力、物力，因此危险评估的具体操作人员一般主张评估工具要尽量减少与心理因素有关的项目。

然而，危险评估的性质决定了危险评估本质上是对人格的把握，因此，简单化的操作恐怕难以承担危险评估的任务。如何既保证危险评估的信度与效度，保证危险评估的准确性，又便于评估工作人员操作，这是评估实践中的一大难题。有研究者认为，简单、易懂、易操作的评估工具与建立在先进的统计技术基础上的复杂的评估工具具有一样的效果（Champion，1994）。这一结论有待进一步验证。

应用篇

英国暴力风险框架示例

背景资料

比琳达，女，17岁，被诊断有注意缺陷/多动障碍（ADHD）。她有明显的强迫观念和行为。从青春期开始就有各种暴力及非暴力的攻击行为。最近最严重的一次是醉酒后刺伤一个同伴。她平时很亲切可爱，但有时会突然爆发。她很配合干预，虽然教育背景比较特殊，但已通过7门普通中等教育证书（GCSE）考试。她从未受过监禁刑，目前正在医疗机构接受干预以尽早回家。

风险评估

（1）信息都来源于比琳达、她的父母、专家以及病例。

（2）在医疗机构中进行行为和功能分析后发现，其突发性攻击行为受环境与个体因素的影响，而非非法药物或酒精的影响。

(3) 客观性的评估工具包括青少年结构化暴力风险评估表、米隆青少年临床调查表、状态特质愤怒调查表以及贝克青少年量表。

风险框架

在过去5年中，比琳达有使用刀具的暴力行为，7次暴力攻击，多次打架斗殴。鉴于此，对其评估的结果是“以后很可能会对他人产生暴力行为，包括使用武器”。她身上有表面伤痕（静态风险因素）。她的暴力风险受到其反应性倾向、归责他人以及视自己的暴力合理等思维的影响。她的暴力风险水平依赖于其注意力集中程度以及她如何处理强迫思维和强迫行为（内在风险因素）。会增加暴力风险的具体情境因素有反社会同伴、武器可得、缺少家长的强制约束、其暴力行为缺乏同伴和服务机构的惩罚。暴力行为更可能指向同伴和熟人。醉酒或药物中毒、与同伴争吵、对她或其家人的不礼貌评论以及拒绝（特别是来自男性同伴的拒绝）会加剧其突发的暴力风险（外部的和动力性因素）。她的力量与父母的亲密感、教育承诺/水平、同伴接受、对干预措施的依从、戒烟以及可爱的个性（保护因素）密切相关。

管理计划

(1) 远离酒精和非法药物；

(2) 合理安排时间以及与同伴的关系，可通过上大学或者工作来调整，避免到处闲逛，与同伴待在家中；

(3) 服从针对ADHD的药物治疗以及精神观察；

(4) 做家庭工作，提供情感支持且保留一定的个人空间；

(5) 强化暴力的负性结果。

资料来源：布朗，伊丽莎白主编，2010/2013，142页。

第三节　罪犯心理矫治

在控制重新犯罪的实践中，尽管矫治范式曾经受到质疑与挑战，但是总体而言，国际社会始终对矫治的价值抱有期待，并不断致力于对矫治的变革与完善。在罪犯矫治过程中，对服刑人员进行心理学干预与帮助，以维护其心理健康，转化其犯罪心理，促进其人格完善，使其顺利回归社会，预防其重新犯罪，这是目前许多国家监狱及其他矫治机构的普遍做法。我国监狱近20年来在这方面进行了积极探索与实践，目前，罪犯心理矫治已成为监狱改造罪犯的重要方法，并受到越来越多的重视。

一、罪犯心理矫治概述

（一）什么是罪犯心理矫治

根据国内外学者关于心理矫治问题的研究，结合我国罪犯矫治工作的特点和实际，我们将罪犯心理矫治的概念定义为：监狱心理矫治工作人员和社会心理学工作者运用心理学的原理、方法和技术，帮助罪犯消除犯罪心理及其他心理、行为问题，维护心理健康，重塑健全人格，提高矫治质量，预防重新犯罪的一种矫治措施。

罪犯心理矫治既有科学的理论体系，也有专门的方法、技术。其理论体系主要是依托心理科学的原理，同时汲取精神医学、社会学、监狱学等相关学科的理论建立起来的。作为我国罪犯矫正工作在新时期出现的一项专门方法或技术手段，它具有很强的实践性和可操作性，并已初步形成较为完备的操作体系。实践证明，对罪犯开展心理矫治，已成为我国罪犯矫正工作在新时期深化改革的一项重要举措，是罪犯矫正工作迈向现代化、文明化、科学化的重要标志之一。

（二）我国罪犯心理矫治的历史与现状

新中国成立以来的监狱工作，在教育改造罪犯的实践中，一直都十分重视心理学思想和知识的应用。比如在改造工作中贯彻因人施教、分类教育、以情感人、以理服人、行为训练等思想，为我国监狱成功地实现改造罪犯、减少重新犯罪起到重要作用。基于实践的需要和理论探索，在20世纪80年代初建立起来的罪犯改造心理学，早已为广大监狱警察所掌握和运用。但是，对心理学知识从技术和操作层面的运用是从80年代末90年代初开始的。罪犯心理矫治作为一个固定概念已多次出现在司法部发布的《监狱教育改造工作规定》《教育改造罪犯纲要》等重要文件中。2008年，司法部还专门下发了《关于加强监狱心理矫治工作的指导意见》，对罪犯心理矫治的开展提出了明确的目标和要求。特别是近年来，在中央和司法部的重视和要求下，罪犯心理矫治作为新时期提高罪犯改造质量、降低重新犯罪率的一项重要举措，得到了快速发展。

目前，我国监狱按照司法部的要求都成立了专门的罪犯心理矫治机构，配备了专兼职结合的心理学专业人员。根据司法部的规定，监狱配备的专职心理矫治人员不低于押犯总数的1.5‰，但不少于3人；监区（分监区）应当至少配备1名监狱警察担任专、兼职心理辅导员；每个监狱具备国家心理咨询师资格的警察人数达到罪犯人数的1%以上；监狱管理机关的教育改造处科室警察一般都应具备国家心理咨询师资格，每个监狱领导班子中至少有一名成员具备国家心理咨询师资格。据统计，目前全国监狱系统取得国家心理咨询师资格的警察超过3万人，他们或者专职从事心理矫治工作，或者在其他监管改造工作中运用心理学的知识和方法，共同促进罪犯改造质量的提高。

目前，我国监狱开展心理矫治工作的内容主要包括：（1）心理健康教育。面向全体犯人开展心理学、心理健康知识的教育，提高服刑人员维护自身心理健康的自觉性。（2）心理评估。利用包括心理测验在内的各种评估手段，分析诊断服刑人员的心理状况与特点，评价其危险程度，为犯人分类、教育矫治、危机干预以及重新犯罪预测提供依据。（3）心理咨询与治疗。对存在心理问题、适应不良或患有各种心理疾病的罪犯，运用现代咨询、治疗理论和方法，改变其认知与行为，帮助其解除心理疾病、增强自我控制和社会适应能力、重塑健康人格。（4）心理危机干预。对那些因重大变故身心失衡，因不良情绪积累有自杀危险，因性情暴躁、矛盾冲突有凶杀危险，因适应不良有严重心理困惑的罪犯，及时有效地提供心理支持、认知指导，调动其内在防御机制，培养其应对挫折的技巧，从而缓解心理冲突，防止心理问题进一步恶化，避免意外事故的发生。

二、心理矫治对预防再犯的价值追求

近年来，随着我国监狱体制改革的深入推进，罪犯改造的中心地位日益凸显。提高改造质量，降低再犯率，维护社会和谐稳定，成为新时期我国监狱乃至整个矫正系统一致的价值追求。

在我国罪犯矫正领域，目前心理矫治的应用有一种倾向，就是更多地着眼于罪犯的“心理健康”和监狱的“安全稳定”，而对于直接参与矫正、预防再犯却关注不够。比如，某省监狱管理部门把心理矫治工作界定为：既是排解罪犯压力、缓解罪犯情绪的减压阀，也是促进罪犯认罪伏法、确保罪犯安心改造的一剂良方，更是分析、研判和掌控犯情，夯实基层基础工作的有效措施。把心理矫治工作的功能和意义概括为：“疏导引导功能”“深度预警功能”“动态防范、妥善处置各类风险的功能”。实践中，心理矫治工作者所开展的心理健康教育、心理评估、心理咨询与治疗、心理危机干预等工作，目的主要在于维护罪犯的心理健康，促进其适应监狱生活，安心改造；或者通过评估发现有心理问题和危险倾向的罪犯，及时给予干预和帮助，避免发生狱内事故，维护监管安全。这些工作都是非常必要的，特别是在当前监管安全责任与压力较大的情况下，心理矫治工作的确为创造稳定的改造环境、预防突发事故、维护监管安全做出了积极贡献。但是，如果仅仅局限于这样的价值定位，那么心理矫治工作对于罪犯矫正的贡献度就远远没有达到。

关于这一点，我们可以从国外的罪犯矫治实践中得到启示。根据有关资料，在西方国家，心理学家参与矫治活动始于 1909 年（引自翟中东，2013）。弗纳尔德与他的同事——精神病学家希利在芝加哥建立了向青少年法庭提供帮助的诊所（Bartol & Bartol，1987）。心理学家最早参与矫治工作是因为罪犯入监与假释需要对其精神状态进行检查。在那一时期，由于罪犯被认为是病人，因此心理学家参与监狱工作主要使用临床技术。第二次世界大战后，临床心理与精神治疗在监狱发展很快，诊断与咨询（治疗）是矫治设施内心理学工作者的主要工作。后来，其工作内容逐渐发生变化，渗透到矫治工作的更多方面。史密斯（Smith）和塞伯蒂诺（Sabatino）于 1990 年调查了在美国矫治设施中工作的心理学工作者的任务，包括：诊断、个案管理活动、咨询或者治疗、提供心理学顾问、心理学训练、矫治项目管理、矫治项目规划与研究。可见，心理学的工作已经由当初对精神疾病问题的关注拓展到更广的领域，更多地参与矫治规划、矫治项目的管理与实施，致力于降低犯罪人重新犯罪的可能性。正如英国学者詹姆斯·马吉尔（2004/2009，212 页）在其著作《解读心理学与犯罪》中所说：“基于心理学的干预在减少刑事累犯方面所显示的有效性，可能是当前刑事司法系统对心理学的兴趣复活的唯一重要的原因。”

由此可见，在矫正实践中，心理矫治工作致力于维护罪犯的心理健康和监管安全是必要的，但是更需要在实现刑罚目的、防止再犯方面做出努力。

学术前沿

服刑人员正念减压是指运用正念减压理论和身心训练技术对服刑人员进行心理训练，以减轻服刑人员心理压力、提高服刑人员心理健康水平和矫正质量的一种心理训练方法。

在西方的监狱系统中，正念训练早在1992年就开始被运用。研究表明，服刑人员在经过基于正念的相关干预后，心理健康的多个方面都有显著改善，如压力应对、敌意、身体攻击、自尊、心境改善和自我管理（Shelton，Kesten，Zhang，& Trestman，2011；Samuelson，Carmody，Kabat-Zinn，& Bratt，2007；Perkins，1998）。

在我国，广东省番禺监狱民警、中国政法大学刑法学博士陈卓生等从2014年开始，在广东省番禺监狱对服刑人员开展了一系列的正念训练实践，正念8周训练课程对服刑人员的矫正成效主要有：

（1）能够显著提高服刑人员的正念觉察能力、自我控制能力，并有效降低服刑人员的攻击性。

（2）能够显著提高服刑人员心理健康水平，降低抑郁和焦虑，改善睡眠质量，一些身心症状得到缓解。

（3）能够显著提高压力应对能力，有效减轻服刑压力。

（4）能够显著提高服刑人员的认知情绪调节能力，服刑人员的情绪控制能力、人际关系和监狱适应能力得到有效改善。

正念训练能够有效帮助服刑人员恢复平静的心境，调节情绪，改善睡眠，缓解疼痛等，还能够通过长期的训练达到对人格障碍、冲动性、攻击性、自我控制能力、犯罪思维模式等犯因性因素的矫正，切合监狱罪犯矫正工作的需要。利用正念训练作为罪犯矫正的工具，将为监狱提高教育改造质量提供一种新的有力工具。

三、如何实现心理矫治对预防再犯的价值

基于防止罪犯重新犯罪的目的，矫正实践中需要对原有的矫正内容、方法甚至理念进行改革与调整。就心理矫治的发展而言，要更好地发挥在预防重新犯罪方面的价值，以下两种取向应当受到重视。

（一）犯因性矫治理论

近年来，罪犯矫治的“犯因性”问题受到越来越多的关注。正如一位学者所言：“对从事罪犯矫正工作的监狱民警而言，犯因性问题分析得是否正确，决定着矫治目标、矫治技术是否能正确设定和选择，由此也决定了矫正的绩效如何。”（宋行，2012，76页）

“犯因性”（criminogenic）一般解释为“犯罪原因性的”“具有犯罪原因性质的”“起犯罪原因作用的”（吴宗宪，2007，61页）。吴宗宪教授2007年出版的《罪犯改造论》一书，对罪犯改造的犯因性差异理论进行了系统论述，其基本观点是：犯罪是犯罪人存在犯因性差异的结果。犯因性差异既是个人犯罪的重要原因，也是对罪犯进行改造的重要基础，表明了罪犯改造的方向，指示了罪犯改造的具体对象。改造罪犯实际上就是努

力缩小和消除犯因性差异或者犯因性缺陷的活动。众所周知，每一个犯罪人的犯罪原因各不相同，其犯因性差异可以表现在生理、心理、社会等各方面。罪犯矫正工作不可能解决影响犯罪的所有问题，而只能努力解决与罪犯自身有关的问题，即犯因性个人因素或犯因性素质问题。其他的社会环境等方面的犯因性问题，只能通过制定和实施刑事政策等途径去解决。犯因性个人因素包括生理因素、心理因素和行为因素，显然，罪犯矫正的重点应该放在心理和行为因素上。由此可见，矫正犯罪人犯因性缺陷的目的必须建立在对犯罪心理与行为深入研究的基础上。这正是心理矫治的价值所在。

当然，犯罪心理形成和犯罪行为发生是十分复杂的。正如马皑（2006）在其论著中谈到的：犯罪是一种选择性行为，对于个体而言，选择犯罪具有必然性与偶然性、稳定性与非稳定性、理性与非理性、矛盾性与统一性。无论出于何种动机和目的，选择什么具体手法都与是否构成犯罪存在联系，而手法的确定是心理因素、行为模式、情境因素交互作用的结果，三者的组合虽然在大多数情况下具有稳定性特点，但只是相对的，产生犯罪仅仅是一次性选择，即便将来会有重复，也不可得出必然再犯罪的结论，这是由心理的复杂多变和情境的不确定状态决定的。基于这样的观点，对于罪犯心理矫治工作至少有两点启示：第一，在矫正实践中，着力于解决罪犯的犯因性问题对于预防再犯的意义是毋庸置疑的，毕竟个体犯罪的发生是有规律可循的，否则就会陷入不可知论的错误；第二，不能机械地认为解决了罪犯的犯因性问题就一定能够防止再犯，而应当深化对每一个犯罪人的具体分析，进一步探求其再犯罪危险因素，同时在矫正工作中加强对犯罪人“亲社会素质”[①] 的培养。

（二）基于犯罪心理研究的矫正

这应当是矫正机构心理学工作者的首要任务，其实也是当前实施个案矫正首先要解决的问题。只有全面、深刻地揭示了每一个犯罪人实施犯罪行为的犯罪心理，预防再犯才能更具目的性，矫正才能更具针对性、有效性。

李玫瑾教授曾经通过调查统计和大量的个案研究，在 2010 年出版的《犯罪心理研究——在犯罪防控中的作用》一书中，从犯罪心理的角度对犯罪人群进行分类，并结合案例对每一类犯罪心理进行深入剖析，进而提出针对性的犯罪防控策略。其中有许多研究结论值得我们在罪犯矫正过程中加以应用和验证。比如，她把犯罪人分为两类：一类是有危险人格的犯罪人，他们因人格问题而导致对他人或社会具有重复威胁或持续危害；另一类是有危险心结的犯罪人，他们因心理创伤导致的心结而出现令人意外的犯罪行为。比较而言，第一类犯罪人占犯罪人群的少数（约 40%），但他们实施的刑事案件却是案件总数中的多数，他们是影响并决定社会案件数量与性质的重要群体，也是重新犯罪的主要来源；第二类犯罪人在犯罪人群中虽占多数（约 60%），但他们实施的案件数量在总体案件中低于 50%。显然，社会防控犯罪的重点应该是对那些有危险人格的犯罪人的防控。李玫瑾教授进一步研究认为，在危险人格类型中又可分为两种情况：一种是具有

---

① 亲社会素质（prosocial diathesis）包括合理的思维模式、认识观念、情绪和行为反应模式、各种建设性的社会技能等。

遗传或生理背景而出现的人格危险倾向，主要指反社会人格，在犯罪人群中约占10%；另一种是由于后天社会化缺陷而出现的人格危险倾向，主要指家庭教养不当导致社会化缺陷进而形成的犯罪人格（乏爱型）和缺陷人格（溺爱型），在犯罪人群中约占30%。具有危险心结的犯罪人根据其心结类型又可以分为三种：意结类、知结类和情结类（李玫瑾，2010）。

如果上述研究结论成立的话，那么对于罪犯心理矫治工作至少有以下几点启示：（1）通过调查评估区分犯罪人的犯罪心理类型，即区分是由于危险人格而犯罪还是由于危险心结而犯罪，进而在罪犯矫正过程中出于预防再犯的目的应当重点关注那些有危险人格的犯罪人。（2）对于因危险人格而犯罪的人，还应进一步调查其危险人格形成的原因和过程。如果属于早年（6～10岁）即表现出顽劣异常的反社会人格者，那么在当前似乎还没有找到真正有效的矫治措施的情况下，应把工作重点放在及早发现、建立观察档案、强化管理与防控措施上；如果属于社会化缺陷导致的犯罪人格或缺陷人格者①，就应当在深入调查分析其人格形成过程和特点的基础上，综合采取教育的、心理的、劳动的、文化的等多种措施，促进其人格重塑。（3）对于因危险心结而犯罪的人，应当通过调查评估，明确其心结形成的原因和类型：是由于早年创伤经历导致的，还是由于后来经受挫折形成的；是意识领域的还是潜意识领域的；是属于情绪类的还是属于认知类的；等等。在此基础上，采取针对性的心理学方法帮助其解开心结，并进一步培养其自助能力。

应用篇

我国关于犯罪危险评估的探索

我国的犯罪危险评估工作与国际社会相比，突出的特点是定性评估突出，定量研究不足。危险评估中的“危险”较多地源于经验上的判断，而缺乏“危险源”与“危险”之间的因果关系分析。比如在刑罚裁量与刑罚调整中，根据我国《刑法》，法院适用缓刑要根据犯罪人的犯罪情节与悔改表现认定“不致再危害社会”。法院往往是根据罪犯遵守监规、接受教育改造和悔改的表现，判断“不致再危害社会”，而没有寻求危险根据与危险判断之间量上的关系。在监狱工作中，对罪犯的危险评估具体表现在“犯情分析”上，即对监狱内所管理的罪犯危险性进行分析。“犯情分析”的方法主要是经验观察、摸底排查，虽然也有一些心理矫治专业人员的参与，但是标准化的定量方法明显运用不足。

近年来，有关危险评估的定量研究逐步开始出现。这里重点介绍江苏省监狱管理局推出的罪犯危险评估工具。该工具选定的罪犯危险程度预测因子为6大类28项。

一是犯罪状况（F）。主要包括6项评价指标：过去被判刑的次数（Fc）、本次被判刑时的年龄（Fn）、刑种刑期（Fq）、犯罪形态（Fx）、犯罪类别（Fl）、共同犯罪成员或黑恶势力成员（Ft）。这6项涵盖了其犯罪的基本方面，分别从不同的角度对犯罪进行描

① 由于社会化缺陷导致的犯罪人格和缺陷人格，二者有不同的形成原因和特点。根据李玫瑾教授的分析，犯罪人格往往是因为自幼缺乏爱而逐渐形成的，其人格特点主要表现为“为达目的不择手段”；缺陷人格往往是因为过分溺爱而形成的，其人格特点主要表现为“自我中心，唯我独尊”（李玫瑾，2010）。

述，而且能够使罪犯的危险程度从犯罪方面得到体现。评估中根据其因子在犯罪中的作用、份额与选项的标准，确定对应的分值。

二是社会化状况（Z）。从罪犯这个特定的主体分析，主要有7项：犯罪前居住状况（Zz）、受教育状况（Zy）、婚姻状况（Zh）、与家庭成员（或主要联系人）的关系（Zg）、家庭经济状况（Zj）、犯罪前三年内就业经历（Zi）、犯罪前掌握劳动技能情况（Zn）。

三是恶习状况（E）。主要包括5项评价指标：犯罪前交往状况（Ew）、犯罪前在娱乐场所（或在发廊、保健中心、洗浴中心等）消费或工作经历（Ey）、犯罪前赌博状况（Eb）、犯罪前酗酒状况（Ej）、性行为状况（Ex）。

四是生理心理状况（X）。主要有5项评价指标：情绪稳定状况（Xq）、精神或心理状况（Xj）、适应环境状况（Xh）、身体健康状况（Xk）、自杀心理产生情况（Xs）。

五是吸毒贩毒状况（D）。在罪犯危险程度评定中，吸毒贩毒作为一个单独的因子进行测试，是由于本项因子对罪犯的危险等级评定具有重要的作用。吸毒贩毒对罪犯的生理和心理的影响特别大，而且毒品的这种影响带有长期性和渗透性。

六是犯罪归因状况（Y）。主要包括4项评价指标：自身原因、家庭原因、他人原因、社会原因。

虽然这一研究与国际社会推行的危险评估工具相比还有一定差距，存在一定不足，比如预测因子与危险之间关系的大小没有经过实验验证，缺乏科学基础，量表的信度与效度检验尚未进行，但它作为我国较早产生的一个专门用于评估罪犯危险性的工具，其价值是不容忽视的。

《基本概念》

犯罪控制　犯罪社会控制　犯罪个体控制　犯罪危险评估　罪犯心理矫治

《本章要点》

1. 犯罪控制总体上可以分为社会控制和个体控制。犯罪的社会控制，就是从社会治理、刑事政策等宏观层面对犯罪的控制。当前我国的犯罪控制实践主要有两个突出特征：重视犯罪控制的专门组织机构建设；犯罪控制主要在社会治安领域进行，越来越重视对犯罪的预防。

2. 犯罪的个体控制，就是从分析犯罪原因影响犯罪心理形成、犯罪行为发生的过程和机制着手，沿着“影响犯罪发生的因素—犯罪心理—犯罪行为—犯罪心理转化”的脉络构建完整的犯罪控制体系。主要包括早期对犯罪心理的预测、预防，中期对犯罪心理恶变的抑制，后期对犯罪心理转化的促进及对犯罪心理的矫治。

3. 犯罪危险评估，就是通过一定的技术对一定对象实施犯罪或再犯罪的可能性进行判断，从而为控制其危险提供根据。进行危险评估是实施危险管理进而实现犯罪控制的基础和关键。本章重点介绍了犯罪危险评估的基本原理与技术。

4. 罪犯心理矫治，是指监狱心理矫治工作人员和社会心理学工作者运用心理学的原理、方法和技术，帮助罪犯消除犯罪心理及其他心理、行为问题，维护心理健康，重塑健全人格，提高矫正质量，预防重新犯罪的一种矫治措施。本章对我国罪犯心理矫治的发展历史与现状，以及对预防再犯的价值和实现路径等问题进行了讨论。

复习思考题

1. 请对我国当前关于犯罪社会控制的实践特征及政策措施进行分析评价。
2. 心理学在犯罪个体控制中有什么价值？
3. 犯罪危险评估对犯罪控制有什么意义？如何认识当前国际社会关于犯罪危险评估的理论与实践探索？
4. 如何看待罪犯心理矫治对预防再犯的价值？

推荐阅读

1. 马皑，孙晓，宋业臻．犯罪危险性智能化评估的理论与实践．北京：中国法制出版社，2020.
2. 坎特．司法心理学．吴志杰，于涵，译．南京：译林出版社，2022.
3. 宋胜尊．服刑人员情绪管理．北京：法律出版社，2021.
4. 邵晓顺．罪犯心理咨询与矫正．北京：中国政法大学出版社，2019.
5. 戈赛林．重拳之下：亲密关系和家庭暴力犯罪．张蔚，译．北京：中国人民大学出版社，2021.
6. 骆婧．犯罪心理分析与矫正．北京：中国商业出版社，2020.

参考文献

阿伦森，威尔逊，埃克特 .（2012）. 社会心理学 . 7 版 . 侯玉波等译 . 北京：世界图书出版公司 .

阿什福德，雷克劳尔，洛蒂 .（2005）. 人类行为与社会环境：生物学、心理学与社会学视角 . 2 版 . 王宏亮，李艳红，林虹译 . 北京：中国人民大学出版社 .

安晶卉，张建新 .（2004）. 人格心理学研究中的新探索：从模拟情境中寻找个体行为无序背后的有序 . 心理科学进展，12（3），402－408.

奥伊肯 .（1997）. 生活的意义与价值 . 万以译 . 上海：上海译文出版社 .

巴托尔 C R，巴托尔 A M.（2017）. 犯罪心理学 . 11 版 . 李玫瑾等译 . 北京：中国轻工业出版社 .

波普诺 .（1999）. 社会学 . 10 版 . 李强等译 . 北京：中国人民大学出版社 .

布拉德利 .（2004）. 量子真空相互作用和社会心理组织 . 见洛耶（编著）. 进化的挑战：人类动因对进化的冲击 . 胡恩华，钱兆华，颜剑英译 . 145－190 页 . 北京：社会科学文献出版社 .

布朗，坎贝尔（主编）.（2013）. 剑桥司法心理学手册 . 马皑，刘建波等译 . 北京：中国政法大学出版社.

操学诚，刘桂明，路琦，牛凯 .（2010）. 我国未成年犯抽样调查分析报告 . 青少年犯罪问题（4），18－21.

陈光中，李作 .（2024）. 轻微犯罪无罪化处理问题探讨 . 法律适用（1），53－64.

陈向明 .（2000）. 质的研究方法与社会科学研究 . 北京：教育科学出版社 .

陈兴良 .（2003a）. 刑事一体化视野中的犯罪学研究 . 见王牧（主编）. 犯罪学论丛：1 卷 . 50－64 页 . 北京：中国检察出版社 .

陈兴良 .（2003b）. 刑法的启蒙 . 2 版 . 北京：法律出版社 .

陈兴良，周光权 .（2006）. 刑法学的现代展开 . 北京：中国人民大学出版社 .

陈仲庚，张雨新（编著）.（1986）. 人格心理学 . 沈阳：辽宁人民出版社 .

崔恒源 .（2013）. 社会，源自于心理学 . 心理技术与应用（3），13－20.

大塚仁 .（1993）. 犯罪论的基本问题 . 冯军译 . 北京：中国政法大学出版社 .

丹尼斯 .（2006）. 多学科交叉环境下的心理科学 . 见荆其诚（主编）. 当代国际心理科学进展：第一卷：神经、认知和发展心理学 . 张侃等译 . 53－65 页 . 上海：华东师范大学出版社 .

多兹尔.(2004).仇恨的本质.王江译.北京：新华出版社.
弗洛伊德.(1987).精神分析引论.高觉敷译.北京：商务印书馆.
格里格，津巴多.(2016).心理学与生活.19版.王垒等译.人民邮电出版社.
哈桑.(2001).走出邪教：摆脱邪教的控制.杨善录，杨菲译.合肥：安徽文艺出版社.
黄国光，胡先缙等.(2004).面子：中国人的权力游戏.北京：中国人民大学出版社.
黄维民，李明立.(2006).基于行为经济学的犯罪决策分析.求索(1)，107-109.
黄希庭.(2002).人格心理学.杭州：浙江教育出版社.
加罗法洛.(1996).犯罪学.耿伟，王新译.北京：中国大百科全书出版社.
焦其和.(2003).对邪教"法轮功"现象的心理学思考.新疆社科论坛(1)，52-54.
金盛华（主编）.(2005).社会心理学.北京：高等教育出版社.
卡尼曼，斯洛维奇，特沃斯基（编）.(2013).不确定状况下的判断：启发式和偏差.方文，吴新利，张擘等译.北京：中国人民大学出版社.
康德.(1987).实用人类学.邓晓芒译.重庆：重庆出版社.
康树华.(2003).论犯罪学.见王牧（主编）.犯罪学论丛：1卷.3-13页.北京：中国检察出版社.
贺文华.(2007).经济学视角的盗窃犯罪分析.产业与科技论坛，6(9)，84-86.
李玫瑾.(2000).德国入室盗窃犯罪与预防研究.福建公安高等专科学校学报：社会公共安全研究，14(2)，28-31.
李玫瑾.(2010).犯罪心理研究：在犯罪防控中的作用.2版修订版.北京：中国人民公安大学出版社.
廉颖婷.(2013-06-03)."习惯性违法行为"暴露公众对法律缺乏敬畏.法制日报，5版.
梁根林.(2004).公众认同、政治抉择与死刑控制.法学研究(4)，15-27.
林方（主编）.(1987).人的潜能和价值：人本主义心理学译文集.北京，华夏出版社.
林飞.(2001).经济违法行为的法律经济学分析.法学论坛，16(6)，24-30.
林琳.(2013-12-17).网络曝光不能只有"暴力"没有底线.工人日报，3版.
刘邦惠（主编）.(2009).犯罪心理学.2版.北京：科学出版社.
刘鹤.(2006-11-03).构建和谐社会的指导思想、目标任务和基本原则，人民日报，9版.
刘鹤玲.(2008).所罗门王的魔戒：动物利他行为与人类利他主义.北京：科学出版社.
刘仁文.(2007).刑事一体化的经济分析.北京：中国人民公安大学出版社.
刘兆敏.(2011).国内外法律心理学课程教学及法大研究.中国法学教育研究(3)，111-119，196.
刘宗粤.(1991).引导的心理策略.北京：中共中央党校出版社.
龙勃罗梭.(2000).犯罪人论.黄风译.北京：法制出版社.
龙勃罗梭.(2009).犯罪及其原因和矫治.吴宗宪等译.北京：中国人民公安大学出版社.
罗大华（主编）.(1994).中国法制心理科学研究十年.北京：中国政法大学出版社.
罗大华（主编）.(2007).犯罪心理学.5版.北京：中国政法大学出版社.
罗大华，马皑（主编）.(2012).犯罪心理学.北京：中国人民大学出版社.
罗德里格斯.(2001).痴迷邪教：邪教的本质、防范及处置.石灵译.北京：新华出版社.
罗伊德.(2005).法律的理念.张茂柏译.北京：新星出版社.
马皑.(2006).再论犯罪选择.中国监狱学刊(4)，64-71.
马皑（主编）.(2006).犯罪与司法心理学研究.北京：中国政法大学出版社.
马皑.(2010).法律心理学基本问题探讨.甘肃政法学院学报，111(4)，51-59.
马皑，宗会生.(2010).审讯方法及其心理学原理.中国刑事法杂志(1)，48-58.
马传镇.(2008).犯罪心理学新论.台北：心理出版社股份有限公司.
马吉尔.(2009).解读心理学与犯罪：透视理论与实践.张广宇等译.北京：中国人民公安大学出版社.

马克昌.(2002).比较刑法原理：外国刑法学总论.武汉：武汉大学出版社.
马斯洛.(1987).动机与人格.许金声，程朝翔译.北京：华夏出版社.
彭聃龄（主编).(2018).普通心理学.5版.北京：北京师范大学出版社.
乔云华.(2004).地狱门前：与李真刑前对话实录.北京：新华出版社.
曲新久等.(2004).刑法学.北京：中国政法大学出版社.
屈智勇，邹泓，张秋凌.(2006).基于自我控制理论的青少年犯罪研究.中国心理卫生杂志，20（10)，650-652.
邵俊国.(2013-12-16).“人肉搜索”成网络暴力，谁应该深刻反思？.济南日报，F2版.
沈海平.(2009).寻求有效率的惩罚：对犯罪刑罚问题的经济分析.北京：中国人民公安大学出版社.
师建国（主编).(2002).成瘾医学.北京：科学出版社.
史密斯.(2005).当代心理学体系.郭本禹等译.西安：陕西师范大学出版社.
施奈德.(1990).犯罪学.吴鑫涛，马君玉译.北京：中国人民公安大学出版社.
时蓉华.(1998).社会心理学.杭州：浙江教育出版社.
宋胜尊，傅小兰.(2005).犯罪行为决策的理论与研究方法.心理科学进展，13（1)，107-118.
宋胜尊，章恩友，傅小兰.(2006).重新犯罪风险评估的理论与方法.河南司法警官职业学院学报，4（3)，26-30.
宋行.(2012).罪犯犯因性问题研究.中国监狱学刊（3)，76-81.
苏力（主编).(2007).法律和社会科学：2卷.北京：法律出版社.
穗积陈重.(2013).复仇与法律.曾玉婷，魏磊杰译.北京：中国法制出版社.
王君柏.(2012).不确定性情景下的心理预期与行为选择.北京：知识产权出版社.
王晓庄，白学军.(2009).判断与决策中的锚定效应.心理科学进展，17（1)，37-43.
威尔逊.(2008).社会生物学：新的综合.毛盛贤等译.北京：北京理工大学出版社.
沃尔德，伯纳德，斯奈普斯.(2005).理论犯罪学.方鹏译.北京：中国政法大学出版社.
吴宗宪.(1996).欧洲大陆法律心理学述评.心理学报，28（1)，104-109.
吴宗宪.(1997).西方犯罪学史.北京：警官教育出版社.
吴宗宪.(2007).罪犯改造论：罪犯改造的犯因性差异理论初探.北京：中国人民公安大学出版社.
邢东伟，吴晓锋，李洪.(2013-05-30).少年犯罪呈三种趋势.法制日报，4版.
辛格.(2000).邪教在我们中间.刘宇红，黄一九译.长沙：湖南人民出版社.
休谟.(1980).人性论.关文运译.北京：商务印书馆.
徐伯黎.(2013-08-27).年轻贪官：他们输在“起跑线”上.检察日报，5版.
严圭，吴宁（编著).(2005).犯罪心理学阅读材料.北京：中国林业大学出版社.
杨继平，王兴超，高玲.(2010).道德推脱的概念、测量及相关变量.心理科学进展，18（4)，671-678.
杨军.(2013-10-21).网络暴力可以休矣.中国社会科学报，A5版.
杨刘敏.(2007).风险认知与决策领域的研究现状分析.内江师范学院学报，22（3)，56-58.
杨士隆.(2002).犯罪心理学.北京：教育科学出版社.
杨宜音，王俊秀等.(2013).当代中国社会心态研究.北京：社会科学文献出版社.
叶德珠.(2007).行为主体认知偏差与刑罚资源的优化配置.制度经济学研究，17（4)，194-202.
翟中东.(2010).国际视域下的重新犯罪防治政策.北京：北京大学出版社.
翟中东.(2013).矫正的变迁.北京：中国人民公安大学出版社.
张白山，俞国良.(2007).污名现象及其心理效应.心理科学进展，15（6)，993-1001.
张保平.(2003).关于恐怖主义犯罪心理和行为特点的初步研究.犯罪研究（5)，53-58.

张春妹，邹泓.(2006).人格与青少年犯罪的关系研究.心理科学进展，14（2），241-248.

张春兴.(1994).现代心理学：现代人研究自身问题的科学.上海：上海人民出版社.

张春兴.(2000).心理学思想的流变：心理学名人传.台北：东华书局.

张海钟，姜永志，赵文进，安桂花，张小龙，胡志军，张万里.(2012).中国区域跨文化心理学理论探索与实证研究.心理科学进展，20（8），1229-1236.

张茜.(2008).从未成年再犯罪看“一刀切”式轻刑化.法制与社会（3），294-295.

章恩友，姜祖桢（主编).(2008).矫治心理学.北京：教育科学出版社.

章恩友，宋胜尊（主编).(2011).犯罪心理学.保定：河北大学出版社.

赵桂芬.(2007).个体恐怖分子的人格探究.中国人民公安大学学报（社会科学版），23（6），47-53.

赵丽，邱超奕.(2013-06-03).“习惯性违法行为”流行如何刹住惯性.法制日报，5版.

周兰蓉.(2006).未成年人犯罪原因分析及预防.安徽电子信息职业技术学院学报，5（1），41-43.

朱斯，孙斯坦，西拉.(2005).法和经济学的行为学方法.王卫东，童颖琼译.北大法律评论，6（2），460-497.

朱新秤.(2012).进化心理学.北京：开明出版社.

Akhtar, N., & Bradley, E. J. (1991). Social information processing deficits of aggressive children: Present findings and implications for social skills training. Clinical Psychology Review, 11 (5), 621-644.

Anderson, C. A., & Morrow, M. (1995). Competitive aggression without interaction: Effects of competitive versus cooperative instructions on aggressive behavior in video games. Personality and Social Psychology Bulletin, 21 (10), 1020-1030.

Andrews, D. A., Bonta, J., & Wormith, J. S. (2006). The recent past and near future of risk and/or need assessment. Crime & Delinquency, 52 (1), 7-27.

Bandura, A. (1965). Influence of models' reinforcement contingencies on the acquisition of imitative responses. Journal of Personality and Social Psychology, 1 (6), 575-582.

Bandura, A. (1986). Social foundations of thought and action: A social cognitive theory. Englewood Cliffs, NJ: Prentice Hall.

Bartol, C. R., & Bartol, A. M. (1987). History of forensic psychology. In I. B. Weiner & A. K. Hess (Eds.), Handbook of forensic psychology (pp. 3-22). Toronto: John Wiley & Sons.

Baron, R. A., & Richardson, D. A. (1994). Human aggression (2nd ed.). New York: Plenum Press.

Becker, G. S. (1968). Crime and punishment: An economic approach. Journal of Political Economy, 76, 526-536.

Bjorklund, D. F., & Hawley, P. H. (2014). Aggression grows up: Looking through an evolutionary developmental lens to understand the course and consequences of human aggression. In T. K. Shackelford & R. D. Hansen (Eds.), The evolution of violence (pp. 159 - 186). New York: Springer Science and Business Media.

Bonta, J. (2001). Offender assessment: General issues and considerations. In L. Motiuk & R. C. Serin (Eds.), Compendium 2000 on effective correctional programming (Vol. 1, pp. 22 - 29). Ottawa: Correction Service Canada.

Canter, D., & Fritzon, K. (1998). Differentiating arsonists: A model of firesetting actions and characteristics. Legal and Criminological Psychology, 3 (1), 73-96.

Cervone, D., & Peake, P. K. (1986). Anchoring, efficacy, and action: The influence of judgmental heuristics on self-efficacy judgments and behavior. Journal of Personality and Social Psychology, 50

(3), 492 - 501.

Champion, D. J. (1994). Measuring offender risk: A criminal justice sourcebook. Westport, CT: Greenwood Press.

Chen, Z., Williams, K. D., Fitness, J., & Newton, N. C. (2008). When hurt won't heal: Exploring the capacity to relive social pain. Psychological Science, 19 (8), 789 - 795.

Dodge, K. A. (1991). The structure and function of reactive and proactive aggression. In D. J. Pepler & K. H. Rubin (Eds.), The development and treatment of childhood aggression (pp. 201 - 218). Hillsdale, NJ: Erlbaum.

Dodge, K. A., & Schwartz, D. (1997). Social information processing mechanisms in aggressive behavior. In D. M. Stoff, J. Breiling, & J. D. Maser (Eds.), Handbook of antisocial behavior (pp. 171 - 180). New York: John Wiley.

Dollard, J., Miller, N. E., Doob, L. W., Mowrer, O. H., & Sears, R. R. (1939). Frustration and aggression. New Haven: Yale University Press.

Eron, L. D. (1987). The development of aggressive behavior from the perspective of a developing behaviorism. American Psychologist, 42 (5), 435 - 442.

Fulero, S. F., Greene, E., Hans, V., Nietzel, M. T., Small, M. A., & Wrightsman, L. S. (1999). Undergraduate education in legal psychology. Law and Human Behavior, 23 (1), 137 - 153.

Gardner, M., & Steinberg, L. (2005). Peer influence on risk taking, risk preference, and risky decision making in adolescence and adulthood: An experimental study. Development Psychology, 41 (4), 625 - 635.

Garland, D. (2002). Of crimes and criminals: The development of criminology in Britain. In M. Maguire, R. Morgan, & R. Reiner (Eds.), The Oxford handbook of criminology (3rd ed., pp. 7 - 50). Oxford: Oxford University Press.

Harmon, R. B., Rosner, R., & Wiederlight, M. (1985). Women and arson: A demographic study. Journal of Forensic Science, 30 (2), 467 - 477.

Hickle, K. E., & Roe-Sepowitz, D. E. (2010). Female juvenile arsonists: An exploratory look at characteristics and solo and group arson offences. Legal and Criminological Psychology, 15 (2), 385 - 399.

Horváth, R., & Kolomazníková, E. (2003). Individual decision-making to commit a crime: A survey of early models. Czech Journal of Economics and Finance (Finance a uver), 53 (3 - 4), 154 - 168.

Hubbard, J. A., Dodge, K. A., Cillessen, A. H., Coie, J. D., & Schwartz, D. (2001). The dyadic nature of social information processing in boys' reactive and proactive aggression. Journal of Personality and Social Psychology, 80 (2), 268 - 280.

Jackson, H. F., Glass, C., & Hope, S. (1987). A functional analysis of recidivistic arson. British Journal of Clinical Psychology, 26 (3), 175 - 185.

Johnson, E., & Payne, J. (1986). The decision to commit a crime: An information-processing analysis. In Derek B. Cornish & Ronald V. Clarke (Eds.), The reasoning criminal: Rational choice perspectives on offending (pp. 170 - 185). New York: Springer-Verlag.

Kahneman, D., & Tversky, A. (1979). Prospect theory: An analysis of decision under risk. Econometrica, 47 (2), 263 - 292.

Kasser, T., Ryan, R. M., Zax, M., & Sameroff, A. J. (1995). The relations of maternal and social environments to late adolescents' materialistic and prosocial values. Developmental Psychology, 31 (6), 907 - 914.

Kleiman，M. A. (1998). Getting deterrence right：Applying tipping models and behavioral economics to the problems of crime control. Perspectives on crime and justice：1998—1999 lecture series (Vol. 3，pp. 1 - 29). Washington，DC：U. S. Department of Justice，Office of Justice Programs，National Institute of Justice.

Major，B.，& O'Brien，L. T. (2005). The social psychology of stigma. Annual Review of Psychology，2005，56，393 - 421.

McCullough，M. E. (2008). Beyond revenge：The evolution of the forgiveness instinct. San Francisco，US：Jossey-Bass.

Miller，N. E. (1941). Ⅰ. The frustration-aggression hypothesis. Psychological Review，48 (4)，337 - 342.

Nisbett，R.，& Ross，L. (1980). Human inference：Strategies and shortcomings of social judgment. Englewood Cliffs，NJ：Prentice-Hall.

Pedersen，W. C.，Gonzales，C.，& Miller，N. (2000). The moderating effect of trivial triggering provocation on displaced aggression. Journal of Personality and Social Psychology，78 (5)，913 - 927.

Perkins，R. (1998). The efficacy of mindfulness-based techniques in the reduction of stress in a sample if incarcerated women (Unpublished doctoral dissertation). Florida State University.

Richins，M. L.，& Dawson，S. (1992). A consumer values orientation for materialism and its measurement：Scale development and validation. Journal of Consumer Research，19 (3)，303 -316.

Samuelson，M.，Carmody，J.，Kabat-Zinn，J.，& Bratt，M. A. (2007). Mindfulness-based stress reduction in Massachusetts correctional facilities. The Prison Journal，87 (2)，254 - 268.

Shelton，D.，Kesten，K.，Zhang，W.，& Trestman，R. (2011). Impact of a Dialectic Behavior Therapy—Corrections Modified (DBT-CM) upon behaviorally challenged incarcerated male adolescents. Journal of Child and Adolescent Psychiatric Nursing，24 (2)，105 - 113.

Smith，R. R.，& Sabatino，D. A. (1990). Roles and functions of psychologists in American correctional institutions. Journal of Offender Rehabilitation，16 (1 - 2)，163 - 174.

Taylor，L. (1992). Relationship between affect and memory：Motivation-based selective generation. Journal of Personality and Social Psychology，62 (5)，876 - 882.

White，G. (1999). Crime and the decline of manufacturing，1970—1990. Justice Quarterly，16 (1)，81 - 97.

Vossekuil，B.，Fein，R. A.，Reddy，M.，Borum，R.，& Modzeleski，W. (2002). The final report and findings of the Safe School Initiative：Implications for the prevention of school attacks in the United States. Retrieved May 3，2017，from http：//www. secretservice. gov/ntac/ssi _ final _ report. pdf.

关联课程教材推荐

书号	书名	第一作者	定价（元）
978-7-300-28095-0	心理学基础	白学军	55.00
978-7-300-24309-2	实验心理学（第 3 版）	白学军	59.90
978-7-300-32948-2	发展心理学（第 5 版 · 数字教材版）	雷雳	59.00
978-7-300-30451-9	认知心理学（第 3 版）	丁锦红	58.00
978-7-300-25882-9	生理心理学（第 2 版）	隋南	49.90
978-7-300-30715-2	社会心理学（第 4 版 · 数字教材版）	乐国安	68.00
978-7-300-25588-0	变态心理学（第 3 版）	王建平	59.80
978-7-300-27212-2	教育心理学：原理与应用	刘儒德	58.00
978-7-300-32062-5	人格心理学导论（第 2 版）	许燕	59.00
978-7-300-32143-1	健康心理学	林丹华	59.00
978-7-300-29844-3	伯克毕生发展心理学（第 7 版）	劳拉 · 伯克	258.00
978-7-300-26722-7	心理学（第 3 版）	斯宾塞 · 拉瑟斯	79.00
978-7-300-27971-8	心理学研究方法：从选题到论文发表	王轶楠	45.00
978-7-300-30663-6	社会心理学（第 8 版）	迈克尔 · 豪格	158.00

配套教学资源支持

尊敬的老师：

衷心感谢您选择使用人大版教材！相关配套教学资源，请您到人大社网站（http：//www. crup. com. cn）下载，或是随时与我们联系，我们将向您免费提供。

欢迎您随时反馈教材使用过程中的疑问、修订建议，并提供您个人制作的课件。您的课件一经入选，我们将有偿使用。让我们与教材共成长！

联系人信息：
地址：北京海淀区中关村大街 31 号 802 室　　翟然 收　　邮编：100080
电子邮件：lgcbfs@crup. com. cn　　电话：010－62511967　　QQ：492788991

如有相关教材的选题计划，也欢迎您与我们联系，我们将竭诚为您服务！

选题联系人：张宏学　电子邮件：zhanghx@crup. com. cn　电话：010－62512127

人大社网站：http：//www. crup. com. cn
心理学专业教师 QQ 群：259019599
欢迎您登录人大社网站浏览，了解图书信息，共享教学资源
期待您加入专业教师 QQ 群，开展学术讨论，交流教学心得

图书在版编目（CIP）数据

犯罪心理学 / 马皑，章恩友，李婕著．--3 版．--北京 ：中国人民大学出版社，2024.5
新编 21 世纪心理学系列教材
ISBN 978-7-300-32843-0

Ⅰ.①犯… Ⅱ.①马… ②章… ③李… Ⅲ.①犯罪心理学-教材 Ⅳ.①D917.2

中国国家版本馆 CIP 数据核字（2024）第 095167 号

新编 21 世纪心理学系列教材
犯罪心理学（第 3 版）
马 皑 章恩友 李 婕 著
Fanzui Xinlixue

出版发行	中国人民大学出版社		
社　　址	北京中关村大街 31 号	**邮政编码**	100080
电　　话	010－62511242（总编室）		010－62511770（质管部）
	010－82501766（邮购部）		010－62514148（门市部）
	010－62515195（发行公司）		010－62515275（盗版举报）
网　　址	http://www.crup.com.cn		
经　　销	新华书店		
印　　刷	北京宏伟双华印刷有限公司	**版　　次**	2015 年 1 月第 1 版
开　　本	787 mm×1092 mm　1/16		2024 年 5 月第 3 版
印　　张	15.5 插页 1	**印　　次**	2024 年 12 月第 2 次印刷
字　　数	349 000	**定　　价**	39.00 元